新经济学

解读现代经济

[英] 理查德·戴维斯◎主编
张慧玉 印家甜 杨 梅◎译

Making
Sense of the
Modern
Economy

中信出版集团 · CHINACITICPRESS · 北京

图书在版编目（CIP）数据

新经济学 /（英）戴维斯主编；张慧玉，印家甜，杨梅译. -- 北京：中信出版社，2016.9

书名原文：Economics：Making Sense of the Modern Economy

ISBN 978-7-5086-6525-2

Ⅰ.①新… Ⅱ.①戴… ②张… ③印… ④杨… Ⅲ.①经济学 Ⅳ.①F0

中国版本图书馆 CIP 数据核字（2016）第 175860 号

新经济学

主　　编：（英）戴维斯

译　　者：张慧玉　印家甜　杨　梅

策划推广：中信出版社（China CITIC Press）

出版发行：中信出版集团股份有限公司

（北京市朝阳区惠新东街甲 4 号富盛大厦 2 座　邮编　100029）

（CITIC Publishing Group）

承 印 者：北京画中画印刷有限公司

开　　本：787mm × 1092mm　1/16　　印　　张：24.75　　字　　数：240 千字

版　　次：2016 年 9 月第 1 版　　印　　次：2016 年 9 月第 1 次印刷

京权图字：01-2016-6367　　广告经营许可证：京朝工商广字第 8087 号

书　　号：ISBN 978-7-5086-6525-2

定　　价：58.00 元

服务热线：400-600-8099

投稿邮箱：author@citicpub.com

本书编委会

瑞安·埃文（Ryan Avent）

《经济学人》新闻编辑

亨利·柯尔（Henry Curr）

曾为《经济学人》英国经济记者，现为《经济学人》驻华盛顿美国经济记者

格雷格·伊普（Greg Ip）

《经济学人》驻华盛顿美国经济编辑

詹尼·明顿·贝多斯（Zanny Minton Beddoes）

2014 年前担任《经济学人》经济编辑，自 2015 年起担任《经济学人》总编辑

西蒙·拉比诺维奇（Simon Rabinovitch）

《经济学人》驻上海亚洲经济编辑

保罗·华莱士（Paul Wallace）

《经济学人》欧洲经济编辑

卡勒姆·威廉斯（Callum Williams）

《经济学人》经济记者

目　录

中文版序言　在经济学大厦上增添新知　/007

前　言　日常的科学　/009

第一篇　货币、银行与危机

从万恶之源到复苏萌芽

1. 货　币　/005

货币的起源：铸币　/007

奇怪的货币：先令、牛和手机　/011

美元：永恒的货币　/017

比特币和电子货币：新货币　/021

人民币的未来：人民币交易　/024

2. 金融危机简史　/027

危机造就现代金融　/029

1792 年：现代金融的根基　/031

1825 年：首次新兴市场危机　/035

1857 年：首次全球危机　/040

1907 年：银行家的恐慌 /044

1929～1933 年：大危机 /048

3. **金融危机的教训** /053

危机起源：崩溃轨迹 /055

负债之危：放贷的影响 /062

危机后的货币政策：控制利率 /070

刺激与紧缩：主权债务疑虑 /077

让银行更安全：追究责任 /085

4. **增强市场竞争力** /093

出租车市场：票价之争 /095

劳动力市场：内部援助 /099

高效的基础设施：暴风雨中的港口 /103

就业市场摩擦：迁移之悲 /107

第二篇 企业、就业与薪酬

当今世界如何运转

5. **企业变革** /115

伟人罗纳德·科斯 /117

兼并浪潮将至 /121

大型企业：企业巨头之地 /125

巨人“哥利亚”：大企业与波动性 /129

大企业与竞争：企业界的沙丁鱼现象 /133

6. **失业问题** /137

青年失业问题：失业的一代 /139

促进就业增长：推动工作流动 /149

通货膨胀与就业：重回岗位的代价 /153

7. **报酬问题** /157

报酬与经济增长：份额缩减 /159

报酬与休闲时光：要想洒脱真不容易 /162

最低工资：一个正式在议的辩题 /166

工资与业绩：让报酬发挥作用 /170

将股份作为报酬：把劳动者变成资本家 /174

8. **不平等现象** /179

长期的不平等：人人生而不平等 /181

再分配：不平等与增长 /185

姓氏与社会流动性：氏族统治 /189

不平等与危机：大量证据 /193

企业规模与薪酬：越大越不公平 /197

反经济学之道而行：将收入从富人转移到穷人 /201

9. **长期停滞** /205

停滞假说：关于停滞的思考 /207

人口与停滞：没有年轻人的国家 /211

逃离停滞：平静而非停滞 /215

第三篇　经济学的未来

老年人 VS 机器人

10. **重塑经济学**　/223

经济学创始人：令人钦佩的配第　/225

后危机经济学：凯恩斯的新继承人　/229

如何衡量 GDP：界限问题　/233

普世欢腾：以 GDP 增长为目标是否正确　/237

11. **新企业、新经济学**　/241

硅谷的经济学家：微观之星，宏观效应　/243

面向最前沿：走近市场塑造者　/247

“优步”经济学：“动态定价”策略　/252

隐藏在“长尾”中：电商的繁荣　/256

12. **行为经济学**　/261

犯罪：罚款与惩罚　/263

噪音污染：“嘘！”　/267

塑造行为：推一推，想一想　/269

彩票：从众心理　/272

会议经济学：召开会议　/274

13. **未来的经济挑战**　/279

医疗成本：不治之症　/281

研发减少：发展受阻 /285

大型制药公司："僵尸"专利 /289

创新：思维机器失灵了吗 /293

人口统计：年龄入侵者 /308

14. **机器人经济学** /319

机器与工作：机器人同事 /321

职业的未来：来势凶猛的波浪 /325

参考文献 /341

索 引 /355

中文版序言

在经济学大厦上增添新知

《新经济学》展示的众多有趣事例中，其中一项对中国读者而言尤为引人注目：中国如今有近一百万名学生在修读经济学课程，凸显了中国人对经济学的兴趣之高。这本书生动而简明地汇总了当今最重要的经济学议题，一定可以为这些年轻人的学习提供很大帮助。不过，即使你不是初出茅庐的经济学家，也会发现本书既有趣又实用。任何对现代世界如何运行感到好奇的人，只要跟随《经济学人》（*The Economist*）的各位专家作者在经济学的世界中徜徉一番，都将会得到激励与启迪。

从本书中你会发现很多关于过去、现在和未来的可贵见解。从过去的经历中汲取经验，以便找到更好的方法分析当下社会关注的议题，无疑非常重要。但要清楚从何处着手却并非易事。好在《经济学人》的记者为你解决了这一难题。例如，本书回顾了现代金融的起源，并用五个生动的案例展现了金融危机的发展小史，这些案例都可以为当今的监管者提供些许启示。为了向读者提供他们真正需要了解的议题，像这样对内容进行严格拣选恰恰是《经济学人》每周都在做的事，也是《经济学人·全球商业评论》希望每天能带给中文读者的。

在多数人看来，眼下的问题自然是最重要的。在经济领域，中国有众多议题需要解决。她正努力寻求新的经济增长模式，力图控制债务水平的上升，并寻求管理日益增强的国际影响力的稳妥办法。在《新经济学》一书中，读者会发现大量关于这些问题的洞见——从对高负债危险的讨论，到大公司引发的关于竞争的探讨，再到人民币成为全球货币可能性的分析。

至于将来，问题同样汹涌而至。机器人及其他技术会对明天的就业产生怎样的影响？中国快速老龄化的人口将如何影响经济？创新将从何而来？在一个拥有大数据、应用引领的商业模式蓬勃发展、各个学科跨界交融相互促发的时代，经济学将会如何发展和演化？本书的最后几章可以给出部分解答。

我们预测，将来的经济学会愈加刻上中国印记。中国如今有那么多头脑聪颖的人在学习这门学科，一定会培养出越来越多卓越的经济学家。他们的任务是，在清晰而简洁地呈现于本书中的经济学大厦之上，增添新知。

丹尼尔·富兰克林　《经济学人》执行编辑

吴　晨　《经济学人·全球商业评论》主编

2016 年 8 月

前言

日常的科学

生活中最大的问题其实很简单：我们并非无所不能。有时天性会牵制我们。很多小孩子梦想有一天能成为宇航员，但其实即便是非常努力的人也会发现自己的身心能力仍然无法达到 NASA（美国国家航空航天局）的要求。有时由于挣得少或钱不够，有很多东西我们无法得到：我们想买新鲜玩意儿，想要新装备或者小车，奈何收入微薄，贷款不足；没有足够的首付，买房也很艰辛。有些人可能没这么多限制，但即便那些最聪明、最健康、最富有的人也有时间的限制。不管出于什么原因，自然和经济资源的匮乏都是不可避免的，每个人都会面临这样或那样的不足。

这些不足意味着，要想尽人事，就必须做出权衡。以教育为例，青少年必须考虑大学学位和大学贷款是否能在未来获得收益。商业也是一场权衡游戏：店主在分配每月进账时，必须在稳定健康的现金流缓冲和建立库存、聘请新员工（为了招揽顾客）等风险较高的选择中进行权衡。同样，家庭管理也要面对一系列平衡抉择：是花钱还是攒钱，是工作还是休假，是选择固定利率还是浮动利率抵押贷款。

经济学是关于权衡取舍的研究，是一门借鉴了数学、物理等硬科学，以及历史、心理等软科学的综合科目，因此很难界定。本书表明，经济学主要研究短缺问题、短缺迫使我们做出的权衡，以及当权衡恰当时市场如何能有效地分配稀缺资源。本书文章涉猎广泛：小到从怎样玩彩票最赚钱，到为什么人们喜欢在安静的车厢交谈等日常问题；大到从罚款或坐牢是否是制止犯罪的最佳方式，到为什么国家无力避免金融危机等问题。二者的相通之处在于：当人们面临微妙的平衡时，为什么会做出这种选择，以及如何能做出更明智的选择。

危机中的经济

目前全球最紧迫的短缺可能是收入不足。2014 年全球产值，即全球 GDP（国内生产总值）约为 75 万亿美元，以全球总人口数 70 多亿人计算，人均产值约为 10700 美元。但对很多人来说，这一数字像是天方夜谭。全球 1/7 的人口处于极端贫穷中，生活十分拮据，日均消费不足 1. 25 美元，折合下来每年不足 450 美元。因此，资源不足限制了人们的生活条件。低收入国家统计的死亡人数中 40% 是 15 岁以下的儿童，而在发达国家这一数据仅为 1%。贫穷的人们因为本可以避免的原因而不幸丧命。2012 年，在低收入国家因艾滋病、疟疾、肺结核和腹泻疾病而死亡的人数达到 600 万人。

其中大多属于资源分配问题。极端贫穷通常意味着食物的匮乏，2012 ~

2014 年全球 8. 05 亿名营养不良的人中有 7. 91 亿人生活在发展中国家。这些人的饮食缺乏卡路里和蛋白质，从而会消耗精力，损害肌肉，从而更容易感染疾病。与此同时，发达国家的人们每年却会浪费价值约 4000 亿美元的 2. 22 亿吨食物，比撒哈拉以南非洲的粮食生产总值还要多。如果这些钱能送给世界上较为贫困的人们，这些人一年就会有 400 美元，折合为一天约 1. 1 美元，那么极端贫困就会被根除。如果世界经济是一台分配稀缺资源的机器，那么食品经济则反映出这台机器出现了非常严重的问题。

国家内部也有天壤之别。在过去 30 年，美国最底层1/10的人的工资因通货膨胀而下降了 5%，而最高层 1/10 的人的实际收入增加了 50%。收入差距扩大不仅存在于发达国家，在印度、俄罗斯等新兴国家中，不平等现象更加突出。世界第二大经济体中国的这一问题也同样严重。在 20 世纪 80 年代，中国最高层 1/10 的人的工资是最底层 1/10 的人的 6. 5 倍，2012 年扩大到 62 倍。在 G20（20 国集团）大型经济体中，仅有巴西的收入差距在过去十年内有所缩小。

全球财富越来越集中。在美国，20 世纪 70 年代末最富有的 0. 1% 的家庭拥有全国 7% 的财富，在 2012 年则攀升到 22%，仅有 16 万户家庭拥有 2000 万美元以上的净资产，合计资产 3. 2 万亿美元，与德国经济体量相当。人们在努力、天赋和运气上的不同会造成不平等，但很多人担心这种差异会越来越根深蒂固。在美国，家族基金会持有的巨额财富已经形成了新的特权阶级，因此将财富与慈善结合，可以确保财产继承人同样能进入顶尖大学。

新的经济分界线也随之而来。接下来十年内主要的经济争夺可能不会发生在穷人和富人之间，而是发生在老年人和年轻人之间。目前的退休人员数量庞大，对社会经济构成了极大的挑战。1946～1965年美国出生的婴儿数量为7600万人，比1925～1945年多3000万人，比1965～1985年多2000万人。很多发达国家都出现了这样的情况。婴儿潮一代现在大多是49～69岁，闲下来的日子还有很多——1940年男性平均寿命不足60岁，如今已接近80岁。很多人坐收养老金的年数会比他们工作的年数还要长。

这些费用都由50岁以下的人承担。人们普遍认为，国家养老金是从大家多年辛劳所得的钱罐里拿出的，但其实这个钱罐根本不存在。在这套“走人给钱”的体制下，养老保险实际上来自适龄工作人群的税收。这一账单会越来越让人头疼：2009～2014年因婴儿潮一代开始退休，英国养老金占政府开支的比例从13%上升至15%。从英国到巴西，这种不可持续的巨额养老金体系改革困难重重：65岁以上的人仍有投票权，削弱他们的福利可能会让参选人输掉选举。除非这种情况发生改变，否则全球养老金支出将会激增。

这样的资金支持来之不易。很多工人生活前景不明朗。2014年OECD（经济合作与发展组织）中发达国家的失业率为7%，意味着4600万人处于失业状态，这一人数比整个英国的劳动力还要多50%。有些国家的情况更糟糕：西班牙和希腊超过20%的人没有工作。自2007年以来，发达国家的长期失业人数几乎翻倍。人们越来越焦虑，也越来越消极，即使失业了也不去重新找工作。在美国，这一趋势表现得更明显，失业人数从2007年的700万人上升至2014年的900万人。

那些有工作的人的情况也好不到哪儿去。工资涨幅小，意味着通货膨胀削弱了人们的购买力。在2009～2013年，经OECD评估的27个发达国家中有21个经通胀调整后的工资下降或保持不变。如果考虑通胀因素，很多发达国家的人均收入距离其巅峰时期还相去甚远。正处在发展中的国家也遇到了相同的问题：英国的工资在2007～2014年下降了8%，而中等收入工人的购买力经历了自维多利亚时代以来的最大跌幅；美国中等收入工人经通胀调整后的工资40年来鲜有变化。

但愿这只是一场“宿醉”

如果有幸，有些困境可以归结为严重的经济遗留问题。历史表明，银行破产后的经济复苏比正常衰退后的复苏要花更长的时间。“宿醉理论”的支持者认为，“宿醉”终会散去，阳光灿烂的日子就在眼前。1992～2007年，发达国家的经济年均增长3%，15年内超过了55%。大型新兴经济体表现得更强劲，巴西、俄罗斯、印度和南非的经济增长了90%。有了如此强劲的增长，失业率就会下降，工资也会上涨。

有些人担心黄金时代一去不复返。2014年发达国家中仅有美国、英国和加拿大的经济增长率与危机发生前接近，另外20个发达国家的平均增长率不足1.5%。经济形势恶劣，持续时间长，很多人现在担心发达国家的债务残留已演变成更糟糕的“长期停滞”，会带来低速增长、极低利率和投资乏力等问题。新兴市场也失去了活力，BRICS（金砖五国）除印度外都已失去了往日的生气。中国经济增速放缓，人们对地产泡沫和影子银行的恐慌有增无减。巴西和南非因管理不善，发生了恶性通货膨胀，债台高筑。俄罗斯已遭孤立，被西方制裁排除在世界金融之外，而其出于报复心理又将自身关在了世界贸易的门外，想要重振雄风似乎遥不可及。

尽管如此，还是有很多人笃定未来会更美好。政府花费仍然比税收利润要高，并且还在发行债券以填补资金缺口。公司尽管利润下降，但仍在进行分红，有些还以发行债券来填补缺口。工人尽管挣得很少，但仍在花钱购物。2008 年危机的伤痛未过，世界各国还在四处举债：自 2007 年以来世界债务已增长了 570 亿美元。全球债务对 GDP 比率上升了 17 个百分点，80% 国家的家庭债务也在上升。即便经济增长能恢复到危机前的水平，付清这些债务也会很困难；如果无法恢复，政府花费、公司红利、工人工资和每周消费都会大幅缩减。在一个入不敷出的世界，未来不会比过去更好，而只会更糟糕。

从废墟中崛起的经济学

那么，经济学能起到作用吗？很多人说不能。自从托马斯·卡莱尔（Thomas Carlyle）称经济学为“忧郁的科学”后，经济学就招致很多非议。卡莱尔对经济学的反对意见主要有两点：首先，他不喜欢经济学家思考的方式，认为他们对供需问题的执着实际上是一种狭窄的人生观；其次，他认为经济学家的预测都偏沉闷。卡莱尔的这种观点，即认为经济学错误地看待生活问题且经济学的预测不准确——在当今很受欢迎。

本书中的文章将证明为什么卡莱尔是错误的。大多文章写于 2012 ~ 2015 年，可分为三个部分。第一部分探讨货币经济及银行在现代经济中扮演的好的和坏的角色；第二部分探讨工作的变化，涵盖了大公司的崛起、低薪和不平等问题；第三部分探讨未来的经济挑战，并质疑机器人和创新能否抑制不得人心的医疗和教育费用的上涨。

读完本书，读者应会重拾信心。本书指明，经济学前沿比以往更懂世界，更多的人会开始吸取教训，世界会涌现一大批新的经济学家。2013 年在美国有 36540 位新经济学家毕业，比 2008 年增长了 15%。在英国，据政府数据显示，尽管同期大学生人数下降了 2%，经济学专业学生却增加了 25%。在中国，约有 100 万名学生正在接受经济学专业的教育。

这些学经济的人也在呼吁改革。从英国到印度，学生们都在呼吁改革，要求重新设计经济学课程以更适应现代生活。经济学是一门有着改革和变化历史的学科，这意味着这些改革者可能会带来一定的影响。这一混合学科可能将更少地借鉴数学学科，而更多地借鉴历史和哲学学科。

经济的发展和进步十分重要。尽管经济形势不容乐观，经济学家在过去 20 年中却变得越来越强大。中央银行打头阵，想要不受全球政治的控制。经济学家已经开始监管企业界，除银行外，还开始监管水、能源和电信市场。财政政策经常是政治和经济的混合体，但更倾向于经济学家，很多国家甚至设立专门机构来监管自身的预算以避免大选前的挥霍。技术经济学家人数悄然增多，且毫无放缓的迹象。

经济学还延伸到了新的领域，例如慈善经济学。慈善机构在争夺有限的捐赠资金时，需要解释自身工作带来的影响，因而经常向经济学家求助。经济学还走进了医疗行业，例如英国国家临床医学技术研究院为独立机构，能决定国民健康服务是否需要为新研制的药品付费，该机构在是否该花更多的钱和病人能存活的天数间进行权衡，进行定量分析后才做出决定。尽管很多政策并不是典型的经济学问题，但在经济学家介入后，了解经济学家在干什么及他们是否优秀就非常重要。

经济学的崛起也延伸到了公共政策以外的地方。有了智能手机，各种各样的新型公司有了更多的发展机会，其中大部分都遵循了经济原则。全球最知名的搜索引擎谷歌（Google）每天的搜索量达到35亿次，每次搜索都运用了由首席经济师设计的闪电竞拍机制来售卖广告。通过竞拍广告，谷歌才能保证自己制定合适的价格。一些初创公司，例如改变出租车市场的优步（Uber），也有专门的定价人员。优步正是通过灵活、迅速地调整自身价格，才能在用车高峰期（周五晚上）吸引更多的司机。信息科技时代的事实证明，经济学家在对供需问题的执着上收获颇丰。

智能手机的出现还赋予了用户新的经济角色。易贝（eBay）用户一夜之间就能成为网上店家；空中食宿（Airbnb）房东突然就成了迷你旅馆的老板。和以前不同的是，现在的交易考虑怎样制定竞拍中的最佳保留价，怎样制定房屋出租价格来平衡利润和房屋占用率。初次面临这些选择的人都会有些茫然，这些新型公司通常都在经济学家的引导下指引其用户做出最佳选择。在世界主要经济学家的推动下，人们可以轻松地进入新市场，新型市场的效率也不断提高，就凭这一点，读者也应该看好未来的经济形势。

让我们满怀希望的不仅是新型市场。GDP衡量标准的优化意味着艺术、研究和开发等重要活动在经济增长中的地位能更准确地被人们认识。更好地了解经济才能制定更好的政策。如果从经济学的视角来处理犯罪，则认为罚款优于监禁，因此就能减少犯罪，同时降低监禁开支。港口等国有基础设施的私有化大大提升了效率。若能正确地运用网络搜索数据，那么我们在官方数据发布之前就能确定具有高失业率风险的城市，以帮助政策制定者及时应对。生产业中机器人的使用会大幅提高生产力。

但不要高兴得太早。全球资源紧张，我们对很多自然条件的限制也无可奈何。但最大的阻碍不在于土地、水源或时间的匮乏，而在于人为因素。日本对大米进口征收780%的关税，这不仅削弱了贸易，也庇护了低效生产者。欧盟对食品进口征收的关税则更过分，发达的欧盟国家处罚水果罐头、精制咖啡、巧克力等加工食品，确保非洲国家只能向其出口附加值极低的原材料。世界第一大经济体美国奉行保护主义和公共部门一体化，将外国人和局外人排除在领地之外。未来的经济巨人中国为重工业提供补贴，扭曲其汇率以换取利润。

上述都意味着全球面临的问题不是纯粹的经济学问题，而是与政治经济学紧密相关。经济学自身发展得不错，从2008年的经济危机开始，不断地浴火重生，为那些走在前沿的人带来了巨额收益。但问题在于，人们并没有吸取教训。全球经济不是经济学家所想的那样，而是一套由既得利益、强大的游说团体和扭曲的市场构成的系统，所以经常会出现价格过高、供给不足的问题。换言之，很多产品还供不应求。如果经济学是有关权衡取舍的研究，那么理解现代经济就意味着人们承认了一个丑陋的事实，即最艰难的权衡都是人为造成的。

第一篇

Economics

货币、银行与危机

从万恶之源到复苏萌芽

2008年的经济危机是经济学中的重大事件，尽管已过去多年，大家为复苏全球经济也付出了很多努力，但银行运营不佳、国家高额负债等问题仍给人们带来了颇多困扰。本书第一篇探讨今天的局面是如何形成的及其背后的原因。为什么债务对购物者和政府的诱惑力如此之大？为什么银行承担如此巨大的风险？欧元区如何走出灾难性萧条？

有些答案源自看似最简单的事物：货币。货币由人类发明，有时也被称为“万恶之源”，但普林斯顿大学经济学家清泷信宏（Nobuhiro Kiyotaki）认为此话应该反过来说，甚至可以说，“邪恶才是金钱的根源”。清泷信宏所理解的邪恶实则是信任缺失。如果你拿捏不准自己的交易伙伴，那么金钱可以缓解这一问题。第一章讲述货币的起源，从中可见从监狱里的现钞替代物到非洲使用的移动货币都是千奇百怪的货币形式。这一章最后评估了未来我们会使用的两种货币：比特币等电子货币和中国的人民币，这两种货币的崛起都会带来挑战和机遇。

金融危机和货币一样，也可以追溯到几个世纪以前。第二章探讨了1792～1933年的五次金融危机，有助于读者理解为何会产生今天的金融系统。这一章追溯了银行家、监管者和幕后罪犯的活动，并提醒金融家几个世纪以来其一直都在犯的错误——高杠杆、低流动。

只可惜人们并没有吸取历史的教训，从而导致了另一场房贷危机。尽管美国和英国都是危机的“晴雨表”，但欧元区受创最严重。第三章开篇即述欧元区债台高筑，追溯欧元区的衰退，说明危机的深度如何彻底改变货币政策，还针对紧缩政策的正反两派提出了平衡观点，同时客观地提出政府如何能够在不损害经济的情况下迅速减少开支。

欧元区最大的希望在于：其薄弱的竞争力也意味着广阔的提升空间。这个统一市场应该为其成员国提供良机，但抓住这些机会需要做出艰难的抉择，经常会引起企业和政府的对立——从葡萄牙的港口工会到欧洲劳动市场的破坏分子都说明了这一点。尽管欧元区遭受重创，但我们仍有理由保持乐观。正如第四章有关出租车市场和港口经济的文章所述：一旦私有经济被放开，价格就会暴跌，产值也会飙升。

1. 货　币

货币的起源：铸币

“货币起源理论涉及美元和欧元未来的走向”

货币可能是经济学中最基本的单元。有了货币，国家可以通过征税为公共产品集资，生产者可以进行专业分工并从贸易中获利。货币的用途显而易见，但它的起源还是一个谜。有人认为货币植根于国家权力，还有人认为货币的起源纯属私事，即便没有政府，货币仍然会产生。有关货币起源的讨论持续了很久，也揭示了一些如今最为紧迫的货币问题。

货币主要有三大功能：第一，货币是一种交换媒介，便于商品和服务的交换；第二，货币发挥着价值存储的功能，可用于收藏，也可用于未来消费；第三，货币是一种计量单位，能用来衡量价值。很多其他物品也能实现上述功能，茶、盐和家畜都曾被作为货币使用过。在英国监狱，犯人偏爱将沐浴露、胶囊和天主教玫瑰念珠作为货币。

货币的使用可以追溯至几千年前。公元前650年左右，吕底亚（现土耳其西部）将金银两种金属的合金——琥珀金做成硬币。公元1000年左右，中国出现了最早流通的纸币。直到12世纪，阿兹特克人仍将可可豆作为货币使用。那人们是如何就使用一种货币达成统一的呢？

奥地利经济学家卡尔·门格尔（Carl Menger）早在1892年就自成一派。在他看来，当农业聚落从自给自足转为专业化生产时，经济的货币化便开始了。这一转变提高了效率，但同时也意味着必须进行交易。问题在于建立在易货基础之上的市场运作也让人头疼，大家必须寻找这些人：你有的他想要，他有的你想要，但通常这类人很少。

货币不断演变，降低了易货成本，不同货币形式的优劣也逐渐呈现出来。作为货币的物品在进行买卖时不应该贬值，因此衣服不是好的货币，因为二手衣服的价值肯定不如新衣服。人们需要的是便于携带、不易损坏（蔬果当然不属于此列）并且能分割成小块的物品，门格尔称之为“可售性”。铸币和贝壳具有很高的可售性，适合用来作为货币。政府在此方面毫无权力，因为货币的出现是对易货成本的市场反应，最好的货币则能将贸易损失降到最低。门格尔的理论准确描述了“非正式”货币（如犯人使用的货币）的起源。

但根据伦敦经济学院的查尔斯·古德哈特（Charles Goodhart）发表于1998年的论文可知，事实并非如此。如果将贵金属作为货币广泛使用，门格尔派会说这是因为金属耐用、可分割、易携带，所以金属成为理想的交换媒介。但古德哈特指出，原始金属的价值很难估定，因此在贸易中使用金属的成本会非常高。相比之下，评估一袋盐或一头牛比评估一块金属更容易。显然，原始金属证明门格尔的“可售性”理论是行不通的。

这一问题解释了为什么贵金属货币不以块而以固定规格硬币的形式流通。

但历史表明，铸币业不是私有领域试图降低贸易成本发展起来的，而是由于政府的运作。金属之所以能成为货币是因为政府的干预，而不是因为私有市场。

这说明我们需要一种新的理论来证明国家在货币起源中发挥的重要作用，古德哈特先生称之为“卡特利斯特”（Cartalist）理论。国家财政部门很想推动国民经济摆脱易货贸易阶段。一旦有了货币，收支便可以衡量，也意味着可以征税。硬币价值和其制作成本的差额，即铸币利差再一次为国库带来收入。因此，国家征税时只接受货币，这创造了对货币的需求，也意味着货币在购买商品时能被广泛接受。为实现自身财政目的，国家以这样的方式促使经济摆脱易货贸易。

古德哈特运用货币历史来检验这些相互竞争的理论，还考察了罗马灭亡和公元10世纪日本政府停止铸币的历史。如果货币起源纯属私人因素，那么这些震荡本不应产生任何货币效应。但自罗马灭亡后，商人又重回易货贸易，而在日本，大米开始取代硬币，财政权力和货币就此有了明显的联系。

为生活而奋斗

有证据表明，只有“非正式”货币才能完全由私人发展而来，但“非正式”货币也能大范围存在，例如美元能在世界立足并不是由任何政府规定的。美元在美国以外的地方依然坚挺，就在于它是国际交易的最佳货币选择。一旦出现了更好的竞争货币，公司和其他国家马上就会随波逐流。目前中国人民币还未被广泛接受，且正遭受通货膨胀，效用有所降低。但实际上世界储备货币更换的速度比很多人想的要快。

美元的另一强劲对手欧元则有更深层次的问题。欧元并非起源于私人，归为“卡特利斯特”货币也不合适，这就意味着欧元缺乏市场和国家力量的根基。在欧元诞生前一年，古德哈特在其发表的论文中就展现了自己的前瞻性，表示“主要的货币当局和财政当局之间史无前例地分离”，并指出，“卡特利斯特”主义者们“担心这种分离可能会带来不可预见的副作用”。

（2012 年 8 月）

奇怪的货币：先令、牛和手机

强大的索马里先令：打不死的“小强”

“以不复存在的央行名义发行的一种货币”

人们使用某种纸币通常说明对发行该纸币的政府抱有信心。一旦发行人的偿付能力受到质疑，揣着纸币的人就会迅速想尽办法把手上的钱兑换成美元或珠宝，实在不行，就兑换成能持久保持价值的商品（1998 年卢布崩溃时，俄罗斯工厂有些工人拿腌菜抵工资）。但索马里先令是个例外，到现在已经有十多年没有真正的政府或货币当局为其撑腰，但这种货币依然存在。

索马里长时间的内战已摧毁了国家政权。2011 年在过渡联邦政府时期有了名义上的中央银行，但政府权力难以辐射到首都摩加迪沙以外的地方。中南部信奉激进市场自由主义的极端组织青年党随时都有分裂国家的可能。与此同时，230 万人缺乏食物。索马里政府早已名存实亡，那么发行的索马里先令为什么能在无任何准备金支持的情况下沿用至今呢？

原因可能在于索马里先令的供应量一直是相对固定的。竞争军阀在一段时间内可能会发行自己的先令，在流通过程中会出现很多伪币。但由于缺乏官方印刷机，货币供应量无法扩大，1992 年前发行的先令便物以稀为贵了。就连伪币也以自己在央行倒闭前问世为荣（声称是 1990 年在首都印刷的）：异常挺括的红色 1000 先令钞票，正面图案是编制竹篓的妇女，背面是有条不紊的码头。

索马里最大的银行网络公司达哈布什尔（Dahabshiil）的老板阿卜迪拉希德·杜阿莱（Abdirashid Duale）表示其员工正在接受训练，学习如何在兑换美元时区分高仿币和真币。有些人愿意承担假币风险，权当是做生意的损失（先令经常是 100 张成捆成捆地移交）。这样一来，仿制已经具有名义价值的物品似乎也是值得的。

支付先令

先令沿袭至今还有另外一个原因，即先令非常有用，难以舍弃。大型交易，例如房屋、小车甚至牲畜买卖都已美元化。但是索马里人需要零钱来买茶、糖和咖特（一种草药兴奋剂）等，很多主食不在本国生产，物物交换并不现实。先令和贝壳、珠子一样成为交换媒介，同样也具有货币的第二大功能——价值存储功能。每年把山羊作为食物出售给沙特阿拉伯的朝圣者信徒时，大量的美元就会涌入。牧羊人需要想办法省下这些钱供来年使用，先令就是其中的一个办法。

先令有着更深的力量之源。由于交易双方都认为对方也属于索马里血缘制度，因此先令有强大的社会黏合剂性能作为支撑。纸币常常需要用户默认票据能够兑换实物，但在索马里大家更相信这一点：如有人嘲笑这一系统，就可能损害他人对自身和家族的信任。

先令在经历过重重困难后存活下来，现在却面临着移动支付的挑战。移动支付服务商扎德（Zaad）允许用户在购买商品时直接将小数额的钱打至商家账户，这一做法在摩加迪沙受到欢迎。但是先令的坚挺也说明我们不可忽视它。在没有政府的情况下，先令都能存活下来，相信它也能对抗现代科技。

（2012 年 3 月）

牛所有权经济学：牧牛人的货币

“牲畜可能是一项糟糕的投资，但可能是一个相当好的储蓄工具”

印度大概有 2.8 亿头牛，它们生产出一系列高价值的物品——牛奶、牛粪和小牛。但养牛成本很高，最大的开销就是饲料——平均一头牛一年要吃掉价值 10000 卢比（约 160 美元）的饲料，其中并不包括兽医药成本。

成本太高，因此投资牛并不划算。NBER（美国国家经济研究局）一篇题为“牛持续存在，是否驳斥了资本主义的核心原则”的论文影响颇大。该论文探究印度北部农村地区奶牛和水牛的所有权，一旦算上人工成本，则每头牛会平均亏损 64%。

既然牛的回报率这么低，那么为什么还有家庭买牛呢？当然人们可能没有考虑经济问题。印度人可能从牛身上获得了精神满足，即便成本高，家庭也愿意在家自产高品质牛奶。

但作者认为在牛的所有权背后还有第二个经济原因。印度智囊团 ICRIER（印度国际经济关系委员会）的调查显示，只有 7% 的印度村庄拥有银行分行或支行，这就意味着人们缺少可以保管闲钱的正式储蓄机制。尽管有一些非正式的储蓄手段——例如加入地方储蓄俱乐部或者干脆把钱藏在床垫下——但相比之下，都不如养牛来得实在。

这是因为大多数人觉得花钱比存钱简单，大家都想着与其等着以后的快乐，还不如现在先痛快了再说，所以就会做出之后让自己后悔的支出决策，经济学家称这种行为为“目光短浅”。自养牛之后，人们不得不将眼光放远。相比存款，牛是非流动性资产，从牛身上获取现金比从银行账户里要难得多，因此诱惑人们消费的难度更大。

这篇论文对发展中国家制定脱贫策略和发展金融服务颇有启示。如果喂养牲畜的回报率太低，以分发牲畜为主的脱贫帮扶项目不太可能提高人们的收入。如果用牛作为储蓄手段，那么在印度这样的地方即便有诱惑性消费，发展移动银行也可能会更好。论文作者之一迪安·卡兰（Dean Karlan）对“承诺储蓄账户”这一观点非常感兴趣，“承诺储蓄账户”是指人们在达到某一具体级别前不得取款。

（2013 年 10 月）

手机通话时长也是货币

“利用预付的手机通话时长作为货币”

非洲的移动货币种类多种多样，高端一点的，例如肯尼亚推出的 M-Pesa 移动支付服务，用户通过手机指令就能实现电子转账。这些新型服务虽然正在普及，但老式的移动货币仍在蓬勃发展，即将预付手机通话分钟作为事实货币，可用于手机转账、从手机出租处换来现金，或者交换其他商品和服务。

坦戈洛（Tranglo）是马来西亚一家主营手机转账的公司，公司员工克里斯·占（Chris Chan）指出，预付费通话时长能兑换现金或在店里消费，在科特迪瓦、埃及、加纳和乌干达最为方便，在尼日利亚也很普遍。撒哈拉以南非洲地区维萨（Visa）的老板汉内斯·凡·伦斯堡（Hannes Van Rensburg）表示，部分原因是监管部门比较严格，银行难以开展新的移动货币形式。

但即便是在肯尼亚这样的地区，手机通话时长也能换成现金。和移动货币不同，通话时长的价值不依赖于政府的稳定度或政府控制通货膨胀的能力（例如减少货币印刷量）。通常情况下，开通移动货币账户需要申请人在提供身份证后再等几天，但通话时长可以匿名即买即发。在非洲和其他地区，很多电信公司在全国范围内都提供免费通话时长兑换服务，大大方便了小额结算。

例如，在津巴布韦，本国货币因恶性通货膨胀已大量被美元取代。据津巴布韦国家商会主席奥斯韦尔·宾哈（Oswell Binha）介绍，美元数量有限，所以基本所有人都有用得上要兑换通话时长的时候。他还说，在津巴布韦，买家已经厌倦了卖家结账时拿糖果当零钱，所以相比只会说“给您0.63美元巧克力”的店主，顾客更青睐能拿通话时长找零的店主，后者因而更有优势。截至2012年底，在首都哈拉雷致力于简化零售商和店家手机结算的初创公司雅时（Yo！Time）每天要处理9000多次客户结算，而在半年前，这一数据仅为2000次。

跨国转卖通话时间的便利性也促进了通话时长转成货币的发展。例如，都柏林的易则通公司（Ezetop，现在叫作ding*）通过网络、短信和分布在20个国家的45万家门店为238家电信公司出售通话时长。据瑞典咨询公司伯格观察（Berg Insight）估测，2011 年的国际通话时长交易量为 3.5 亿美元，到 2012 年翻倍至 7 亿美元。

有些政府非常关注通话时长货币化的问题。一位业内高管表示，网络运营商实际上是在“发行自己的货币”，自行设定兑换率，央行对此表示不满。有些人则担心犯罪分子或极端分子会借此偷偷转账。据巴黎国际组织反洗钱金融行动特别工作组（FATF）的一名高级官员表示，有些集团在一国购买充值刮卡，然后在另一国出售通话时长。之后肯定会有相应的规定出台，但是这些规定肯定会有损通话时长交易目前的好处。

（2013 年 1 月）

美元：永恒的货币

"世界与美元的爱恨情仇"

据2014年2月召开的美联储会议记录，时任纽约联邦储备主席的蒂姆·盖特纳（Tim Geithner）用"起伏不定、不可预测、潜力巨大"来形容2008年10月黑暗时期发展中国家对美元的需求。为平复市场起伏，美联储提出要与备受青睐的四大央行"交换"货币，触角远至韩国和新加坡，央行能以普通汇率用自己的货币来兑换美元（只要它们之后以相同的汇率兑换回去）。为什么美联储如此大费周章？因为它担心那些与其金融利益密切相关的新兴经济体的困境最终会波及美国。但盖特纳还暗含另一个意蕴，"美元有着世界储备货币的特殊身份，也有压力"。

康奈尔大学教授埃斯瓦尔·普拉萨德（Eswar Prasad）在《美元陷阱》（*The Dollar Trap*）一书中专门讲述了美元的尴尬处境，他与很多人一样对美元喜忧参半。人们以为2008年的金融危机可能会动摇美元在全球的统治地位，但他认为美元在金融危机中得到了巩固，美国的脆弱恰恰是其货币坚挺的源头之一。

在2008年最后四个月，美国吸引了50000亿美元的资本流入。在经济不稳定的情况下，即便震荡源起美国，美元依旧是避风港。这场危机还颠覆了对外汇储备应保持适当水平的“传统观念”，促使那些原本握有大量美元的新兴经济体囤积更多美元。最终，美国的衰退使美联储不得不放松货币政策，于是新兴经济体的央行也纷纷购买美元以阻止本国货币升值过快。

美联储的互换协议能为疯狂的外汇储备现象提供代价更小的方法吗？如果央行一有需求就能从美联储那里买入美元，他们也就不必为自己的供应量精打细算了。需求摆在那里：印度、印度尼西亚、多米尼加共和国和秘鲁都提出了咨询。互换协议是一桩好买卖：美联储可以赚取外国央行对银行的利息，信用风险也由外国央行承担。例如，美联储从与韩国的首次互换协议中赚取了6.84%的利息。但美联储并不想做这笔生意，正如一位官员所称，“我们不是在打广告。”

互换协议能帮助新兴经济体在美元统治的世界里站稳脚跟，但美元会永远统治世界吗？埃斯瓦尔·普拉萨德的答案是肯定的，他在书中写道，美元“虽不是最好的，但好在稳定并能自我加强”。尽管他发现美元这种特权在很多时候都不受欢迎，但他仍然认为美国有能力担此重任。

美国不仅是世界第一大经济体，也是最复杂巧妙的经济体之一，但并不是越大就越先进。在20世纪初期，英镑还是全球储备货币，英国有着最广的金融系统，但美国经济实际上已经超过了英国。20世纪20年代中国有可能成为世界第一大经济体，但并不是最先进的。

美国的先进反映在其金融市场的深度上。美国非常擅长利用经济体产生的利润和收入来创造可交易债权。在低级一点的体系里，这些胜利品大多归于国家或大亨，但在美国被用来广泛资助金融资产。

普拉萨德还将人民币与美元进行了对比。中国目前的GDP总额已经超过了美国的一半，但其债务市场仅为美国的1/8，且外债只占其中的很小一部分。中国政府的低额外债能保持其货币力量，但同时也限制了可售金融工具的数量。

美国的外部资产负债并不强劲，但规模宏大，甚至超过了海外资产。这一事实虽然令人担心，却也有可取之处：美国对外投资十分大胆，利润丰厚。另外，美国的负债大多流动性强、安全性强、利润低，因此美国在对外资产中的利润远远超过其对外负债。

除了经济成熟外，美国还面临着人口老龄化问题，这也是造成经济衰退的根源之一。但普拉萨德认为这可能会成为美元吸引全球关注的另一个原因。美国退休人员持有大量国债。这一群选民有强大的政治力量，他们绝不会允许政府利用通胀来消灭债权价值。

美国的先进还带来另外一个启示：美元没有继续增强的趋势，这与其竞争对手中国形成鲜明对比。中国仍在努力追赶，随着中国与美国的生产力差距逐渐缩小，人民币基于通胀调整后的汇率会趋于上升。从2005年中期到2014年中期，人民币对美元已升值约35%。

自我贬值的货币

美元在此期间的贬值对任何持有美元的人来说都不是一件好事，但美元不仅能保值，也是大受欢迎的融资货币。虽然银行和跨国公司在积累其他货币资产，但他们仍在借入美元。由于不是人人都想借入只会升值的货币，所以人民币不能轻易取代美元。此外，美元由于其融资货币的身份在危机时期往往还能走强。这也是新兴经济体对美元的需求起伏不定、难以预料的原因。美元可能不会保持对其他货币的价值，但在困难时期，美元的吸引力在于其资产能始终保持对其负债的价值。美元之所以能称霸全球，部分原因就在于美元在全球的防备力度。

（2014 年 3 月）

比特币和电子货币：新货币

“监管者不应干涉比特币等新型电子货币”

小型部落经常会使用特殊货币。迄今为止，非洲西部阿善堤地区的人使用的货币可能是最奇怪的。他们置金属盘、石头和贝壳的便利性于不顾，使用一种由金属铸成的小椅子状货币，象征着部落酋长的地位。但备受追捧的货币比特币就更奇怪了。比特币初现于 2009 年，是一种电子化货币，是由数字代码组成的字符串。

比特币也仅限于“小部落”使用，用户主要是电脑极客、贩毒者和自由主义者。但比特币价格浮动过大，2013 年初期单价不足 20 美元，在 4 月便飞升到了 200 美元，引起了广泛关注。比特币价格也有可能降到一文不值。但不管比特币发生什么，都说明了一种被广泛接受的电子货币能发挥多么大的作用。

比特币具有储值功能，其购买力不受中央银行保护，但是对其存在数量有严格控制（2100 万）。由于每个比特币能分成更小的部分，所以即使单个硬币的价值飞涨，也能用在小的交易中。比特币上特殊的电子签名基本能杜绝伪造。这可是一大进步——几乎3%的英镑都是伪造的。

因此，越来越多的人和企业已经准备好用比特币来收付账款，这就是电子货币真正的价值所在了。想想易贝、阿里巴巴和空中食宿这样的点对点市场就能知道其中的原因，这些市场让买卖双方能直接见面并交换商品和服务。比特币意味着交易的另一面（即现金转账付款）也能直接进行。

有些人对此持怀疑态度，认为美元已经扮演了这样的角色。但在小额交易中使用美元其实比较麻烦，因为所有美元交易都须经美国银行系统结算。例如，一位英国买家向中国卖家以美元付款时会涉及英中两家银行和两家美国银行，加上换汇手续费用等成本因素，受到国际认可的电子货币似乎更便宜，也更简单。在网上用比特币购物就像在家使用现金一样，迅速、直接且“无迹可寻”。

比特币的这些特征对监管者来说是危险信号。比特币因为匿名而受到毒贩子的青睐。即便那些不使用比特币购买非法商品的人可能也在用它逃税。但政府不该在此做官方文章。毒品交易不管是以美元、比特币还是易货进行，都是违法的。逃税和使用现金一样简单。政府要针对的应是犯罪活动，而非新科技。

随着比特币的基础设施（或其接替者）越来越成熟，对其的监管也会越来越严格，例如比特币银行已经出现。如果数字银行开始效仿传统贷方，借出的钱超过手中的存款，系统也会出现挤兑的风险，银行监管人员（在请来一些电脑专家后）需要介入其中了。

网络是你的还是我的

对于比特币来说，最大的挑战不是监管而是竞争。和其他货币一样，比特币的价值取决于用户数量。率先建立网络可能是个优势，但是一旦用户转向其他优秀的竞争者时，原来的网络就会受到排挤。例如，随着易贝和空中食宿市场的扩大，两者的使用费成为必要款项，这类似于征税。如果能用新的电子货币形式支付这些费用，那么对该货币的需求会更加稳定。比特币最终可能是另一个聚友网（MySpace），后者在脸书（Facebook）之前问世，却成为脸书的手下败将。

比特币这样的电子货币还是面临着一定的发展限制。美国公民必须以美元缴税，这一点保证了对美元的长期需求，可是政府永远不会授予私人货币法定货币的地位。但比特币等电子货币并非昙花一现，使用电子货币的部落虽小，却仍在增长。

（2013 年 4 月）

人民币的未来：人民币交易

“人民币升值的呼声已经远远走在沉静的现实之前”

如果说到“交易量”，那人民币无疑正走在统领全球货币市场的路上。当人民币的地位在世界最大的外汇市场伦敦得到提升后，又于2014年6月占领了各家新闻媒体的头条。人民币的公关活动已经开展了五年，成果颇丰。自2009年中国首次宣称要推动人民币国际化以来，一系列的政策公告和重大事件都让人民币成为美元的假想敌。

人民币之所以被炒得沸沸扬扬，离不开几个看似惊人的数据。人民币境外储量在2009～2014年增长了十倍。境外以人民币发行的“点心”（dim sum）债券发行量从无到每月数十次。人民币还成为全球第二大常用的贸易金融货币。

更令人震撼的是，全球城市都在争先建设人民币交易中心。2014年6月，伦敦先下手为强：中国政府授权中国建设银行为其在伦敦的官方人民币业务清算行，并同意开展英镑和人民币的直接交易。上述声明都是在中国总理李克强出访英国时发出的。

官方清算行的授权使英国拥有人民币回流中国市场的渠道，增强了伦敦作为货币交易中心的吸引力。法兰克福和新加坡等城市也被授予了清算银行的资格，但是伦敦已经控制了亚欧大陆间60%的人民币结算，这次会进一步稳固其地位。

但伦敦的外汇交易员也不会为此而兴奋不已。中国境外人民币在交易结算或投资方面的基础很薄弱。据环球同业银行金融电讯协会（SWIFT）称，人民币已成为第七大常用国际结算货币，2012年初期人民币还排在第20位。但要认识到，人民币仅占国际支付的1.4%，而美元却占到42.5%。考虑到上述很多交易都是中国公司与其香港子公司的资金流动，人民币作为结算货币的情况比目测的还要少。

更能说明情况的是人民币作为投资货币的地位。美元作为世界储备货币最大的卖点在于其实力雄厚、流动性强，对全球投资者开放。尽管近年来有关点心债券市场的报告铺天盖地，实际上中国予以开放的数量非常少。据新兴顾问集团（Emerging Advisors Group）的乔纳森·安德森（Jonathan Anderson）估算，全球投资者可以购买的包括债券和股票在内的美国资产为56万亿美元，欧元资产为29万亿美元，日元资产为17万亿美元。但中国资产仅有0.3万亿美元对外国投资者开放。安德森指出，这一比例使人民币的开放程度和菲律宾比索相当，仅仅比秘鲁索尔略高。

那到底是谁握着人民币不放呢？答案是中国自身，其中有环境因素，但更重要的是制度设计。货币要想国际化，需要离开本土国家，最简单的方法就是实现贸易逆差。例如，由于美国进口总值大于其出口，因而每天都有美元流入国际市场。但这招在中国行不通，因为中国处于长期贸易顺差。中国正尝试通过用人民币来支付进口商品、用美元来结算其出口的方法来解决该问题。

但这种方法并不是长久之计，因为大部分问题出在制度设计上。外国人即使选择用人民币来支付，作用也不大，并会对此产生怀疑。中国可以放开资本市场，但有人预测这样会引起争议。央行前货币政策委员会委员余永定预测，中国政府仍会以谨慎为主，政府会缓慢降低资本管制而不是突然开放，这更有利于中国的金融稳定。但同时这也意味着有关人民币的鼓吹与现实会越来越远。

（2014 年 6 月）

2. 金融危机简史

危机造就现代金融

"金融业不仅容易受到危机影响，
而且是在危机影响下形成的。历史上五大危机
揭示了如今金融系统的起源，并为当今的监管者提供了教训"

人类最伟大的发明是什么？回答一般都是印刷术或电等人们熟悉的技术，但大家都容易忽略一项重要的发明：金融合约。尽管很多人鄙视并嫌弃它"肮脏"，但金融合约在人类7000余年的发展史上发挥着重要的作用。

金融的核心只有两点。第一，金融可以充当经济的时间机器，让储蓄人将今天的收入传到未来，或者让借贷者在当下预支未来的收益。第二，金融还能充当安全保障网，应对洪水、火灾或疾病的风险。通过提供这两种服务，一个运转良好的金融系统能抚平生活中大大小小的跌宕起伏，让不确定的世界变得更可预见。除此之外，当投资者找到有好想法的人才和公司时，金融也充当了经济增长的引擎。

但金融也会引起人们的恐慌。当泡沫破灭、市场崩溃时，构筑多年的计划可能会全盘皆毁。2008年的经济危机正逐渐平息，留给人们的是失业和债务，我们需要问问：我们真的对金融进行"取其精华，去其糟粕"了吗？

历史会告诉我们正确的答案。从1792年美国的首次崩溃到1929年全球最严重的危机，五次毁灭性的经济衰退突出了金融改革的两大趋势：

第一，中央银行、存款保险和证券交易所等提高人们经济生活水平的机构，并不是平和时期精心设计的产物，而是在财政悬崖底部临时拼凑出来的。危机过后使用的“膏药贴”到最后往往成为整个体系的永久特征。如果以史为鉴，那么当下做出的决定会影响未来几十年。

第二，如何应对危机遵循常见模式：首先是批判，金融系统中的新生事物会遭到贬损，新型银行、新投资者或新资产都会被视为罪魁祸首；其次，被禁止或严格管制至不复存在；最后，以巩固公众对私人市场的支持而告终——其他被认为有必要的方面则会得到更多的国家支持。这种方法看似合情合理还能抚慰人心。

但这种方法后患无穷。沃尔特·白芝浩（Walton Bagehot）于1860～1877年担任《经济学人》（*The Economist*）主编，他认为当公众的“盲目资本”涌入不明智的投机性投资时，金融恐慌就会发生。虽然改革意图是好的，但是只会让事情更糟糕。英国人将钱存进冰岛的银行，他们知道存款达到3.5万英镑就会得到政府的保证，白芝浩要是看到这一情况，估计会心神不宁。若要再知道职业投资者可以依靠政府，他便会大为恼火。

这五次危机揭示了现代金融巨头——纽约股票交易所、美国联邦储备委员会、英国大银行——的起源，同时还突出说明了接二连三的金融改革想让投资者规避风险的趋势，因此也为后危机时代的监管者提供了经验教训。

（2014年4月）

1792 年：现代金融的根基

如果把现代金融的智慧和恐惧归结在一人身上，那么此人非美国首任财长亚历山大·汉密尔顿（Alexander Hamilton）莫属。那时美国还是个相当年轻的国家，在金融方面一片空白。在《独立宣言》发表 14 年后的 1790 年，美国拥有 5 家银行和若干家保险公司。汉密尔顿希望像英国和荷兰那样建立一个高水平的金融体系，这就意味着联邦债务可以聚集全美各州的债务。美国的新债券可以在公开市场上进行交易，政府能低价借入。同时美国还需要一个为公所有的中央银行——美国第一银行（BUS，First Bank of the United States）。

这一新银行是一个令人兴奋的投资机会。美国第一银行拥有 1000 万美元的股金，其中 800 万美元面向公众开放。在 1791 年的首次拍卖中，债券在一小时内被认购一空。这对汉密尔顿来说是个好消息，因为其金融体系的两大支柱——银行和债务——就是互相扶持的。如果要获取美国第一银行 400 美元的股份，投资者需要购买 25 美元的股份证书或“临时凭证”，剩下的 3/4 须用联邦证券而非现金购入。该计划刺激了大众对政府债券的需求，同时为

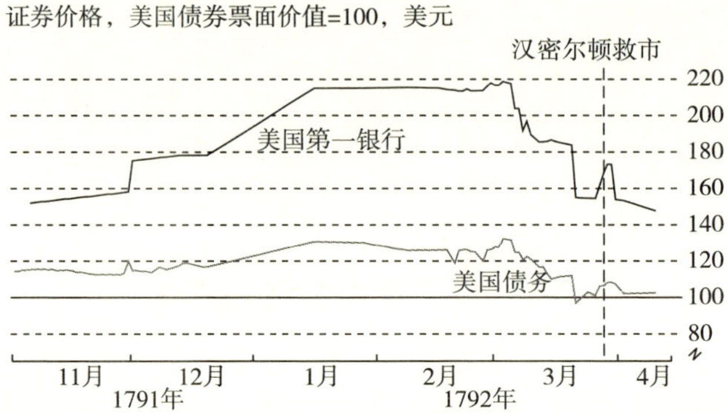

图 2.1 联邦泡沫

资料来源：*America's First Securities Markets, 1787~1836: Emergence, Development, Integration* by R. E. Sylla, J. Wilson and R. E. Wright

银行提供了一个安全资产构成的“健康楔子”。看起来这是桩好买卖：临时凭证最初的价格仅为25美元，在1791年8月已飙升至300多美元。银行于同年12月开业。

有两件事为汉密尔顿的计划带来了风险。首先是他的老朋友威廉·杜尔（William Duer）使了坏心眼，这一诡计多端的伊顿公学人成为因美国金融危机而受指责的第一个英国人，但绝不是最后一个。杜尔及其同伙了解到投资者需用联邦债券来购买美国第一银行的股票，他打算借此来垄断市场。为给计划筹资，杜尔开始向朋友借钱，还向公众发行了私人债券，并挪用了自己公司的公款。

其次就在于银行本身。开业那天美国第一银行就赛过了其他银行。该银行规模很大，之后开始膨胀，开业两个月便通过发放新贷款赚到270万美元。贷款泛滥，费城和纽约的居民都被投机冲昏了头脑。卖空和期货合同如雨后春笋般涌现。当时每周往返两个城市间的马车高达20辆，载满了想要套利的人们。

市场恐慌始于 1792 年 3 月。美国第一银行纸币依赖的硬通货开始走低，于是银行以当初扩张的速度削减信贷，从 1 月底到 3 月该行贷款下降了 25%。随着新贷吃紧，经常以新债填旧债的杜尔及其同伙也开始感到了经济拮据。

杜尔陷入麻烦的谣言以及美国第一银行的吃紧，都让美国市场急速下滑。政府债券、美国第一银行股票以及其他若干上市公司的股票价格在两周内下调了 25%。1792 年 3 月 25 日杜尔入狱，但是恐慌仍在蔓延，公司也面临破产的危机。伴随危机蔓延的还有公众的愤怒，一群愤怒的投资者朝关押杜尔的监狱投掷石头。

汉密尔顿知道风险出现在哪里。作为一名金融史专业的学生，他清楚地知道法国 1720 年的危机在之后多年一直制约着国家金融系统，他也知道时任总统托马斯·杰斐逊（Thomas Jefferson）正准备摧毁他亲手打造的这一切。根据纽约大学理查德·西拉（Richard Sylla）2007 年论文所述，汉密尔顿实施了美国历史上第一次救市行动——多方出击。他使用公共资金购买联邦证券以抬高价格，保护以高价买入债券的银行和投机者，向陷入危机的贷款方提供资金，保证担保银行能以 7% 的惩罚利率（当时的高利贷上限）无限额借入资金。

梧桐树协议

尽管救市初见成效，但人们已经开始讨论如何预防以后的危机。所有人一致认为金融业充满泡沫。为保护天真的大众免受高风险投资的伤害，法律制定者意图直接禁止风投，1792 年 4 月在纽约通过的法律将公共期货视为违

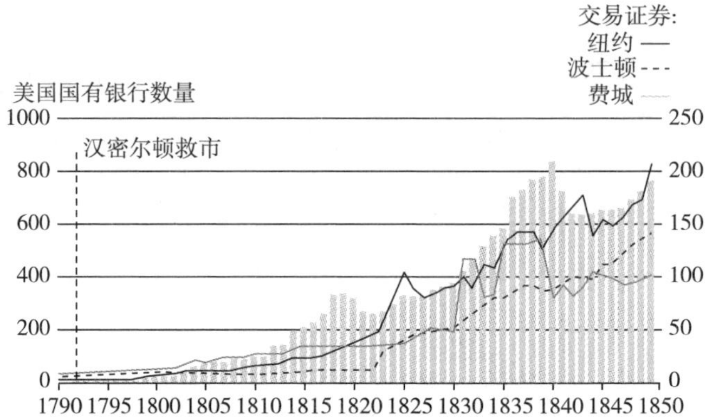

图 2.2　亚历山大的遗赠

资料来源：*Emerging Financial Markets and Early US Growth* by P. L. Rousseau and R. Sylla, 2005

法。为表示抗议，24 名经纪人聚集在华尔街的一棵梧桐树下，成立了私人交易俱乐部，这一组织正是纽约证券交易所的前身。

汉密尔顿的救市计划效果显著。人们重拾信心，金融市场再次繁荣。在 50 年内纽约成为金融巨头，银行和市场数量随着 GDP 一路高升。但救市也带来了其他影响，汉密尔顿拯救银行的行为开创了先例，接下来的危机让金融系统更依赖于国家支持。

（2014 年 4 月）

1825 年：首次新兴市场危机

危机往往从希望开始。19 世纪 20 年代，摆脱西班牙殖民统治的拉美国家处处洋溢着兴奋。英国投资者热情十足，当时英国蓬勃发展，出口尤其强劲。威尔士作为原材料基地，每年煤炭开采量高达 300 万吨，并将生铁运往世界各地。曼彻斯特正成为世界上将原材料加工为化工品和机械品等高附加值商品的第一个工业城市。1820～1825 年英国工业生产者增加了 34%。

英国人现金充足，于是开始找地方进行投资。政府债券因不久前的拿破仑战争而供应充足，但随着敌对情形消除（风险降低），债券收益也降低了。1822 年政府债券的收益率为 5%，1824 年就降到了 3.3%。1820～1825 年通胀率约为 1%，说明这一债券的实际收益一般，虽安全但无趣。

幸运的是，投资者有很多五花八门的新奇选择。19 世纪 20 年代，伦敦已取代阿姆斯特丹成为欧洲主要的金融中心，各国政府纷纷来此寻求资金，全球债券市场迅速崛起。1820 年伦敦仅有 1 个外国债券，到 1826 年则达到 23 个。俄国、普鲁士和丹麦发行的债券由于收益率高而受到人们的抢购。

但真正让人激动的是对新世界国家的投资。殖民地摆脱了摇摇欲坠的西班牙统治，成为独立国家。1822～1825年，哥伦比亚、智利、秘鲁、墨西哥和危地马拉在伦敦成功销售了价值2100万英镑（约相当于今天的28亿美元）的债券。还有其他的投资渠道：英国采矿公司在新世界国家的开采项目股权投资大受欢迎，例如盎格鲁墨西哥项目的股价在一个月内从33英镑上涨到158英镑。

这些投资面临的问题都很简单：距离。半年往返一次南美算快的，所以投资人最多也只能有点皮毛消息。最典型的例子就是格雷格·麦格雷戈（Gregor MacGregor）发行的“博伊斯债券”（Poyais），债券发行国根本就不存在。这一骇人听闻的诈骗反映了深层次的腐败问题。投资者没有对投资进行深入核查。大多关于新国家的消息都来自花钱让其炒作的记者。如果储户眼睛放亮点，就会提出一些更严厉的质询：墨西哥和哥伦比亚是真正存在的国家，但是只有基本的税收系统，所以他们靠这个筹集资金还本付息是不太可能的。

投资者还会有一些稀奇古怪的猜想。众所周知，英国和西班牙的敌对说明英国支持拉美国家独立，但是投资者就会另辟蹊径。因为西班牙的敌人就是英国的朋友，所以这些人认为新兴国家当然可以依靠英国获得财政支持。有了这一靠山，墨西哥和哥伦比亚的债券收益率达到6%，但风险似乎也没比英国金边债券的3%利率高出多少，那么选择哪种投资就一目了然。

其实英国并没有对这些新兴国家提供援助。在1823年夏天，西班牙即将发生债务违约的趋势已清晰可见。随着恐慌的蔓延，债券价格猛跌。日内瓦高等研究院马克·弗朗德罗（Marc Flandreau）和日内瓦大学胡安·弗洛里斯

（Juan Flores）的研究表明，截至 1825 年底，秘鲁的债券已跌至其面值的 40%，其他债券也在下跌。

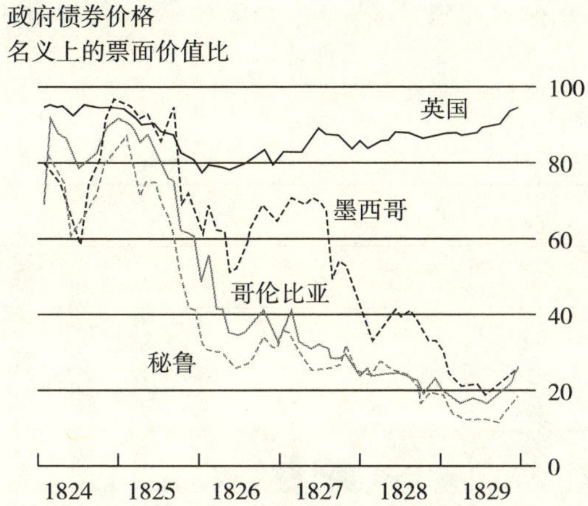

图 2.3　拉美的衰退

资料来源：*Bonds and Brands* by Marc Flandreau and Juan H. Flores

英国银行受到债务和矿商冲击，遭受了沉重一击。储户开始蜂拥而至地提现，到 1825 年 12 月发生了银行挤兑。英格兰银行向面临破产的债主和企业提供资金，这一救市行为被白芝浩视为中央银行体系下危机模式的模型。尽管如此，很多银行还是无法满足储户的提现要求。1826 年英格兰和威尔士超过 10% 的银行倒闭。英国对危机的应对改变了银行业的面貌。

1825 年危机中最引人注目的是人们在危机处理上的巨大分歧。有些人指责投资者太轻率，投资了那些根本不被人所知的国家，或者是根本没有矿石的开矿项目。人们对新兴市场危机的自然反应可能是要求投资者在进行风险投资前仔细考察一番。

但包括英格兰银行在内的英国金融领袖都说这是银行的错误，这些小型私人合伙企业与现代私募股权类似，他们被指责以放松贷款的方式煽动了投机泡沫。当时的银行法规定股东不得超过6人，这就导致了银行数量较多但规模较小。有人表示如果银行规模再大一点，就能有足够的实力在这场不可

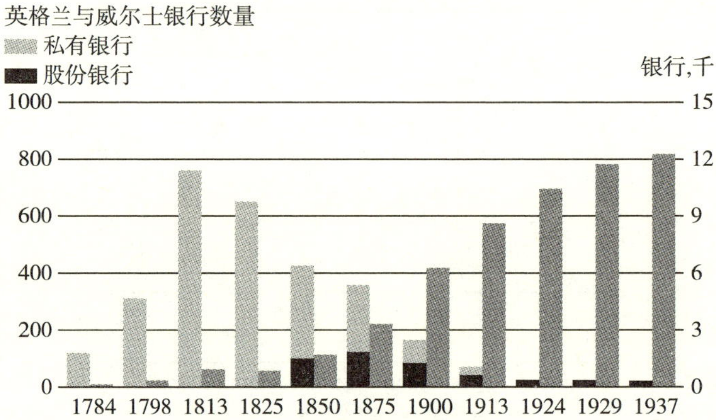

图2.4　大型银行的崛起

资料来源：*Money and banking in the UK* by M. Collins, 1998; *Country banking in the industrial revolution* by L. S. Pressnell, 1956; Bank of England

避免的危机中存活下来。威斯敏斯特委员会和针线街[①]在斟酌一番后，把目光投向了北方的苏格兰。那里的银行实行“合股制”，合伙人数不受限制，股份可向任何有意愿购买的人发行，因而苏格兰银行在危机中的情况要好很多。1826年国会按照英格兰的规则通过了新的银行法案。英格兰已经是全球债券交易中心。在解除所有权限制后，像国家地方银行（National Provincial，现为苏格兰皇家银行RBS的一部分）这样的银行开始吞并竞争对手，并一直延续下去。

合资银行的改革对英国金融史来说是喜忧参半。这一改革有着极大的优

① 针线街（Threadneedle Street）在此处指英格兰银行，因英格兰银行位于此街上。——译者注

势：银行巨头的前身就此诞生，英国成为银行业和债券的世界领头羊。但由此引发的一系列兼并也让 RBS 最终成为世界上最大的银行，也成为在 2009 年倒下的最大银行。今天英国四大银行持有本国 75% 左右的存款，任何一家银行的失败都将对经济构成系统性风险。

（2014 年 4 月）

1857 年：首次全球危机

到 19 世纪中期，世界已经习惯了经济危机。英国似乎遵循着十年一场危机的规律：继 1825 ~ 1826 年的危机之后，1837 年和 1847 年也发生了危机。对于那些熟悉这一模式的人来说，1857 年的危机似乎没什么不同。但这次情况大不一样。美国中西部危机波及全国，从纽约传到利物浦又到格拉斯哥，再到伦敦，接着引发了巴黎、汉堡、哥本哈根和维也纳的危机。金融危机不仅具有周期性，并且开始全球化。

从表面上看，英国在 19 世纪 50 年代做得不错，出口繁荣，成功地在澳大利亚开矿，增加了本国的资源供给。但透过表面看，就会发现有两大变化，这两大变化一起创造了 1857 年《经济学人》的标题："一场史无前例、更严重、更广泛的危机。"

第一大变化是新的经济联系网络已经形成，在某种程度上，经济网由贸易而生。到 1857 年美国经常账户赤字达 2600 万美元，英国及其殖民地为美国最大的贸易伙伴。美国人购买的商品比他们卖出的要多，英国则购买美国资产来提供资金。到 19 世纪 50 年代中期，英国持有价值约 8000 万美元的股

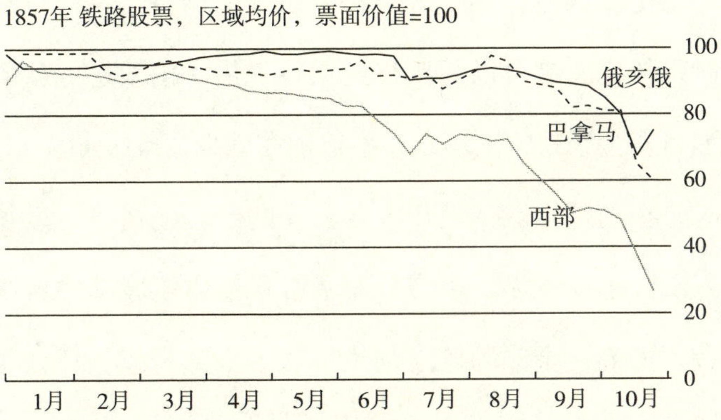

图 2.5　铁路公司投资热

资料来源：J. Wahl, 2009; R. Sylla et al., 2002

票和债券。

铁路公司在当时是热门投资。伊利诺伊中央铁路、费城雷丁铁路等铁路公司的股票都被英国投资者广泛持有，英国人在董事会也占有一席之地。这些股票的收益与价值是否相符不重要，人们赌的是未来的增长。

第二大变化是金融改革不断涌现。随着英国的合股制银行不断吞并对手，存款在 1847～1857 年增加了近 400%。一种新的债权人——贴现公司在伦敦迅速发展。这些公司初起步时是投资人和融资企业的中间人，随着金融业的发展，贴现行也发生了变化，他们吸收投资者的现金并许诺现金可以随时取出，之后寻找融资公司。简而言之，就是换了名字的银行。

竞争非常激烈，因为合股制银行给储户的利率比英格兰银行低一个百分点，所以任何低于这个利率的贴现公司都很难筹集到资金。但由于中央银行同时也在积极放贷，有最好的贷款项目，给出的利率也为贴现公司的贷款利率设了上限，贴现公司因此只有一个百分点的浮动空间，所以只能去找其他靠山。由于现金是零利息，贴现公司都没有任何储备金，一旦有储户需要提取大量现金时，他们总是可以找英格兰银行先借。伦敦这些新的金融从业者不仅要长期面对资金紧缺的困境，还不停地在减少资本缓冲。

与此同时，在美国，俄亥俄州人寿公司的经理爱德华·勒德洛（Edward Ludlow）陷入了铁路投资热。连接东部城市和新边境城镇的新铁路正在建设中。很多人投入大笔资金，勒德洛甚至投入了全部身家，将公司480万美元中的300万美元投到了铁路上。连接克利夫兰和匹兹堡的这一条铁路就占了保险商资产的1/4。

1857年春末，铁路股票开始下跌。高举债经营、风险暴露过高的俄亥俄州人寿保险公司倒得更快，于8月24日倒闭。哥伦比亚大学的查尔斯·卡罗米里斯（Charles Calomiris）和戴顿大学的拉里·施韦卡特（Larry Schweikart）的研究显示，危机在向东部蔓延，渐渐拖垮铁路投资人。银行开始抛售股票，股价进一步下跌，损失进一步扩大。到10月13日，华尔街挤满了讨钱的储户，银行拒绝将存款兑现，最终美国的金融系统坍塌了。

随着金融多米诺骨牌相继倒下，首当其冲的英国城市是格拉斯哥和利物浦。与美国公司有交易来往的商人在10月时开始破产。有些机构也与美国有直接的金融联系。丹尼斯通克（Dennistoun，Cross and Co.）是一家在利物浦、格拉斯哥、纽约和新奥尔良设有分行的美国银行，于11月7日倒闭，同时将苏格兰西部银行拖下了水。这就使英国的危机波及整个体系：该银行有98家分支机构和600万英镑存款。英国出现大面积恐慌，政府甚至出动军队来安抚民心。

贴现公司又放大了这些问题，他们是公司信用的重要来源，但投资者对其资产负债表心存疑虑。他们的确应该怀疑：据说这些公司曾用 1 万英镑的资本来支持 90 万英镑的风险投资，比今天的操作还要过分。贴现公司倒闭了，普通公司也跟着倒下了。1857 年最后三个月里有 135 家公司破产，4200 万英镑的投资化为乌有。英国的经济和金融本就影响深远，这也意味着这场危机造成了整个欧洲大陆的恐慌。

除了全球化以外，1857 年的危机还有一项首创：关于金融安全网会带来过多冒险的认知。贴现公司冒着高风险在操作，仅握有少量流动资产和现金缓冲，就是因为他们认为自己总是能从英格兰银行借钱。英格兰银行对此表示不满，在 1858 年更改了政策。贴现公司再也不能随意借款了，他们需要实施自我保险，保留自己的现金储备，而不是以中央银行作为靠山。这一举措让 1857 年的危机成为国家尝试撤回支持的罕见例子，也说明削减资助是多么不受欢迎。

英格兰银行看起来“无法摆脱”贴现公司对其的依赖，匆匆忙忙进行改革。《经济学人》认为新出台的借贷政策看似严格，实则毫无原则，借贷项目应该分情况考虑，而不是全面禁止。还有些人认为中央银行因不允许大型贴现公司倒闭而缺乏公信力，这种看法是不对的。1866 年欧沃伦格尼银行（Overend & Gurney）紧急需要资金，但英格兰银行拒绝提供援助，还将其股东扫地出门。接下来的 50 年英国金融一直相对稳定，一些历史学家认为这多亏了银行业在摆脱道德危机后的审慎。

（2014 年 4 月）

1907年：银行家的恐慌

20世纪初，美国和英国对银行业的处理方法完全不同。英格兰银行掌控大权，对其建立的银行体系实施严格监控。美国则是另一个极端，汉密尔顿的BUS在1811年关闭，在临近城市费城的替代品也于1836年倒闭。一个裂变分权的体系发展了起来。美国人认为银行能管好自己——直到1907年的危机爆发。

最后贷款人的缺席当然不会影响银行业的扩张。内战后一段时间内，美国银行数量呈现井喷式增长。到1907年，美国已有22000家银行，相当于每4000人就有一家银行。在大多数城镇，居民可以选择当地银行或国有银行。

尽管选项众多，精明的都市投资人还是会去其他地方——信托公司。这类公司在19世纪90年代以受托人身份出现，以债券和股票形式掌握着顾客的投资。到1907年，这种安全机构开始进行一些风险更大的操作：承销并分发股票，持有并经营不动产和铁路，还开始涉足存款。简而言之，这些信托公司变成了银行。

信托公司繁荣发展。与传统银行相比，他们的投资更冒险，受到的管控

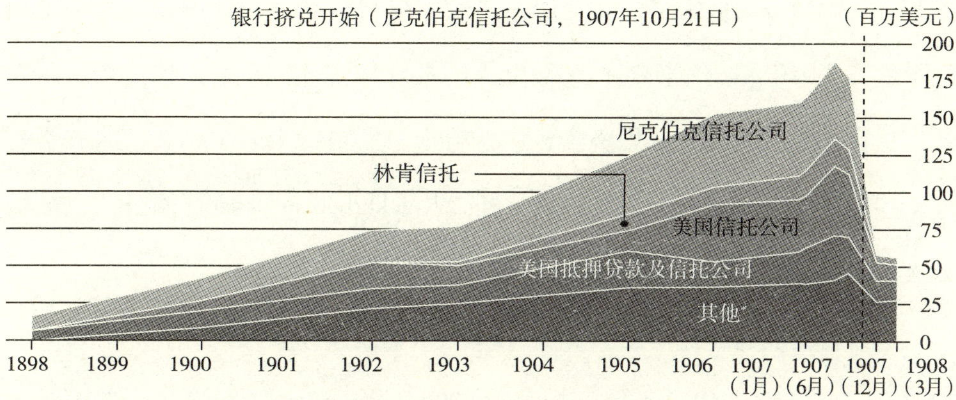

图 2.6　信托公司的崩溃：纽约信托公司存款

注：* 代表其他七家信托分司。

资料来源：纽约银行监督署年度报告

更少。银行的现金需占总资产的 25%（以防出现紧急兑现），但信托公司最低可到 5%。由于能向储户提供更高的利息，信托公司很快便成为大笔资金的流向地。到 1907 年，他们几乎和国有银行一样庞大，在十年间增长了近 250%。

美国的景象也是一派欣欣向荣。1896～1906 年，美国平均年增长率接近 5%。这简直非同寻常，尤其是考虑到美国经受了类似 1904 年巴尔的摩大火和 1906 年圣弗朗西斯科地震这样的大灾难，两场灾难就削减了美国 GDP 的 12%。一般人可能会想，事情既然还走在正轨上，美国人就应该心存感激。

根据美联储两位经济学家埃利斯·塔尔曼（Ellis Tallman）和乔恩·莫恩（Jon Moen）在 1990 年发表的论文，有两个贪婪的骗子——奥古斯塔斯·海因策（Augustus Heinze）和查尔斯·莫尔斯（Charles Morse）——还不满足，他们不仅借钱，还挪用大量的资金，想要垄断联合铜业公司的股票。但 1907

年经济开始放缓，抑制了包括金属在内的原材料价格。联合铜业的股票也随之下跌，海因策和莫尔斯的损失被巨大的杠杆作用放大。为支撑市场，两人开始从自己经营的银行挪用资金，这就给众多小银行带来了麻烦，造成了一连串损失，最终一家名为尼克伯克信托（Knickerbocker Trust）的公司也被卷入其中。

这家备受欢迎的公司位于曼哈顿34号大街拐角和第五大街上，在1897～1907年，其存款从1000万美元飙升至6000万美元以上，一跃成为美国第三大信托公司。公司门口的科林斯圆柱比隔壁的华尔道夫酒店还要显眼，圆柱内外的大理石分别来自佛蒙特州和挪威，象征着财富和稳固。

但在1907年10月22日上午，尼克伯克信托公司业已摇摇欲坠。当听闻尼克伯克也卷入海因策和莫尔斯的金融危机时，储户都跑到街上排队要求兑现。不到一天尼克伯克就支付了800万美元，但还是不得不拒绝一些客户的提款要求，这给其他信托公司蒙上了阴影。美国信托公司成为下一个遭挤兑的对象，接着是林肯信托。随着信托公司一家家倒下，有些纽约居民不停地在信托公司间把现金转来转去。当美国金融系统明显不安全时，美国人开始把钱囤在自己家里。

有那么一段时间，这场危机看起来能被扼杀在萌芽状态。毕竟经济放缓速度较慢，1907年时GDP仍然增长了1.9%。尽管有海因策和莫尔斯这样的骗子在作乱，但还有J. P. 摩根（John Pierpont Morgan）这样的大佬在坐镇。随着恐慌的蔓延，利率飙升至125%，摩根介入了，调度大量资金帮助缓和局势。摩根甚至一度把整个纽约银行系统的人都锁在了自己的图书馆里，直到一份2500万美元的救市计划问世。但这些还不够，全国储户都开始挤兑。各州感觉破产在即，纷纷宣布了紧急放假计划。仍在营业的银行限制提现。尽管经济发展强劲，纽约的危机引发了全国资金紧张。商业因此受到重创，1907～1908年，国家产出下降了11%。

钱荒导致了替代品的兴起。美国将近半数的大型城镇和城市里开始流通现金替代物，包括支票和银行承兑的小额借款凭证。这些民间流通的非法现金价值达到5亿美元左右，远远大于J. P. 摩根的救助。这招起作用了，到1909年，美国经济又恢复了增长。

钱荒之后就自然而然出现了改革的呼声。官方的5亿美元紧急救助计划很快出台，但这些紧急资金有着更深远的影响。新的货币法律规定，要建立国家货币委员会，商讨美国货币的运作方式。这一委员会存在了四年，在世界范围内考察如何能最好地重构金融系统，最终总结认为，需要一个合适的最后贷款人。1913年，《联邦储备法》出台，同年12月，美国历史上第三家中央银行成立。终于，汉密尔顿如愿以偿。

（2014年4月）

1929～1933年：大危机

直到1929年美国历史上最严重的危机发生前夕，一切都很美好。汽车和建筑业在20世纪20年代欣欣向荣，给人们提供了稳定的工作，推动工资增长和消费。福特一天可生产9000辆T型车，1925年新屋支出达50亿美元。其间也有波动（1923年和1926年经济增长放缓），但整体势头强劲。

银行业发展得也不错。到1929年，美国25000家银行的资产总额高达600亿美元，且这些资产比较稳健：60%为贷款，15%为现金，就连20%的证券投资部分也是合理的：大部分是债券，超低风险的国家债券占到一半以上。资产的高质量让银行减少了用于降低损失的资金缓冲量。

但在20世纪20年代，年轻的美联储遇到了一个难题：股价和商品价格开始背道而驰。市场蓬勃发展，新兴技术——无线电、铝和飞机——公司的股票备受欢迎，但这些公司很少进行股息分红，投资者抱着股票能不断升值的希望竞相购买。与此同时，知名公司的实力随着消费者价格的下跌也不断减弱。到底是该提高利率防止市场过热还是降低利率刺激经济？这道难题一度困扰着美联储。最后市场监察方获胜，央行在1928年提高了利率。

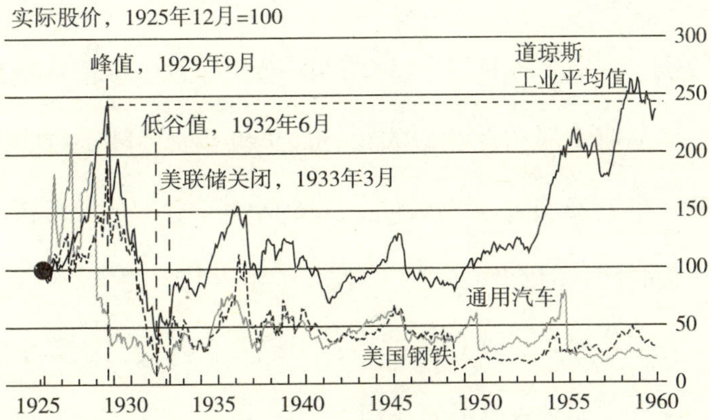

图 2.7　长期滑坡

资料来源：圣路易斯联邦储备银行；证券价格研究中心

这是个灾难性的错误。利率由 3.5% 上升到 5%，幅度实在太小，无法阻挡市场的热度——股票在 1929 年 9 月前一路飙升，道琼斯指数创下了 381 的高点。但加息措施挫伤了美国本就步履蹒跚的工业。夏末时工业产出以 45% 的年化水平下跌。更为雪上加霜的是，国外也传来坏消息。9 月时伦敦证券交易所随着金融骗子克拉伦斯·汉重（Clarence Hatry）的逮捕一并崩溃，引发了大规模的股市抛售：仅在 10 月 28 日和 10 月 29 日两天道琼斯股票就下跌了近 25%，到 11 月 13 日时跌至 198，两个月之内下降了 45%。

更糟糕的还在后面，一家又一家银行倒闭。1930 年，像阿肯色、伊利诺伊和密苏里等农业大州的银行遭遇挤兑，当年有 1350 家银行倒闭。第二波在 1931 年 4 月席卷了芝加哥、克利夫兰和费城。外部压力加重了国内的焦虑。英国放弃金本位制后汇率出现下跌，对美国出口商造成了压力。奥地利和德国也出现了银行业恐慌。随着公众信心逐渐丧失，美国人又开始囤积现金。美联储开展的债券购买行动仅是权宜之计，因为尚未倒闭的那些银行情况也非常糟糕。

1933 年 2 月，一切都明朗了。全国性的恐慌导致更多银行紧急停业，内华达、洛瓦、路易斯安那和密歇根的银行最早歇业。内陆银行收回在纽约的银行往来存款，仅 1933 年 2 月就收回了 7.6 亿美元。于是城市银行开始求助新的靠山——美联储。但此时发生了一件让人难以想象的事情。3 月 4 日，中央银行做出了有违其建立之初意图的事：拒绝放款并关门。美联储没能发挥在各种紧急情况下成为融资渠道的作用，为期一周的银行假期就此拉开序幕。

这是美国金融史上最黑暗时期内最黑暗的一周。监管者检查了银行账户，2000 多家在这周歇业的银行再也没能开业。在低谷之后，形势逐渐好转。1929 ~1933 年，大约有 11000 家银行倒闭，货币供应量减少了 30% 以上。失业率从危机前夕的 3.25% 上升至 25%，直到 20 世纪 40 年代初期才回落到之前的低水平。道琼斯指数在逾 25 年之后才回到 1929 年的高点。

改革显然是必需的。第一步就是消除系统的风险。短期内的措施是注入大量公众资本。10 亿美元的扶持资金——相当于整个系统中现有资金的 1/3——投入现有的 14000 家银行中的 6000 多家。政府制定了法律来降低未来风险，格拉斯-斯蒂格尔法案（The Glass-Steagall Act）规定将股票市场操作和普通贷款分离开来，凡银行有客户使用信贷进行投资的，都要受到美联储的管控。

同时一个永久应对银行挤兑问题的新政府机构：联邦存款保险公司（FDIC）于 1934 年 1 月 1 日建立。这一机构可为每位顾客提供 2500 美元的存款保护，旨在降低银行倒闭的风险。限制储户损失可保护居民收入、货币供应量及购买力。储户由于信赖FDIC，就不会在市场出现一点震荡迹象时就在银行门口排长队了。

在某种程度上，FDIC做得非常漂亮。银行很快便开始宣传自己受到FDIC的保护，顾客因此认为存款是无风险的。在接下来的70年，银行挤兑成为历史。银行能够逐年削减成本较高的流动性和资产缓冲。低效率的自保系统成为历史，取而代之的是一个由央行和存款保险机构做后盾的低成本风险共担机制。

但这和汉密尔顿最初的设想完全不同：汉密尔顿想要的是一个能让政府更稳定的金融系统，银行和金融市场能支持公债，让基础设施和军队支出享受低利率；但在1934年，一个完全相反的系统被建立起来：政府需要保证金融市场的稳定，而不是市场稳定政府。金融业在其发展中把风险转移到纳税人身上，这就在资本主义核心中创造了扭曲的补贴。

英美两国大型银行的表现都反映了为这些补贴付出的高额代价。2008年花旗银行和苏格兰皇家银行规模庞大，资产总额接近6万亿美元，比世界上最小的150个国家的GDP总和还高。但这两家银行的资本缓冲非常少。当资金短缺时，援助资金高达1000亿美元。银行危机的总代价还要高，对有些国家来说就是持续几十年的经济增长放缓、债务持续上涨和就业形势严峻。

但救市计划没有错：任由这么大规模的银行倒闭，代价会更高。问题不在于政府做了什么，而在于政府被迫这样做。认识到政府必须帮助银行摆脱困境，就意味着金融的一部分已经变成了单向赌博。银行债务就是最好的例子。IMF（国际货币基金组织）估测，2011～2012年全球最大的几家银行从间接政府补贴获益高达6300亿美元。这让贷款成本变低，刺激着杠杆投资。与此同时，美国有人提议政府应当成为抵押贷款市场的后盾，承担90%的危机损失。这再次为公共资金蒙上了阴影，故伎重施。

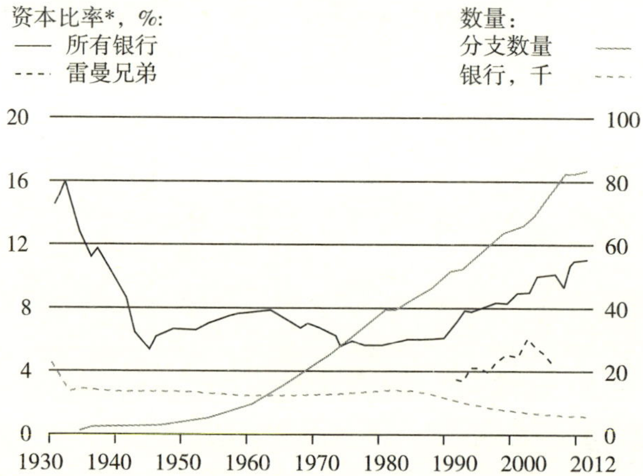

图2.8　是否安全操作：美国商业银行

注：*股权资产的百分比。

资料来源：美国联邦存款保险公司；《美国历史统计》；彭博社

解决这一问题意味着将风险还给私有部门，这又是一个难题。取消银行补贴会增加其放贷成本，持股人失去红利，信贷成本也会上升。取消过多的存款保险则意味着如果天真的投资者把钱都放在不靠谱的银行里，就会损失惨重。

近期危机后监管者进行了新一轮改革，政府在金融领域的干预趋势有望逆转。但要取消政府对金融行业的扶持并没有那么简单。历史上的这些危机表明，几百年来的金融史一直都在背道而驰。

（2014年4月）

3. 金融危机的教训

危机起源：崩溃轨迹

“2008 年的金融危机余波未散，危机的起因是什么”

2008 年 9 月，全球银行巨头雷曼兄弟的倒闭几乎拖垮了全球金融系统，纳税人为此承担了巨额救市成本。即便如此，本已低迷的经济又因紧随其后的信贷紧缩演变成 80 年来最严重的衰退。大量的货币和财政刺激政策避免了“兄弟能给我一毛钱吗”式的衰退，但是对比之前的战后恢复，这次复苏还是稍显疲软。很多发达国家的 GDP 仍比危机前的峰值还要低，尤其是在欧洲国家，金融危机已演变成欧元危机。金融危机的影响仍波及全球经济，美联储稍微收敛刺激经济的购债行为，金融市场就会出现动荡。

长达五年后，人们清楚地发现造成危机的原因是多方面的。最突出的就是金融家自身——尤其是那些自我陶醉的英美人，他们声称已经找到了一种排除风险的方法，但实际上不过是他们没有风险概念。央行工作人员和监管者也有一定的责任，因为正是他们纵容了这种蠢事。宏观经济背景也很重要。“大稳健”——指多年的低通胀和经济的稳定增长——助长了自满和冒险。亚洲的“储蓄过剩”压低了全球利率。有些研究表明，欧洲银行在危机前贪婪地从美国货币市场借债，然后利用这些钱来购买不靠谱的证券。所有这些因素加在一起后，看似风险没有那么高的世界却裹挟着巨额债务。

先来说说这些荒唐的金融家。危机前几年，金融家不负责任地在美国放出了大量住房抵押贷款。有着不良贷款历史且难以还贷的“次级”贷款人同样能拿到贷款。这些高风险的住房抵押贷款传到了大银行的金融工程师手上，经过打包后摇身一变，成为人们眼中的低风险证券。当每项贷款的风险互不相关时，打包就起作用了。那些大银行认为美国各个城市房地产市场的起起伏伏都相互无关，但事实证明，这种想法是错误的。从2006年起，全美房价都开始下跌。

打包的住房抵押贷款用来扶持一种被称为“债务抵押债券”（CDO）的证券，这类证券按其违约程度被分为更小的产品。投资者购买A级是因为他们信任穆迪和标普等评级公司对这类产品评出的AAA级。这又是一个错误。这些银行都受惠于创造债务抵押债券产品的银行，因此也受制于这些银行，当然乐意给出优秀评级了。

投资者竞相追逐这些证券化产品，因为这些产品不仅看上去比较安全，而且能在满世界都是低利率时给予投资人高回报。世界范围内的低利率究竟是央行的错误酿成还是全球经济的广泛变化所致，经济学家仍未达成定论。有些人指责美联储将短期利率定得太低后把长期住房抵押贷款利率也拉低了。美联储的捍卫者则认为错在储蓄过剩——这发生在新兴经济体，例如中国的储蓄超过投资。这些资金流入安全的美国政府债券后拉低了利率。

低利率刺激着银行，对冲基金和其他投资者追求回报更高的高风险资产。这些机构想着回报总能大过借贷成本，于是对他们来讲，借钱投资变得有利可图。“大稳健”时期的低波动率就这样加大了这种“杠杆”的诱惑。如果短期内的利率处于低位但并不稳定，那么投资者在进行杠杆押注前会三思。但如果利率看起来稳定，那么投资者可能会冒险用货币市场借来的资金来购买长期、高收益证券。这就是当时的情况。

从房地产市场到货币市场

美国的房地产市场转变后，发生的一系列连锁反应暴露了金融市场的脆弱。打包产品和其他精心设计的金融产品未能给投资者提供他们曾允诺的保护，按揭证券的价值不断下跌（如果它们能被估值的话）。尽管盖有评级机构的批准印章，本来安全的债务抵押债券也变得一文不值。以任何价格出售可疑资产，或者将这些资产用于抵押银行依赖的短期融资都比较困难。反过来，贱卖资产迅速削减了银行资产，这是因为按照市场计价法会计准则，银行需以当前价格重新对其资金进行估价，承认可能从未发生过的账面损失。

在2007年，也就是雷曼兄弟破产的前一年，整个金融系统的最终黏合剂也开始消失了，银行都开始质疑对方的生存能力。银行和其他融资机构开始撤销短期贷款，导致那些最依赖短期贷款的机构一个接一个倒下。英国的北岩银行（Northern Rock）在2007年秋季成为早期的受害者之一。

当时银行间债务链复杂，若有一个环节断掉，整个系统就都会受到影响。信贷违约掉期（CDS，若第三方拖欠贷款，出售方同意赔偿购买方）等金融工具原意是分散风险，结果却将风险聚集起来。雷曼兄弟破产的那几天，美国保险巨头AIG（美国国际集团）也因为之前售出的大量信贷风险保护而快撑不住了。所发生的这一切都暴露出整个金融系统建立的基础不够牢靠：银

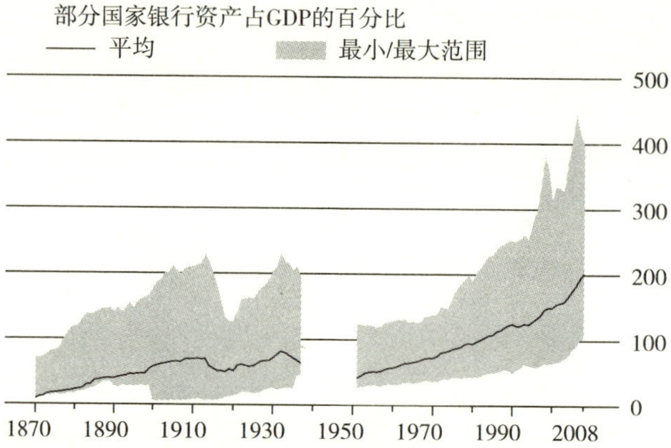

图 3. 1 风险降临

资料来源：Jorda，Schularick and Taylor，2011

行能任其资产负债表膨胀，但又没有储存能吸收损失的足量资金。实际上，他们就是在借钱为自己下注，这场赌博在经济形势好的时候曾带来过丰厚的利润，但事实证明，在经济形势差的时候却能带来灾难性的损失。

心不在焉的监管者

危机的核心就是金融业的失败，但责任不应全由银行家承担。央行人员和其他监管者对危机处理不当，未能阻止经济失衡，也未能对金融机构进行恰当的监管，因此也需要对此次危机负责。

监管者最严重的错误就是没能阻止雷曼兄弟的破产，这一事件加重了市场上的恐慌。突然间大家谁也不相信谁，谁也不愿意借钱了。非金融公司无法靠借钱来支付供应商或工人，只好冻结开销以囤积现金，影响了实体经济的发展。讽刺的是，听任雷曼兄弟破产的决定不仅没能使政府干预减少，反而使其加重。为了消除之后的恐慌，监管者不得不出售、拯救大批公司。

但监管者早在雷曼兄弟倒闭前就犯下了严重的错误，最显著的就是放任全球经常性账户失衡以及由他们自己推高的房市泡沫。央行官员曾关注过美国巨额赤字以及因亚洲储蓄过剩的大笔资金流入这两种情况。本·伯南克（Ben Bernanke）在取代艾伦·格林斯潘（Alan Greenspan）成为美联储主席的前一年，即2005年初期，曾强调过储蓄过剩的问题。但人们对来自亚洲大笔资金的关注让欧洲银行更大规模的资金流入成为一个盲点。这些欧洲银行将大部分从美国货币市场基金借来的钱都购买了大批风险证券。

换言之，尽管欧洲人声称是英美借贷过度中无辜的受害者，但其实欧洲银行根本脱不了干系。欧元的诞生让欧元区及伦敦、瑞士等周边银行业中心都出现了扩张。普林斯顿大学的经济学家申铉松（Hyun Song Shin）在2012年公布的研究中主要考察了欧洲在危机形成过程中扮演的角色，他指出，危机前导致美国信贷宽松的应是全球银行业的资金过剩，而非全球储蓄过剩。

此外，事实证明，欧洲内部的失衡和中美之间的失衡一样严重。在欧元问世后的第一个十年里，欧洲南部的经济体累积了大量经常性账户赤字，而北欧国家却出现盈余。之所以失衡，是因为资金一直从欧元核心区流向西班牙、爱尔兰等房市过热的国家。从这个角度来说，欧元危机是金融危机另一种方式的延续，因为政府一直为欧洲银行在房市泡沫后背上的坏账而苦恼。

央行本可以采取更多措施来解决上述问题。但美联储没有去消除房市泡沫，欧洲央行也未采取任何措施来抑制周边国家的信贷激增，（错误地）认为经常性账户失衡对货币联盟不会造成任何影响。英格兰银行在1997年独立后失去了对银行业的监管权，目光短浅到以为自身的职责只是维护金融稳定。

央行官员坚持认为通过提高利率来缓和房地产和信贷过热是非常困难的。可能实际情况的确是这样，但他们手上也有其他监管工具，例如降低按揭贷款的最大贷款价值比率，或是要求银行留出更多的资金等。

事实证明，宽松的资本比率存在严重不足。自1988年以来，央行官员和监管者委员会一直在巴塞尔会面，商讨银行必须持有的且相对于其资产来说的最低资本金的相关国际规则。但这些规则并没有对资本做出严格定义，于是银行以债务的形式进行操作，这些债务都不像股权那样可以吸收损失。

在股东要求涨息的压力下，银行只能在最小股权下运作，一旦情况不妙就容易受到影响。从20世纪90年代起，越来越多的银行被允许使用其内部模型进行风险评估——实际上是自行设定资本要求。不出所料，这些银行都判断自己的资金更安全，导致资产负债表不断膨胀，但资产没有相应地增加（见图3.2）。

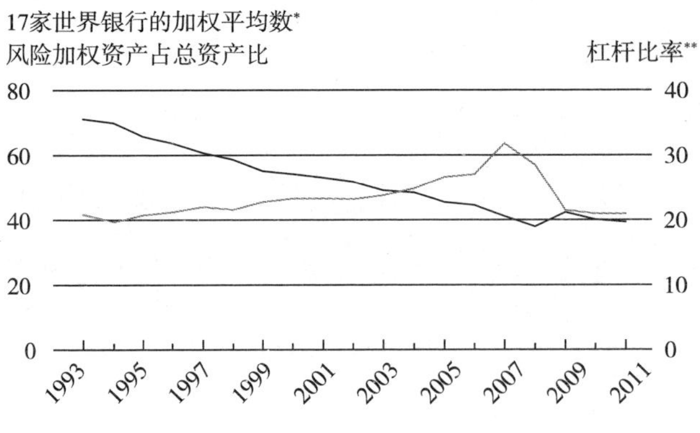

图3.2　没有根据的乐观

注：*包括：德意志银行（Deutsche Bank），法国巴黎银行（BNP Paribas），花旗银行（Citigroup），瑞士联合银行（UBS）及美银美林（BAML）。

**总资产与一级资本比率。

资料来源：*The Banker*，Bank of England

巴塞尔委员会也没有针对本应是高流动性的银行资产做出任何规定，同时也没有设立合适的机制，未能在国际银行巨头倒闭时维护整个金融系统的正常运行。

集体沦陷

在央行官员眼里，巴塞尔会议上促成的改革等于是在承认自己在危机前就把事情搞得一团糟，但做出误判的不仅仅是监管者和银行家。经济形势好时，会有强大的政治压力“保证”不会触礁。当通胀来临时，央行官员们为了不破坏“派对”的欢乐气氛，难以运用常规理性做出正确决策。在他们的掌控下，经济和物价长期保持稳定，这又鼓励了他们去冒险。在金融危机的历史上，默默无闻的消费者也经常陷入集体错觉，认为债务越多，繁荣就越持久。

（2013 年 9 月）

负债之危：放贷的影响

“债务和去杠杆化如何加剧危机带来的损失和痛楚”

美国住房抵押贷款违约率与日俱增，引发了2008年的金融危机。就其本身而言，这些逾期债款数目并不大。但有些投资银行已债台高筑，所以根本无法承担这些债款。2007~2008年，随着危机在整个金融行业蔓延，紧张不安或资金短缺的银行及其他债权人不再放贷，从而影响了其他领域经济的发展。随后，经济出现深度衰退，需要大笔资金救市，导致政府负债累累。这反过来又引发了人们对欧元区各国清偿能力的担忧。最终，希腊于2012年爆发违约危机。当时，债务既是触发危机的原因，也是危机导致的后果，并成为构成危机持续不断的重大原因之一。

在经济学家看来，债务通常是获取资金的一种有效手段，资金富余的债权人借款给资金吃紧的债务人，从而将资金分配至最需要的地方。危机爆发前，国际信贷市场范围扩大，程度加深，越来越多的借款者得以以较低的利率获取更多贷款。因此，人们认为国际信贷市场这种横向与纵向的扩展刺激了经济增长。然而，一旦危机爆发，债务也很快从“宠儿”变成了“弃儿”。

哪里出了问题？债务是何时陷入危险境地的？这些问题已成为近几年经济学领域关注的焦点。

论其历史，债务可能是最古老的金融工具，甚至比“货币”还要久远。考古学家发掘出一些巴比伦泥板，上面记载着发生于公元前3000年的债务。虽然债务由来已久，但人们并没有过多地重视它。在德语中，“债务”（德语为Schuld）的另一层意思是“罪孽”（许多德国人现在似乎仍这么认为）。在他们看来，债台高筑的人往往挥霍无度；追债的人往往唯利是图、冷酷无情。大抵是因为“债务”是一种极为无情的工具——无论如何，借款者必须按时、全额归还。这便是“债务”与股票等其他金融负债的不同之处。后者更为灵活，无论怎样，只需承诺从中分配一部分利润给他人。

2008年之前，大多数宏观经济模型都未将债务（尤其是私人债务和国内债务）纳入考虑范围，更别谈违约了。毕竟，就经济全局而言，债务人和债权人之间是相互抵消的。换言之，你欠别人的钱即别人欠你的钱。因此，各个债务人的负债与各个债权人的资产相加起来为零，债务就显得微不足道了。

显然，债务远非无关紧要，而且它并不总是以零和博弈收场。但如果想把债务纳入经济模型，宏观经济学家就需要斟酌各种棘手的复杂情况，如“异质性”（将经济体划分为债务人和债权人）和“间断性”（考虑违约及其他一些经济关系突然中断的情况）。

一种可供选择的方法是转而聚焦于实证研究，通过仔细研究历史情况弄清债务是在何时陷入危险境地的。结果证明，这些危险因素取决于以下三种情况：其一，债务主体（政府、家庭、企业还是金融中介机构?）；其二，债务类型（贷款还是债券？短期还是长期？）；其三，偿还债务的货币形式。

大部分实证研究关注的都是政府债务。但2008年的金融危机起源于私营部门的负债，尤其是抵押贷款（在家庭债务中比重很大）和大量银行借款。20世纪90年代初，非金融企业负债在日本危机中发挥了重要作用，但在2008年的全球危机中并非如此。图3.3反映了一些富裕国家最近几年家庭债务和企业债务的增长，衡量标准是这些债务在GDP中所占的比例。图3.4显示了三种债务（政府债务、企业债务、家庭债务）的情况。

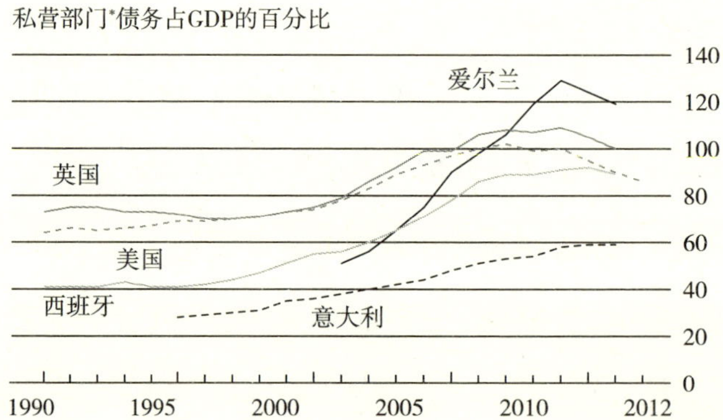

图3.3 债务增长

注：* 家庭与非金融企业。

资料来源：经合组织（OECD）

企业、家庭和政府的债务大部分都是从银行和其他金融企业借来的，而银行和金融企业由此扩大了贷款范畴并购买了证券。反过来，这些金融企业自身也欠了存款人、债券持有人和其他一些提供贷款的人大量债款。本质上，银行就是中间商（或者金融中介），将借来的钱用于放贷。其持有大量资产，但与此同时，也背负着不少债务。

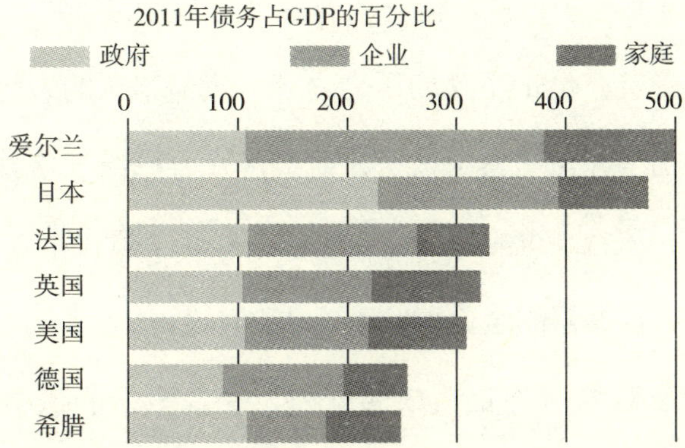

图 3.4　债务繁多

资料来源：经合组织

让债权人举债经营

实际上，政府、家庭和非金融企业的债务与金融企业的债务相比简直是小巫见大巫。据经合组织（OECD）数据显示，卢森堡金融部门 2011 年的债务为该国当年 GDP 的 4900%。你可能认为这个小国的例子太过极端，但在一些金融部门占主导地位的国家，这一比例也同样引人注目。例如，爱尔兰和英国两个国家的金融部门的债务分别达到 GDP 的 1434% 和 837%。虽然从理论上讲，金融企业持有的资产应同其债务相当，但这些债务的比例还是非常令人震惊。

然而，当企业或家庭持有大量债务时，哪怕是小幅资产价值下跌都会让其濒临破产。如果某个家庭的房子值 10 万美元，欠银行 9 万美元，那么其净资产为 1 万美元。但如果房子价值下跌 5%，那么其净资产就会缩减为先前的一半。危机期间，资产价格骤降，由此引发了更为严重的损失。不少家庭发现，其房产价值已低于抵押贷款。靠大量借贷进行投资的金融机构则发现，其损失已经超过了抵押资产的净值（所有者投向业务的资金）。

除了难以承受资产价格下跌的压力之外，负债累累的人也更容易受到收入波动的影响。由于先前积累下债务，他们现在没法继续借款以缓解金融危机的打击。因此，债台高筑的家庭会发现自己更难“顺利”地消费。同样地，当收入下降时，负债累累的企业也发现更难进行投资。

为了评估债务对经济稳定构成的威胁，经合组织的道格拉斯·萨瑟兰（Douglas Sutherland）和彼得·霍勒尔（Peter Hoeller）在研究中剔除了周期性的上升与下降，测算出债务占 GDP 的比率趋势。他们指出，金融部门的债务往往会超越大规模、长期繁荣期间所呈现的趋势，而大多数富裕国家在危机爆发前就经历了这种趋势。

但据萨瑟兰和霍勒尔观察，金融部门债务堆积更有可能让繁荣景象宣告终结。而且正如本次危机一样，会引发更深层次的衰退。家庭债务亦是如此。他们认为，当家庭债务出现这种趋势时，出现衰退的概率约为 10%。但当家庭债务超越这种趋势，像危机爆发前一些受打击最为严重的国家那样占 GDP 的比例达到 10% 时，出现经济衰退的概率会上升至约 40%。

有些经济学家关注的不是借债，而是放贷。他们担心家庭和企业从银行及其他放款者手中获得的贷款会超过 GDP 的增长速度，正如 2008 年的美国危机、1991 年的日本危机和 1997 年的亚洲危机爆发之前所显露出的迹象一样。国际清算银行的克劳迪奥·博里奥（Claudio Borio）及其同事表示，一旦贷款超过 GDP 的增速，经济体就会深陷漫长的“金融周期”。传统经济周期的特点是增速涨落与消费者物价上涨，而金融周期则由期限较长、波幅更广的信贷和资产价格上涨构成。

“金丝雀”般的信贷增长

信贷为什么会偏离先前的趋势呢？南安普顿大学的理查德·维尔纳（Richard Werner）认为这可能取决于贷款花在什么地方。银行会在发放贷款时将款项打给借款方的存款账户。如此一来，这笔贷款便增加了货币供给。如果将这笔款项用于购买新车、工厂或其他新生产品，那么就会刺激需求，从而有助于经济体更充分地调动其生产能力。如果经济体已将产能充分发挥出来，那么这笔资金反而只会抬高价格。但无论是哪种情况，银行放款都会让债务与名义 GDP（经济产出的货币价值）出现增长，从而使债务占 GDP 的比率基本保持不变。

但贷款的用途多种多样，可以用来购买房屋、写字楼或对手企业等现有资产。由于这些资产业已存在，所以这种购买行为不会直接增加 GDP（GDP 衡量的只是新商品和服务的生产）。因此，债务增加了，GDP 却没有增加。

此外，购买某种资产（如房屋）有助于抬高该资产的市价。如此一来，其他房主会更愿意承担债务（因为他们觉得更富有了），而且也更有能力这样做（因为他们用作贷款担保物的房屋的价格上涨了）。在危机爆发前的数年里，由于美国家庭的房屋和其他资产价格上涨更快，所以尽管债务不断堆积，这些家庭的资产净值却不断增加。因此，借债购买资产具有自我强化效应：得益于一个人的购买行为，另一个人的借债行为变得更合意、更可行了。

这一金融周期最终会达到顶峰。当借款者意识到他们的收入不够承受更多的贷款时，周期就会开始逆转。随着资产价格下跌，放贷方会加强对抵押的约束，只会进行些许放贷，从而导致价格进一步下跌。遗憾的是，家庭和企业所承受的债务规模并不会缩小。即便其资产价值突然下跌，他们的负债价值也会如同镌刻在晒干黏土上的字迹一般，难有丝毫改变。

家庭和企业的应对办法是“去杠杆化”，即设法减轻债务负担。其中有三种方法可供选择：违约、资产出售或量入为出（还可用收益偿还债务）。

虽然“去杠杆化”有助于改善家庭和企业的财务状况，但从经济发展全局来看，情况会因此变得更糟糕。一个人的开销会构成另一个人的收入，抑制开销会影响收入的增加，最终会出现如野村综合研究所（Nomura Research Institute）辜朝明（Richard Koo）所说的“资产负债表衰退”。收入和价格即便在实际中并未下跌，也会偏离先前的轨道，而债务的货币价值仍会保持不变。因此，由债务引发的经济疲软会让人们更加难以承受。经济大萧条时期的经济学家欧文·费雪（Irving Fisher）将此称为“债务通缩”陷阱。

金融部门的去杠杆化尤为深入、快速、严重。深入是因为银行的权益是高度“去杠杆化”的，而其持有大量关乎这些权益的债务。快速是因为这些负债的期限通常短于资产的期限，所以银行并没有多少时间整理其资产负债表。严重是因为这一过程会同时损害竞争对手和客户的利益。2007 年和 2008 年，投资银行和其他经销商对证券减价销售，使持有类似资产的其他银行的投资组合蒙受损失。银行和其他放贷者也开始收回债款（或者至少保留新贷款），结果引发了一场更大范围的信贷危机。

能否避免这种不尽如人意的资产负债表衰退呢？在原则上，债务人减少开销，储蓄者就会增加开支，从而有助于维持需求。央行可以采取措施鼓励这种做法，比如通过削减利率减轻债务人的偿债成本，打消节俭者的储蓄念头。2007 年夏天，美联储的政策利率为 5.25%，2008 年 12 月已降至 0 ~ 0.25%。英格兰银行也效仿了美联储这种削减利率的做法。

此外，政府可以让支出超过其税收所得，这样私营部门的收入就能多于支出。萨瑟兰及其合作者在另一篇论文中指出，企业（尤其是金融企业）借款激增后，公共债务常常会随之增加。金融危机爆发之后，许多富裕国家就经历着这种情况。巨大的政府开支弥补了企业和家庭预算的大幅削减，由此引发了一场关于后续风险的激烈讨论。

（2013 年 9 月）

危机后的货币政策：控制利率

“金融危机如何迫使各中央银行采取非常规方法刺激经济增长”

金融危机爆发之前，中央银行家们的日子过得波澜不惊。他们的任务很明确：调和繁荣与萧条，以确保通胀稳定在较低水平。为完成此任务，他们构思出一个看似有效的手段：微调关键短期利率，上调至足以抑制借款（从而抑制通胀），或下调至足以放松信贷（从而刺激经济增长和就业）的水平。由于灵活运用了该方法，在危机爆发前的数十年里，世界经济一直运行平稳，所以经济学家宣称世界经济已进入“大稳健”（Great Moderation）周期。但事实证明，稳健只是暂时的，而且使“大稳健”归于终结的危机削弱的不仅仅是中央银行家的业绩记录，还有他们所依赖的推动经济增长的方式。自此，货币政策进入了动荡时期。

2008 年秋季，伴随着信贷危机的经济衰退沉重地打击了需求。作为回应，发达国家的中央银行削减了基准利率。截至 2009 年初，许多国家的基准利率接近于零，几乎触及经济学家所说的“零利率下限”。尽管如此，经济增长仍然难以捉摸。将利率下调至零水平虽然在技术上是可行的，但并不会产生多大实效。负利率只会刺激储户从银行取出资金，手持现金，这样做虽然回报率为零，但依然高于储蓄。面对可怕的产出衰减与失业飙升，发达经济体的中央银行无法求助过去一代人用于制定货币政策的主要手段。

面对这一挑战，中央银行并不是毫无准备。20 世纪 90 年代，日本经济在资产价格崩溃后出现下滑。面对经济增长疲软、通货紧缩的危机，日本央行几乎将利率下调至零，随后开始运用一系列非常规货币工具。人们普遍认为，日本央行的表现尽管谈不上彻底失败，但也是令人失望的。即便如此，发达国家的央行还是开始借鉴日本央行的做法。

非常规政策分为两大类：资产购买和“前瞻指引”。资产购买是对央行较为典型活动的自然延伸。例如，长期以来，美联储一直在购买国库券和其他短期债券以增加货币供给，降低短期利率。待基准利率几乎下降至零后，美联储开始购买长期证券，包括 10 年期国债和抵押支持证券以降低长期借贷成本（见图 3.5）。

通过印钞购买资产的做法就是人们所熟知的“量化宽松”（QE），因为中央银行经常宣布欲增加银行准备金的购买计划。2001 年，日本央行首次尝试量化宽松政策，承诺每月购买价值 4000 亿日元的政府债券以将储备金提升至 5 万亿日元。危机爆发以来，美国、英国和日本的央行都开始采用量化宽松政策，买进大量金融资产（见图 3.6）。

在经济学家看来，量化宽松政策可以通过不同的方式起作用。中央银行家们强调“资产组合效应”。当用新进资金从投资者手中购买债券时，中央银行会购买风险和到期日不同的资产，进而通过收益调整投资组合。这种做法

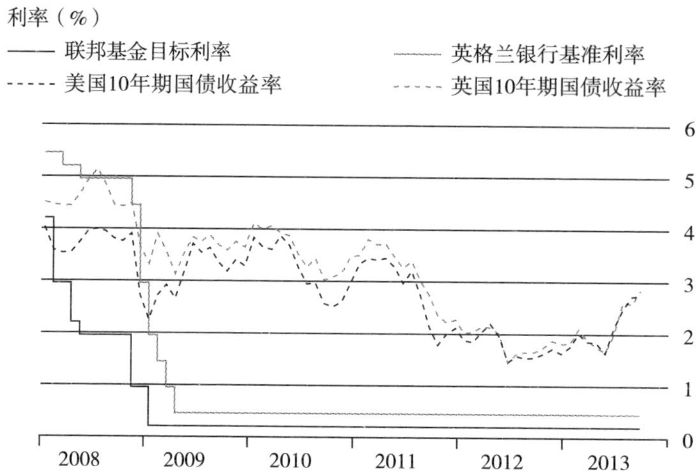

图 3.5　尽可能降低利率

资料来源：汤森路透（Thomson Reuters）

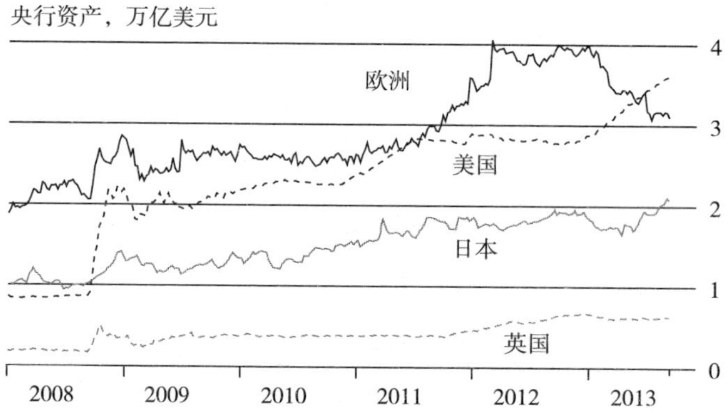

图 3.6　通过印钞缓解危机

资料来源：英格兰银行、日本银行、欧洲央行、美联储、汤森路透

可以推高资产价格，压低利率（随着需求增加，可以以较低的价格出售债券）。反过来，低息借款也会鼓励企业和家庭投资。

量化宽松政策也可通过财政效应刺激经济：低利率会降低政府借款成本，进而减少未来预期税收。量化宽松政策也有助于通胀预期的形成。如果某个中央银行重新宣布较高的通胀目标，它将运用量化宽松政策来让市场相信自己会实现这一目标，因为在其他条件相同的情况下，流通中的货币总量增加会使物价升高。如果人们认为自己的钱将来会缩水，那么他们宁愿增加当前的消费。

货币政策的支撑作用

另一个“前瞻指引”的非常规手段是通过更清楚地表明央行的未来政策来提振经济。1999 年，日本央行率先试图恢复经济，承诺将其主要利率维持在接近于零的水平，“直到通缩忧虑消退”。美联储和英国央行也效仿了这一做法。2009 年初，美联储表示其利率可能会在“较长一段时期内”维持低水平。2011 年 8 月，美联储完善了这一说法，给定了一个具体日期，表明低利率至少会延续至 2013 年中期。

2012 年 12 月，美联储再次调整了说法，宣布只要短期通胀预期不超过 2.5%，利率就将维持在低水平，除非失业率降至 6.5% 以下。2013 年 8 月，英国央行紧随其后，声称直到失业率降低至 7% 才会提高利率，前提条件是金融市场情况良好、通胀较为温和。

与量化宽松政策一样，“前瞻指引”也可通过不同的方式起作用。正如扩大货币供给会引起物价上涨一样，未来可以承受较高通胀的承诺一旦被人们所相信，便可刺激当前经济活动。同样地，承诺长期维持短期低利率也可降低长期利率，因为长期利率与短期利率相结合通常可以控制通胀加剧及其他风险。

此外，投资者还会关注“实际利率”或经通胀调整后的利率，即“名义利率”或“公示利率”减去预期通胀利率。预计会出现负通货膨胀，即物价下降时，实际利率就可能会上升。实际上，通过提高单位货币所购商品价值而实现的通缩实际会增加借贷成本。相比之下，如果央行可信地给出了更多通胀预期，实际利率则有可能下跌，甚至跌至零以下。在某些方面，负实际利率可以发挥作用，但负名义利率毫无用途：由于通胀会削弱硬通货和存款购买力，所以手持现金并没多大好处。因此，少存钱、多贷款、多投资对大家都有好处。

相关研究普遍发现，量化宽松确实降低了长期利率。经验表明，购买6000亿美元的资产会将长期利率压低0.15～0.2个百分点，其效果相当于美联储将短期基准利率下调0.75个百分点。据估计，即便英国银行的借款成本依旧居高不下，较低水平的利率也会让英国、美国的实际产出比不采取量化宽松政策高出2～3个百分点。

美联储主席约翰·威廉姆斯（John Williams）的研究也表明，量化宽松在强化央行前瞻指导方面发挥着重要作用。例如，即便有些资产并不是美联储购买的，其指示似乎仍会影响大部分价格变动。据市场对未来利率的猜测，当央行的前瞻指导与量化宽松购买相伴随出现时，投资者会更加相信央行维持低利率的承诺。

很难说清前瞻指导能否有效提高产出。有些人认为，就未来政策进行沟通可降低长期利率，但尚不清楚利率为什么会下降。可能是因为市场相信央行保持低利率的承诺，进而鼓励更多的投资并带来增长；但也可能是因为，市场将央行的指导视为经济较预期疲软的信号，认为这暗示着贷款需求将减少。如果前瞻指导使新投资受挫，那么在实际中就会适得其反。

美联储最近一些研究表明，前瞻指导的第一个效应，即承诺的可信性更加重要。其他研究则表明，如果前瞻指导明确代表对某一特定政策的“承诺”，而不是“预测”未来经济条件和可能从这些条件中衍生出的政策时，这种指导可能会更加有力。

毫无疑问的是，尽管开展了这些实验，富裕国家的大型经济体仍步履维艰。英国的产出仍然低于危机前的最高点。目前，美国的就业人数比2007年推测的少1000万人。欧元区刚刚脱身于双底衰退的第二个低谷，而且其失业率仍旧维持在两位数。简而言之，非常规政策似乎并未像先前的常规政策那样发挥作用，而且目前尚未就其原因达成一致意见。

一些经济学家坚持认为，货币政策——无论是常规政策还是非常规政策，在利率位于零下限时会丧失大部分效力。牛津大学的西蒙·雷恩·刘易斯（Simon Wren-Lewis）指出，若没有宽松财政政策的配合，货币政策将无法稳定经济，即只有政府增加开支或降低税收才能将新印制的钞票和低利率转化到实体经济中去。野村综合研究所的辜朝明等经济学家认为，债台高筑的公司和家庭根本不可能通过提高借贷量来应对较低的长期利率。

有些人认为，如果央行积极推进非常规政策会更加有效。日本利率跌破零下限后不久，时任普林斯顿教授、后来出任美联储主席的本·伯南克（Ben Bernanke）表示，日本银行应该设定更高的通胀目标，购入更多资产并通过购买外币使日元贬值。据斯坦福大学的罗伯特·霍尔（Robert Hall）推测，将实际联邦基金利率调低至 -4% 将足以推动美国经济更快增长。然而，只要美联储把通胀率控制在2%，实际利率就不会低于－2%（0%的联邦基金利率减去2%的通胀率）。

如同其他许多经济学家一样，加州大学伯克利分校的克里斯蒂娜·罗默（Christina Romer）认为有必要通过“心理震动”来刺激经济。她呼吁“体制变革”，这意味着不仅仅需要变革领导阶层，还需要大规模变革政策。她希望央行把目标从通胀转移至经济体总消费或名义国民生产总值。尽管在大部分情况下，这两种方法殊途同归，但关注名义GDP会留给央行更多余地，同经济大幅下滑时期的失业率做斗争。政策变革会向市场发出这一信号：美联储希望可以一次性地恢复快速的经济增长，这一点在她看来同等重要。

然而，虽然有人认为央行做得不够，但还是有人担心央行做得太过。有些人抱怨央行官员人为推高资产价格的做法在加剧不平等，他们不顾金融公司犯下的过错反倒给予“奖赏”，为下一次危机埋下了隐患。不少人，尤其是美国的右派提出警告，为支持量化宽松政策而大量增加货币供给只会引发货币贬值和恶性通货膨胀。另外一些人也抱怨说，发达国家的低利率让大量热钱涌入新兴市场，从而造成金融混乱。

判定这些评论是否正确可能还需数年时间。米尔顿·弗里德曼（Milton Friedman）和安娜·施瓦茨（Anna Schwartz）直到1963年才出版《美国货币史》一书。他们在书中明确指出，错误的货币政策成了“大萧条”的帮凶。不幸的是，许多遭受超低增长的国家仍未达成对当前货币政策的决定性决议。

（2013年9月）

刺激与紧缩：主权债务疑虑

“金融危机导致公共债务飙升，引起关于政府应该如何迅速削减公债的热烈讨论”

经济学家们本是乐于争辩的人群。但在危机爆发之前，大多数人却一致认为，财政刺激已经过时，货币政策似乎完全有能力掌控经济周期，政府以降低失业率为目标的增支减税措施只会将事情弄得一团糟。但当2008年爆发经济危机后，这种共识便消失得无影无踪了。

尽管人们对经济学家的说法存在疑虑，但考虑到经济崩溃速度惊人，各国政府还是纷纷行动起来。2009年，为拉动增长，许多国家出台了增支减税一揽子刺激计划。G20（20国集团）由大型经济体组成，其成员国的平均刺激水平占到GDP的2%。2009年，美国总统贝拉克·奥巴马（Barack Obama）推出的首批计划就包括签署《美国复苏与再投资法案》（*American Recovery and Reinvestment Act*）。该刺激计划预计支出8310亿美元，约相当于当年GDP的6%，其中大部分在自2009年起的接下来三年使用。

凯恩斯主义的救助

刺激计划的支持者崇尚英国经济学家约翰·梅纳德·凯恩斯（John Maynard Keynes）的思想。在这些支持者看来，储蓄过多时会出现经济萧条。如果希望存钱的人太多，而想要投资的人太少，那么包括劳动力在内的资源就会处于闲置状态。企业和家庭可能因财务状况不确定或急于“去杠杆化”（减少债务占其资产的比例）而将大量资产储蓄起来。

平日里，央行往往通过调整利率来抑制储蓄，鼓励借贷，进而刺激增长。但截至2009年初，大多数央行已将主要利率降低至接近于零的水平，然而并未达到预期效果。据一些人推测，无论利率多么低，人们都有可能因为负债过多而不敢随心所欲地借贷。凯恩斯学派认为，政府应该通过增加贷款和开支（或降低税收）来弥补不愿借贷的企业和个人，以利用过剩的储蓄。

在经济增长放缓时，财政刺激因具有“倍增效应”而能发挥极大功效。比如，用于修建铁路的1美元可能会成为建筑工人的薪水。拿到工资后，工人会把额外收入用于购买生活用品。百货店老板会用这笔款购物，以此类推。因此，刺激计划中的1美元会转化为两美元产值，即倍增系数为2（“倍增效应”也存在于政府开支削减中，但这一效应指的是放大GDP的下降）。这可以使政府利用适量财政成本打造繁荣经济。

但政府在已经承担额外费用时最需要财政刺激。2007～2010年，发达国家主权债务总额与GDP之比的平均值从74%飙升至101%。在英国，公债总额占GDP的比例从44%跃至79%；在美国，这一比例从66%跃至98%；希腊则涨了40个百分点，比例高达GDP的148%（见图3.7）。

希腊的赤字水平如此之高，以至于政府公开实情触发了南欧国家的公共财政信任危机，进而引发了欧元生存危机。

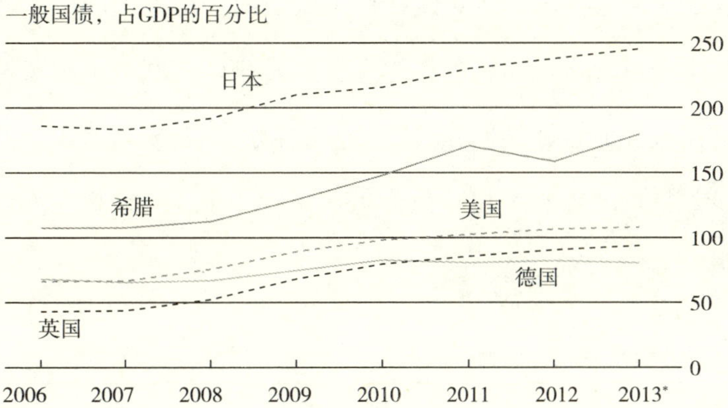

图 3.7　债务攀升

注：* 预测。

资料来源：国际货币基金组织（IMF）

刺激计划并不是导致债务堆积的主要原因。较低的税收收入是对公共财政的最大拖累，而利润下降和高失业率是造成低税收收入的原因。如同失业津贴等“自动稳定机制”在经济萧条来临时会自动增加开支和保障需求一样，金融救助措施也会增加财政支出。据国际货币基金组织（IMF）估计，在自2008 年以来增加的政府债务中，近 60% 的债务是因为税收收入减少而引发的，是刺激和救助计划成本的两倍多。

2010 年，当经济恢复增长时，一些领导人表示是时候减少公共开支了。另一些人则担心，经济复苏过于疲软，难以承担紧缩带来的后果。但有一点毋庸置疑，“财政整顿”最终将不可避免。但对于整顿应何时开始这一问题而言，各界仍存在争议。

英国迅速采取行动转向紧缩，于2010年结束刺激计划并调整未来的开支削减。2010～2011年，英国政府将“结构性”预算赤字（即进行调整，以将自动稳定机制等周期性成本列入预算）削减了两个百分点，并在2012～2013年继续削减1个百分点。随着危机逐渐蔓延开来，南欧数个国家不得不进行更大幅度的削减。但在此期间，美国的开支额度一直未曾减少，而且还对之前的刺激计划增加了新的税收减免优惠。如此一来，其结构性赤字下降的速度开始减慢（见图3.8）。

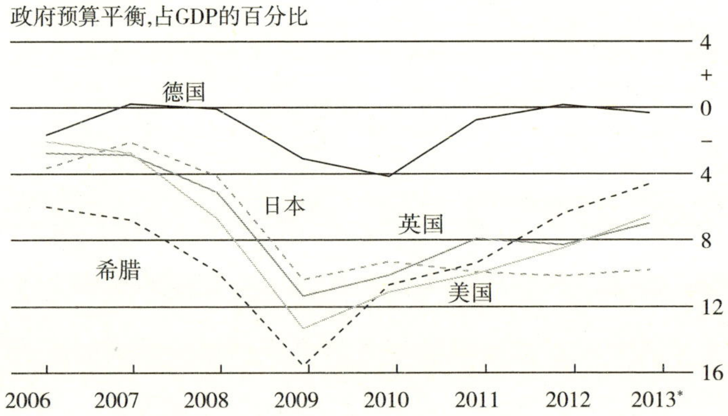

图3.8　开支额度增加

注：* 预测。

资料来源：国际货币基金组织

对这些政策的争论取决于两个不确定性因素，这两个因素至关重要。第一个因素是倍增系数的大小。持怀疑态度的人认为倍增系数不会太高，无论是刺激计划还是紧缩计划均不会对产出或就业产生很大影响。在他们看来，刺激计划只会吸收原本应该由私营公司使用的资源。

第二个因素是，由于企业和家庭认为政府的慷慨援助只是暂时性的，而且税单很快就会上升，所以他们很可能将收益储存起来，而不是通过消费刺激经济。

凯恩斯主义支持者淡化了对这些事情的关注。由于失业率高，借贷的民间需求低，政府“排挤”民间活动的做法是没有风险的。的确，在“资产负债表衰退”时，负债累累的家庭受资产价格下跌所迫而不得不迅速偿还债务，财政刺激所带来的收入增加可能会加快财政调整的步伐，从而加快复苏速度。

另一个问题是：发达国家的政府在不损害经济的前提下能承担多少债务?一般而言，随着公债增加，放债方会要求“挥霍无度”的政府支付更高的利率。因此，其他人也会提高利率，从而阻碍经济增长。但刺激计划的支持者认为，经济不景气加之利率触底，政府不必担忧债务市场的警告。

当然，这个问题在学术界也存在争议。哈佛大学的卡门·莱因哈特（Carmen Reinhart）和肯尼斯·罗戈夫（Kenneth Rogoff）发表的一篇文章被多方引用。该文章指出，当政府债务超过GDP的90%时，经济增长速度会大幅放缓。后续研究也证明增长与债务之间存在负相关性，只不过两者的阈值并不总是一样。然而，哈佛大学的阿尔伯托·艾莱斯那（Alberto Alesina）和高盛投资银行的西尔维娅·阿尔达尼亚（Silvia Ardagna）却在研究报告中指出，财政紧缩，尤其是以减支而不是增税为形式的财政紧缩，实际上可以刺激增长。

凯恩斯主义支持者对莱因哈特和罗戈夫的结论表示怀疑。这些支持者认为增长缓慢可能是造成高负债的原因而非征兆，并且认为艾莱斯那的“扩张性紧缩”只是一种不切实际的空想。据他们观察，“扩张性紧缩”过去只在完全不同的情况下被采纳过。如果政府借贷使得信用缺失并推高了民企的借贷利率，降低赤字就可以降低利率并引发投资热潮。但在大多数发达国家，利率早已处于低位，过度储蓄才是问题之所在。

此外，凯恩斯主义支持者认为，经济衰退时期的倍增系数远大于其他时期。西北大学的劳伦斯·克里斯蒂亚诺（Lawrence Christiano）、马丁·艾肯鲍姆（Martin Eichenbaum）和塞尔吉奥·雷贝洛（Sergio Rebelo）的研究表明，当利率接近于零时，倍增系数可能会大于2，因为此时人们更倾向于消费而不是储蓄。其他研究表明，金融危机也能提高倍增系数。奥巴马刺激计划的设计者拉里·萨默斯（Larry Summers）和加州大学伯克利分校的布拉德·德隆（Brad DeLong）展开研究后发现：考虑到长期失业的成本，长期萧条时期的刺激计划可能要政府自己承担费用。

时间会对这些观点做出最终评判。2012年，麦肯锡咨询公司发布的一份研究报告显示，美国的“去杠杆化”进程远远快于英国和欧洲。IMF也于同一年发布了一份经济预测分析报告，该报告指出，紧缩对经济增长的阻碍远远超出预期。据此，IMF得出这样一个结论：政府计划削减的开支越多，增长就越低于预期。减支的倍增系数可能是研究者最初设想的两倍。在西班牙，由于实行了紧缩计划，政府的结构性赤字在2011~2012年的下降幅度超过了两个百分点。但紧缩计划使经济陷入衰退期。实际上，政府的净借贷总额上升了。

2013年4月，马萨诸塞大学的一份研究报告质疑了莱因哈特与罗戈夫的这一观点：当债务占GDP的比例超过90%时，经济增长会大幅放缓。但事实证明，这一结论是由于分析误差和所选数据存在争议而得出的。至于“债务达到何种水平会阻碍经济增长”或“是否有可能建立经验法则”这一问题，经济学家们尚未达成共识。

但未达成共识并非意味着无须担忧公债激增。最新研究表明，债务负担较轻的政府更有可能采取刺激计划促进经济增长，想必是因为他觉得自身有能力这样做。虽然实行刺激计划可能还需一段时间（目前，日本的政府债务已达 GDP 的 245%），但过多的财政赤字必然会在某一时刻引发债务危机，出于对一国清偿能力的担忧，债权方会要求提高利率，这将使该国陷入财政困境。

债务市场何时会转变取决于一系列因素。人们将美国、瑞士等经济体视为天堂，这些经济体有更多选择余地：经济动荡通常会使借贷成本降低，而不是使其上升。如果大多数债权人都是本国人（比如在日本），那么偿还债务也将有助于刺激本国经济的发展。

由于央行无法充当最后贷款人，所以当债务以政府无法控制的货币计算时更容易产生恐慌。例如，正是因为无法确定欧洲央行能否扮演最后贷款人而触发了欧元危机，极度追求购买政府债券可能会引发对通胀的担忧。反过来，随着债权人要求获得通胀风险溢价，这又会导致借贷成本上升。但鉴于经济体在危机期间非常疲软，央行购买政府债券并不会让投资者感到焦虑，而是会让他们感到放心，部分原因是这样可以减少恐慌和降低违约风险。

尽管如此，清算之日却比预期要快。对陷入困境的银行而言，所承担的债务负担将很快从适度演化到不堪重负。危机爆发前，爱尔兰的商业银行持有资产超过了 GDP 的 600%。2007 年，爱尔兰的债务占 GDP 的 25%；2012 年，这一比例飙升至 117%，主要是因为政府在危机爆发后承担了大部分的银行债务。

风水轮流转，终有削减时

简而言之，紧缩仍有必要。但应该采取何种方式实行紧缩呢？一些经济学家建议削减开支，另一些则表明增税也行得通。但这两种方法都存在其局限性。征税会扭曲劳动力市场；消费税会导致通胀，进而促使政府采取紧缩性货币政策；然而，减支更不受欢迎，而且会加剧不平等。

但是，根据过去几年的经验，对于何时实行紧缩计划这个问题并不存在多大争议。在理想的情况下，在经济有能力承受的时候就可转向紧缩。当然，并不是所有政府都能享受这种待遇。就拿希腊来说，因为该国无法筹集到充足经费承担其财政赤字，所以不能在大幅削减开支这个问题上拖延。IMF 表示，那些有更多喘息空间的国家应当以稳定长期债务为目标，制定削减赤字的计划。一旦条件允许，这种计划越可信，回旋余地就越大。正如凯恩斯所言，实行紧缩计划的最好时机应在繁荣期而不是萧条期。

（2013 年 9 月）

让银行更安全：追究责任

“是否有办法在不扼杀放贷的情况下让银行更安全”

作为一个令人费解的混合体，银行是资本主义一个核心性的特殊机构，连接着储蓄者和借款者。一方面，他们贷款给有想法、有野心的人；另一方面，对于胆小如鼠、想把现金安全储存起来的人而言，银行让他们像吃下一颗定心丸般获得内心平静。然而，银行也存在黑暗面：其存在是为了管理风险，但经常聚集风险。当显现出黑暗面时，银行会卷走财富，抑制经济体的发展。2008 年的那场金融危机就是因为银行而引起的，这一点是不争的事实。关于如何让银行回归正常轨道，众说纷纭，未达成一致意见。

首先，让我们谈一谈典型家庭或企业的财政状况，以此来说明银行的重要性。他们的债务主要是房屋、办公室或工厂抵押贷款；这些贷款的期限是固定的，利率也通常是固定的，所欠的债务有很多确定性因素。不过企业和家庭的金融资产就不会受这些严格条款的约束，可以在不被人注意的情况下提取存款；如果需要现金或者投资偏好发生了变化，则可以迅速出售债券和股票。固定的债务加上灵活的资产不失为一个不错的组合。

但一方的资产即另一方的负债。这意味着个人和企业的财务状况在银行资产负债表中是“镜像”般的存在，资产（即银行发放的贷款）是不能调整的，而债务（即客户的存款）则能很快付清。这种组合充满了风险：如果储户急于提取存款，银行就会被迫廉价出售资产；如果出售资产的速度跟不上催债速度，便逃脱不了倒闭的结局。控制风险是银行的职责：通过持有充满风险的资产负债表，银行可以让家庭和企业获得安全的资产负债表。

由于资产与负债到期日并不一致，银行往往倾向于为自己预留误差空间，会用两种方式赋予财政状况弹性。现金和政府债券等流动资产就如同安全阀一般，可以以相对固定的价格较快出售。如果投资者突然避开银行债券，或者储户提取大量现金，那么银行就可以出售这些资产。这会让银行的资产负债表在安全范围内缩小，与债权人的需求保持同步。

但资产负债表也会因其他原因而萎缩。若借款者的前景黯淡，那么银行持有的诸如抵押贷款、债券、发放给企业的贷款等风险较大的资产的价值可能会迅速下跌。所面临的风险是银行资产的价值可能会跌至负债额以下，即当银行所欠的资金多于银行拥有的资金时，银行可能会破产。银行会通过保有权益资本（即银行所有者投资的资金）来防止这些困境的出现。当资产价格下跌时，首当其冲的是权益资本。由于银行所有者吸收了损失，其债券持有者、储户等债权人才能放心，不用承受损失。

但银行并非慈善机构，而且两种缓冲方式成本高昂。一些粗略的经验法则指明了其原因：当政府债券等流动资产的回报率仅为2%～3%时，现金回报率为零。相比之下，按揭贷款和无抵押贷款的回报率分别为5%和近10%。

因此，选择安全的资产会降低回报率。此外，权益投资者期望（通过分红或股权资本收益获得的）回报率在12%左右，而债券持有者的预期回报率仅为4%。

这使得稳定性与银行家设定的盈利之间处于紧张状态。而危机爆发的核心就是没能处理好两者之间的关系。可以通过一个简单的公式来解释这种失败的表现。这个公式是：

权益收益率（RoE）= 资产收益率（RoA）× 杠杆比率

这种想法简单易懂。资产回报上升时，银行的权益资本持有人就会获利。因为现金、政府债券等安全资产回报率低，所以将RoE最大化意味着这些资产持有量下降。如果各类资产回报率像21世纪初那样下降，银行可以采取另一种方法提升RoE：运用杠杆比率（即资产对权益的比率）。银行提高杠杆比率的方式包括从储户、债券市场借入更多资金，出借或投资收益。如此一来，相对于同样的权益而言，他们便可以获得更多收入。从短期来看，股东是受益者。

风险降临

忽视安全机制无疑会让银行更危险。但RoE公式在银行业中已根深蒂固，每一位主管和股东对此并不陌生。英格兰银行于2011年发布的一份报告显示，英国最大型的银行均以是否实现了RoE目标这一标准来奖励高层管理人员。银行家们适当地让短期利润最大化，与此同时，流动资产和权益资本跌至历史最低水平（见图3.9）。

截至21世纪头十年中期，杠杆比率失控。2007年，英美最大的两家银行

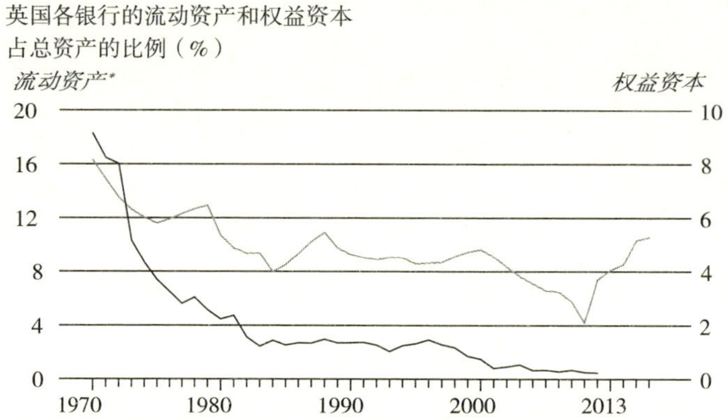

图 3.9　缓冲资本触底

注：* 现金 + 英格兰银行存款 + 短期放款 + 合理票据 + 英国金边债券。

资料来源：英格兰银行

分别为苏格兰皇家银行（RBS，当时也是世界上最大的银行）和花旗银行。官方报告显示，危机来袭时，这两家银行的杠杆比率达到 50% 左右：每 100 美元资产仅能吸收 2 美元损失。这就解释了为什么美国次贷市场只占全球金融市场的一小部分，却能引发如此大的灾难。这些银行头重脚轻、账户脆弱，终究逃脱不了倒闭的命运！

针对这一问题所采取的主要监管对策是 1989 年调整修订的巴塞尔国际银行业监管条例（因最先在瑞士首都达成而命名）。《巴塞尔协议Ⅲ》即为大家熟知的最新版本，该版本比前几个版本更严格，在安全性方面提出了四个基本要求：要求银行持有更多的权益资本和流动资产，降低杠杆比率（目前的最大比率为 33），减少对短期融资的依赖。但有些国家因在危机期间救助银行而激起愤怒，还有些国家金融部门负债远远超出经济总量（使救助归于失败）。这些国家的监管机构决定提出更高的要求。

最激进的做法是拆分那些被视为“大而不能倒”的银行。将它们拆分为更小、更简单的银行可以让监管变得更容易，同时还能避免破产导致当地经济或政府财政陷入困境。但拆分和重新分配资产与负债绝非易事。

另一种做法是禁止银行进行风险性极大的活动。在美国，美联储前主席保罗·沃尔克（Paul Volcker）提出的法则是将阻止以吸纳存款为主要业务的银行从事“自营交易”（实际上是指用客户的存款投资股票、债券和衍生品）。从理论上讲，“沃尔克法则”能使储户免受交易商的损失。但在实际应用中很难区分以服务客户为目的的交易和单纯为银行利益而进行的交易。

欧洲监管者采取了另外一种不同的办法。他们提议在英国和欧元区采取“围栏”政策（ring-fences），将客户的存款与银行其他负债区别开来。根据这种政策，银行只能持有现金、政府债券、发放给个人及企业的贷款等资产。股票、衍生品交易和承销企业债券发行等风险更大的活动则列在“围栏”政策之外，由特殊资金单独支撑。

但即便新型“围栏”政策安排到位，银行依然可以发放抵押贷款，抵押贷款这项业务充满风险。以英国商业房地产（写字楼和购物中心）贷款为例，这项贷款在抵押贷款市场中占相当大的份额，在巅峰时期超过英国 GDP 的 20%。但也反复无常，2007～2009 年，商业房地产的价格下跌了近 45%。在美国，即便是最“优级”逾期抵押贷款所占的份额也在 2010 年初也超过了 7%。这类风险是无法列入“围栏”或“沃尔克法则”之外的。

基于此，有人建议银行持有的权益资本应远多于新规则所要求的数量。斯坦福大学的阿纳特·阿德马蒂（Anat Admati）和马克斯·普朗克研究所的马丁·赫尔维格（Martin Hellwig）在2013年出版了《银行家的新衣》（*The Bankers' New Clothes*）一书，该书指出，人们夸大了持有额外权益资本的成本。首先，更多的缓冲资本可以让银行更安全，所以债券等其他融资方式的成本会下降。英格兰银行利率委员会成员戴维·米尔斯（David Miles）在一份相关报告中估算了增加权益资本的成本和收益。他得出的结论是：当权益资本占银行风险调整后资产的16%~20%（这一比例甚至超过了《巴塞尔协议Ⅲ》的要求）时，增加权益资本的成本和收益是相等的。

以摩根大通杰米·戴蒙（Jamie Dimon）为代表的银行家觉得这一权益资本持有量过多。他们担心，这样会使银行被迫持有过多的权益资本，进而带来两种影响。首先，由于现有缓冲资本仅够维持少量贷款，银行可能会因为权益资本增加而减少放贷。其次，增加权益资本意味着降低杠杆比率，从而使RoE未达到投资者的预期。如此一来，银行将难以筹集到监管者所要求的权益资本。与此同时，如果持续下去，随着投资者将其资金投资到其他领域，银行的业务将会逐渐衰竭。最终，银行只有通过向借款人收取更高的利率来提高RoA，除此之外别无选择。

双方的观点均有一定道理。学者们认为“提高权益资本不必一定消除放贷”，这并没有错。毕竟，权益资本是资金的来源，而不是利用资金。从历史上来看，大幅降低杠杆比率与放贷、GDP强劲增长相关（见图3.10）。但银行家们的观点也有其合理之处。因为如果不使用杠杆提高回报，银行就可能需要从其资产中挤出更多资金，这样会增加信用成本。

除这两种方式外，可能还存在可供选择的第三种方式。有些研究者认为，

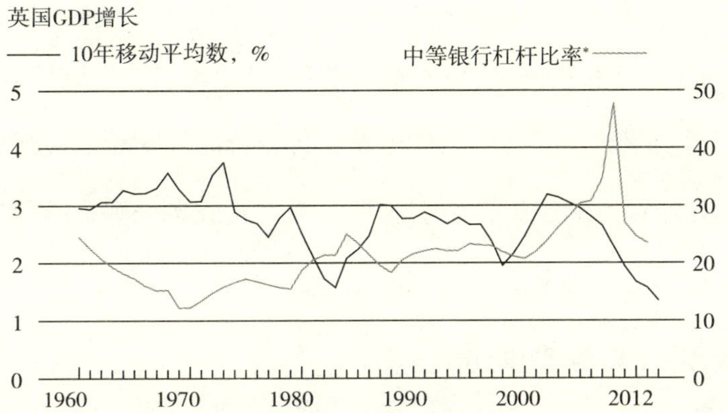

图 3.10 无需杠杆

注：* 总资产占股东权益的比例。

资料来源：*Optimal Bank Capital* by D. Miles *et al.*, 2012; Bank of England

权益资本和债务可以通过使用兼具两者特性的融资达到更好的平衡。他们希望银行出售更多"应急资本"给投资者。在正常情况下，这些"借据"(IOU) 类似于债券：债券到期时，银行会支付回报并全部回收。但一旦出现经济萧条，应急资本就会从债券变成可吸收损失的权益资本。

这些想法极具吸引力，不仅仅是因为能为债务与权益资本难题提供较为明智的解决方案，还因为监管者认为采取这些措施可以让债权人更大程度地监督银行。从理论上讲，如果保险公司、养老基金等大型投资者知道其债券可转换成充满风险的权益资本，他们可能会仔细梳理银行的报表，以识别出贪求利润的 CEO（首席执行官）们利用杠杆进行投资的种种活动。人们尚不清楚应急资本成本会有多低，尤其是投资显露出风险迹象的银行时，投资者可能会要求高于债券的回报。

实际上，这可能是一件好事。在理想的情况下，市场和监管者会鼓励银行慎重行事。英格兰银行的安德鲁·霍尔丹（Andrew Haldane）在一份2010年的报告中指出，银行的借贷成本被扭曲了。因为投资者认为大型银行会在危机来临时得到救助，所以他们会接受银行发行的利率相对较低的债券。这反过来又会扭曲银行的决策：由于这种融资方式成本低廉，所以追求利润最大化的银行家们会以此满足自身的贪欲。这一点不足为奇。

既要“索奶”，又要“供奶”

受所有这些因素的影响，银行从资本主义的掌上明珠变成了眼中钉，依靠受操纵的市场和纳税人补贴而存活。监管方正在努力改变这种局面。英格兰银行和美国联邦存款保险公司（FDIC，美国为银行存款提供保险的机构）在2012年发布的一份联合报告中阐明了这样一种解决办法：当下一个规模大到足以威胁整个金融体系的银行破产时，监管方准备根据其“生前遗嘱”来处理、解除其持股问题。监管方会予以控制，替换银行管理人员，要求债券持有者和权益投资者分担些许损失。

这传达出的信息很明确：监管者不会试图阻止银行破产，而是做好应对准备。他们希望借此让银行持有足够的资本和流动资产，以便让其远离困境。然而，有些银行因大规模延伸和不透明操作而无法有序地进行清算，有些银行则“大而不能倒”。无论明显与否，这些状态似乎都会继续存在下去。最近世界最大的各家银行都非常小心谨慎，这并不是其自愿的选择，而是不得已而为之。这些银行依然是令人费解的混合体，一方面表现出资本主义不愿受束缚的特性，另一方面又离不开补贴和监管。

（2013年10月）

4. 增强市场竞争力

出租车市场：票价之争

"出租车市场是对欧洲改革意愿的完美检验"

很多人都选择乘出租车出行，欧元区经济体的放松管制之路也从出租车着手。意大利总理马里奥·蒙蒂（Mario Monti）认为当务之急是放开出租车牌照制度，由此而引发了意大利出租车司机罢工；希腊出租车司机数次封锁交通，以此抗议对出租车放松管制。为什么出租车成了解放保守经济体之战的象征？

表层原因是：出租车具有标志性。大家可以想一下出租车的徽标、大胆的色彩和可辨识的车型。复杂原因则在于这些标志本身是监管的结果，而且并不是仅有欧元区如此。从伦敦出租车的车场到纽约出租车引擎盖上的大奖章形执照牌，处处可见这个行业的规则。

出租车市场极为简单。其进入成本低，且现有出租车公司规模一般不大。理论上应鼓励竞争，但因行业门槛低，道路上的出租车与日俱增。1930 ~ 1932 年，由于失业者要在大萧条中谋生，纽约和华盛顿特区的出租车司机激增。面对这种情形，政府需要出台监管规则，以减少交通堵塞。20 世纪 30 年代初，美国开始成立新型监管机构。早在1635年，英国就针对四轮大马车出台了数量上的规定。

出租车票价也存在疑问。不加管制的竞争意味着票价将下降，仅仅稍高于出租车司机的开销。里程（燃料成本）、时长（时间成本）和目的地均会影响费用。目的地很关键：有些地方（如机场）会对往返票价做出有效保证，其他地方则未必。换言之，里程相似，成本可能迥然不同，所以规定合理的票价非常棘手。如果市场不受监管，乘客们就不得不争取竞争价格，打车问价会耗费大量时间。如此一来，出租车公司得以操作不透明的定价结构。

为了解决这一问题，许多辖区规定了统一价格，让顾客明白自己要付多少车费。但实际上，对于同样的里程，不同的司机收取的价格差异巨大。出租车搭乘短途乘客很合算，但如果目的地位置偏远或者需要经过拥堵的上下班路线，则出租车获利较少。由于专职出租车司机无法提价，他们可能不会在较冷清的时段出车，或者拒载要去城镇中偏远地区的乘客。

为此，有些地方实行了更多监管：强制执行统一定价、地理范围、质量标准。比如，罗马和孟买执行严格的地理进入壁垒：不在该城市居住的人不能在该城市运营出租车。还有一个更好的办法是实行进入许可证制度，司机一经发现违规，立刻吊销许可证。行业奉献度、公平竞争动力由此增强。纽约的“大奖章”制度采用了这样一种方式：司机一经发现违规，即禁止开车并吊销执照牌。因此，司机既丢掉了这份职业，也失去了“大奖章”。

然而，即便是深思熟虑的规则也未见其效。伦敦的黑色出租车司机必须牢记该城市的各条街道，但如今，这些考试可在四年之内完成（1960年，最多一年便可完成)。对新入行者来说，这是个瓶颈。一枚纽约“大奖章”售价高达100多万美元，意味着原意良好的举措即可成为进入壁垒。

老生常谈的抗议

在现在的司机看来，增加出租车可能对乘客有利，但会减少司机的收益，低价位出行与服务质量都会受到影响。但把市场视作零和博弈的想法的确效果不佳，司机和乘客可能都会受惠于放开数量限制这一规定。如果出租车增加，那么乘客等待时间会缩短，越来越多的人会选择乘出租车，市场也会随之扩大，使用率和利润会因此而上升。

如下证据可以支持这种观点。1998年，扭曲的出租车许可制度给了都柏林沉重一击。先前20年，出租车需求量翻番，但许可证的数量没跟上，乘客需花一个多小时等待。2000年，随着管制放松，进入成本（车子和牌照成本）降低了74%。如此一来，道路上的出租车是原来的3倍多，从而在短短两年内缩短了乘客的等车时间，维持了出租车的服务质量，保证了较高的乘客满意度。

在德黑兰，出租车数量并不是固定不变的，会随着需求的变化而变化。其采取的合乘出租车制度允许私家车搭载乘客。由于乘客可以根据需要随时上下车，所以司机可以同时搭载乘客至不同的目的地。这就如同公交车一样，提高了车辆使用率。也就是说，出租车的数量的确是流动性的，在上下班高峰时间，乘车上班族可以在回家路上顺带几个乘客。设计这种行之有效的规章制度并不容易。

在瑞典，放松管制的效果却不尽如人意。1990年该国爆发银行业危机后，许多行业放松了管制。为控制出租车价格，该国不再规定营运时间，也不再限制营运区域。放松管制一年后，居民人均出租车数量上升了28%。但在理论上，到农村地区的车费（低价位单程车）上涨了。一个解决方案是在没有公交车的农村地区为出租车提供补贴。

出租车行业可能有各种正当理由实行管制措施，但进入壁垒使得市场越来越小。如果欧元区要进行结构性改革，则需废除一些规定，以扩大市场规模，提高效率。如果这些经济体意欲变革，以出租车开启这段旅程不失为一个好办法。

（2012年2月）

劳动力市场：内部援助

“欧洲劳动力市场出台了支持年长劳动者的政策，
但因此损害了年轻劳动者的利益”

在整个欧元区面临的诸多问题中，青年失业问题或许是最令人担忧的。葡萄牙和西班牙的青年失业率分别约为30%和50%。对年轻人而言，失业率高于平均水平不足为奇，即便是在像美国这样更为自由的市场也是如此。然而，在2007～2009年，西班牙的青年失业率上升了近20%，美国则上升了7%。大部分过错应归咎于劳动力市场的规章制度：年长劳动者享受着长久合同，不易被解雇；而年轻人一般被聘为临时工，更易被解雇。

这种“二元”劳动力市场本身就是改革的产物。虽然美国失业率在20世纪70年代与80年代初经济衰退后迅速下降，但欧洲失业率仍居高不下。领导者意识到需要为就业市场注入更多活力，但强大的工会绝不允许公然挑战劳动者权力，解决方案就是制造一批受保护较为薄弱的员工。

西班牙之痛

西班牙的经历颇具启发性。该国的失业率在20世纪80年代中期接近

20%时，政府引入了6个月至3年的定期雇佣合同，这类劳动者的解雇成本要低于签署无固定期限合同的劳动者。3年期合同到期时，公司可将这名劳动者转成永久雇用长工，也可将其解雇。这一改革收到了实效：1984年改革刚开始时，该国失业率接近18%，而6年后约为14%。

但改革也产生了意外后果，临时合同数量激增，不久便占据西班牙就业市场近1/3。劳动者不停地更换工作：21世纪中期，仅有6%的临时合同最终转为永久雇佣合同。经济衰退时，更多员工被裁，失业率增长速度比以前更快，那些更倾向于签署临时合同的雇员（如年轻人）受到的冲击最大。从20世纪90年代中期至2008年金融危机期间，欧元区持续扩张，从而掩盖了其中不少问题。西班牙得益于繁荣的建筑业，即便外来移民猛增，失业率仍跌至10%以下。但金融危机爆发后，老毛病又重现了。

“二元”劳动力市场的一个代价便是动荡不安。频繁更换工作会增加家庭财务状况的不稳定性，比如更难定期存钱以供晚年使用。更重要的是，临时性就业会阻碍公司对其员工进行投资。由于解雇员工的成本断断续续升高，雇主将到期临时合同转至永久合同的成本相当高。因此，当临时合同到期时，公司便会解雇临时雇员，也不用对其培训进行投资。这是公司解雇临时雇员的一个诱因。

这种系统的投资不足不可逆转地降低了生产力。马德里卡洛斯三世大学的胡安·多拉多、欧洲大学学院的萨尔瓦多·奥蒂盖拉（Salvador Ortigueira）和泛美开发银行的鲁道夫·斯图奇（Rodolfo Stucchi）在2011年的一份研究报告中指出，1992～2005年，雇用临时工使西班牙制造业的生产率下降了

20%，尤其是年轻劳动者受到的伤害更为严重。2005～2007年，西班牙16～19岁的临时雇员约占80%，30岁和40岁的临时雇员分别占32%和24%。缺少培训都会对这些临时雇员的整个劳动年限产生不良影响。

在单一、无固定期限的劳动合同中，离职金随着任职期限的延长而增加。签订这类劳动合同后，公司应该愿意更长久地挽留更多雇员，并加大对新员工的人力资本投资，加强保护应该也能缓解就业的动荡情况。一项针对法国和西班牙劳动力市场的研究发现，如果西班牙效仿法国让劳动力市场层级更平缓，则该国最近的失业率增幅会减少1/3。

在这种情况下，该模式的支持者可能会援引德国的例子。德国的青年失业率仅为7.8%，而且整体失业率处于数十年来的最低水平。在许多方面，德国的劳动力市场都是其他国家的榜样。德国也采用双层劳动合同应对“欧洲硬化症”（Eurosclerosis）。永久职位受到就业法强有力的保护，依旧主导着该国的就业市场。

但德国也在其他领域寻求更大的灵活性。兼职工作变得越来越普遍：德国的缩短工时计划就是这种方法的最新实例，该方案要求公司通过缩短工时而不是辞退员工来应对经济衰退。德国的情况更为可观，这归功于其较为“吝啬”的失业津贴，劳动力供给随之增加了，薪水上行压力也减缓了。根据“集体谈判协议”中的条款，个体企业在面临竞争压力时可偏离工资协议。

双重目的

德国可能会采取措施限制工资增长，但依靠这种途径并不能轻松实现繁荣。诚然，“二元”劳动力市场产生反面效果的可能性更大。长期雇员无所畏惧地追求高工资，他们相信临时雇员会最先受到裁员的影响。西班牙失业率飙升，工资节制几乎不见其影。排除物价因素，2009 年该国长期雇员的工资增长了 4% 。

尽管德国模式目前极具吸引力，但几十年来都难以与美国的失业率相匹配。英国式的低就业保护或无就业保护模式推动工人从夕阳产业向朝阳产业转移，进而提高了就业和创新能力，这种模式也许效果最佳。当前，债券市场焦躁不安，西班牙和其他国家不得不进行改革，实施难度更小、成本更低的员工解雇方案。其实，早就该采取这种措施了！

（2012 年 2 月）

高效的基础设施：暴风雨中的港口

“葡萄牙须使港口私有化，以充分发挥其区位优势”

里斯本港的商业洋溢着欢快的气息，工业机械和巨型集装箱船一侧坐落着酒吧和餐馆。这种搭配别有一番风味：日落时分，游客和当地人在水边把酒言欢、开怀畅饮，起重机则在夕阳的照射下闪闪发光。但葡萄牙既有私营港口，也有公共港口，这种搭配就不那么令人愉悦了。政府准备从全新的角度出发，将港口视为国际货币基金组织授权的结构性改革中一个覆盖面较广的项目。那么应该采取哪些措施呢？

穿越海港成本高昂，占货物批发成本的很大一部分。价格敏感型货主会搜寻主要港口，关注价格、速度、可靠性等信息。而港口效率则与所有权结构紧密相连。

一般而言，私营部门的参与会使情况有所改善。由此一些益处显而易见，比如缩短排队时间、降低集装箱卸货价格、延长开放时间、提高设备利用率。直到 1984 年，葡萄牙各港口的所有权依旧划归国有（如今，该国许多航空基础设施依然如此）。此后，这些港口逐渐演变为过渡性的公私“地主”模式。

该模式颇有成效：土地、水归政府所有，私营公司则负责拖船、起重机和仓库的融资、修建与经营。

得益于该自由化进程，葡萄牙港口的状况得到了改善——投资使容量增加，生产率也得到了提高。然而，里斯本理工大学的鲁伊·马尔克斯（Rui Marquez）和卡洛斯·克鲁兹（Carlos Cruz）则认为，如果葡萄牙想在集装箱业务方面有效地竞争，则须进一步加强改进。

这些船只的型号越来越大，最大的船只能容纳14000个20英尺（约6.096米）长的集装箱——若用铁路运输，火车需长85千米（53英里）长才够运载。不过它能带来巨大的规模经济：一项研究显示，亚欧路线上集装箱的单位成本已从1000美元左右降至300美元以下。

德鲁里航运顾问公司的尼尔·戴维森（Neil Davidson）表示：在欧洲，大型船只只会在四五个目的地停靠，这使得一些港口更难招揽船只。为吸引船只光顾，港口需要配备更深的港湾、更大的起重机来卸货。此外，港口还需要为终端客户提供颇具吸引力的前进路线。如果港口能为不少小型船只提供运输联系，则可以利用卡车经由陆路运输或走海路。对葡萄牙而言，这意味着得通过卡车或火车为塞维利亚和马拉加提供服务，或者与西班牙和摩洛哥的对手港口竞争以争当航运枢纽。

葡萄牙的地理区位优势应该非常有利于竞争。其海岸正好位于极为繁忙的亚欧航线上（见图4.1），位于锡尼什港的21号码头容量最大，能停靠最大的集装箱船。锡尼什港与西班牙南部在地理位置上较为靠近，铁路和公路的衔接在近几年也更加完善。该港口虽然在2009年、2010年进行了改善，但按照欧洲标准来看仍微不足道。为进一步获取收益（特别是在对价格极端敏感的转运市场上），葡萄牙需要跨越过去两个障碍：强劲的服务供应商和加入工会的工人。

主要海上贸易航线标准箱（TEUS）*，2009，百万

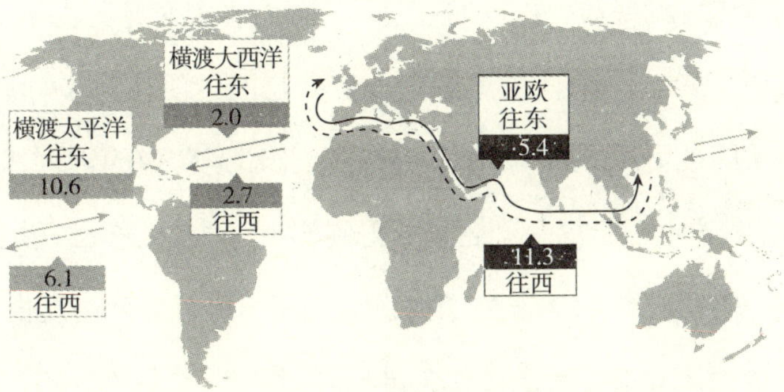

图 4.1　葡萄牙的区位优势

注：*20 英尺等量单位。

资料来源：联合国贸易和发展会议（UNCTAD）

让私营公司参与港口竞争非常棘手。开设卸载业务需要重大投资——仅一台起重机就要花费 800 万欧元（折合约 1100 万美元），因此预期收益必须相当可观。为了吸引经营者，港务局一般会与一两家公司签署一项为期 20 ~ 30 年的长期合同。这些合同必须公开透明招标，以保证公平竞争。

问题在于现有合同方的地位很难动摇。他们会投资新设备，以期续约。如此一来，现有合同方无须重新启动投标便可续约，合约末期也很少发生转变。这种无趣的竞争算得上葡萄牙体系的一项特色。

第二个阻力在于缺乏竞争性的劳动力市场。港口工人高度工会化。此外，他们有能力限制进出口，因而议价能力不可小觑。2005 年，港口工人曾成功地阻止欧洲委员会通过港口劳动力自由化草案。2012 年 1 月，听闻有关部门

将关闭位于二级港口阿威罗的一家公司后，葡萄牙600名码头工人进行了为期5天的罢工。

开辟新路径

根据其他国家的经验，可以通过三种途径支撑葡萄牙的海港业绩。首先，港口需开展更多竞争：只有在有新竞争者参与的透明化再投标后才能续约。这样会带来实际的好处：在荷兰，随着新的拖船运营商的进入，其服务成本下降了1/4。其次，工会这一问题必须得到解决。鼓励更多公司提供服务也可以改善情况：中国香港有7家公司提供装载服务，6家公司提供轮船维修服务。最后，葡萄牙应重新考虑其作为港口“地主”的角色，私有化出售在英国、澳大利亚和新西兰均颇具成效，私营企业在获取可得利益方面做得更好。对囊中羞涩的国库而言，港口出售可以为其增加约10亿欧元的收入。联合国表示，由于高效港口孕育出的出口部门通常会很强劲，私有化会带来更多好处。

（2012年3月）

就业市场摩擦：迁移之悲

“欧洲失业人士迁移至他处找工作应该更容易”

西班牙近1/4的劳动力（约一半西班牙年轻人）处于失业状态。相比之下，奥地利、德国和荷兰的失业率极低。劳动力市场萧条之际，许多美国人会快马加鞭地四处求职，欧洲人则不太可能迁移他处，他们不愿意在境内迁移，更不愿意往境外迁移（见图4.2）。

其中一个原因显而易见——欧洲存在语言多样性的现象。语言这个因素非常重要。例如，在加拿大，国内的整体迁移率远高于魁北克法语区和英语区之间的迁移率。法兰克福大学的尼古拉·福克斯-斯库德恩（Nicola Fuchs-Schündeln）和哈佛大学的凯文·巴茨（Kevin Bartz）针对欧洲语言边界的研究表明：与国家边界因素相比，语言障碍因素能更准确地预测出低迁移率。欧洲的人口统计学也持此观点。由于老员工未来的工作年限较短，迁移带来的收益较少，所以迁移对老员工来讲并非有利。

固有的障碍业已存在，所以更有必要清除其他一些更为重要的障碍。原则上，欧盟边境迁移（保加利亚、罗马尼亚除外）与成员国之间的迁移一样

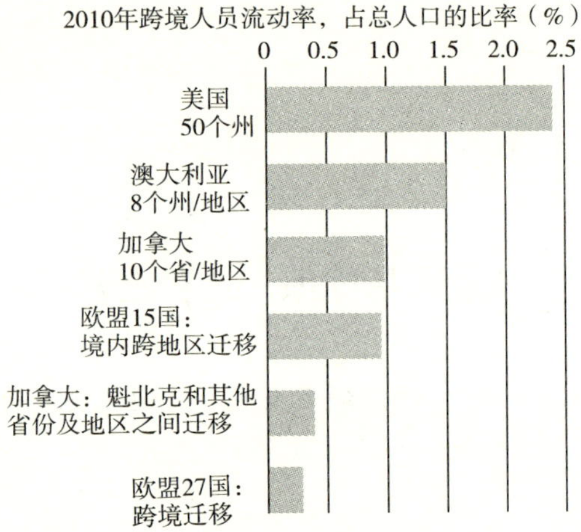

图4.2 不乐意迁移

资料来源：经合组织（OECD）

容易。而实际上，居民们面临着很多不利诱因。

压缩欧洲工资分配的税收和福利政策就是其中之一。2004 年欧盟扩大后，收入差距成为东欧人搬往西欧的一个绝佳理由。但欧元区内部的收入差距要小得多，慷慨的解雇补偿金和失业津贴也抑制了迁移动力。迫于压力，外围国家的政府准备缩减这些福利，比如西班牙和意大利正在尝试削减慷慨的解雇补偿金。但是这一举措遭到了强烈反对。

另一阻力来自房地产市场。OECD 表示，购房者在欧洲支付的交易费用和税收要比在美国高得多。在美国，交易成本约为一套房价的 5%，在希腊、意大利和西班牙则达到 10%～15%。考虑到优厚的房租管制政策和公共住房项目，房东并不愿意迁移。

加州大学圣塔芭芭拉分校的彼得·鲁伯特（Peter Rupert）和巴黎政治学院的艾蒂安·沃斯默（Etienne Wasmer）的研究表明：欧洲和美国人口迁移率

不同，这其中约一半的比率可归因于房地产市场的阻力。在欧元区推行紧缩政策可能会缩减公共住房补贴：西班牙已将削减住房补贴纳入其后的危机紧缩计划中。但实际上，预算问题可能会加深政府对财产税的依赖，从而降低削减住房补贴的可能性。

无论欧盟委员会多么强烈地要求在劳动力市场对所有欧盟公民一视同仁，国家劳动力市场的各种繁文缛节都丝毫未减，这很让人失望。对在职者而言，迁移至其他国家通常会危及所在国给予的养老金权益，工人可能会丧失部分已获得的养老金权益或本国给予的优厚权益。此外，还存在着对养老金税收法律贯彻不一致的问题，表明意欲迁移的居民可能面临着双重缴税的境况。委员会一如既往地要求增强养老金的可携带性。2012 年 4 月，委员会要求输出国家失业福利。债台高筑的政府要为另一个国家靠救济金维生的居民提供福利，这一要求听起来似乎有些奇怪。但随着部分人口迁移到其他国家求职，本国的失业率应该会有所降低。

跨境迁移还会受职业资格这一障碍的约束。根据欧盟法律，一个成员国的职业资格在另一成员国也应当有效。但实际上，在另一成员国得到认可之前，通常需要就一系列烦琐的当地规则进行协商。经合组织表示，在 800 多个经由委员会认可的职业资格中，仅有 7 个在跨境迁移中得到自动认可。2011 年，委员会提议简化认证流程，比如推出包含相关职业信息的欧洲“职业资格卡”，但实际进展较慢。

公共部门面临的阻碍最大。这些工作有时依然只聘用本国国民，即便非“敏感”部门也是如此。2005 年，英国教师中的非本国国民所占的比例为

2.5%，葡萄牙和希腊分别为0.7%和0.4%，而意大利的这一比例几乎可以忽略不计。

当然，虽然有报道称外围经济体对学习德语的需求增多了，但要提升非本国国民所占的比例并非易事。欧洲求职者永远不可能像美国求职者一样无拘无束，但可以缩小差距。如今，结构改革可能将主要目标锁定在外围国家，但在核心经济体中简化相关规则将非常有利于欧元区的公民。

（2012年4月）

第二篇

Economics

企业、就业与薪酬

当今世界如何运转

对全球经济的担忧绝非仅限于市场动荡与银行萧条。对大多数人而言，更为紧迫的是其就业前景。劳动力市场的难题比比皆是。公司正在以能对经济形势及其员工产生连锁效应的方式进行变革。除实现自身不断发展外，大批失业者还需要在劳动力市场中找到与自身能力相匹配的工作，只是不清楚他们能否获得这样的机会。缺乏现金的工人想知道加薪之日何时能复返。

本篇先从企业谈起。企业本身就是一个经济难题：第5章首先总结了经济学家罗纳德·科斯（Ronald Coase）的研究工作，这位经济学家解释了为什么要最先设立管理职位。企业的结构正在发生改变：衰退之后总是出现大批并购，所以有些企业的规模宏大。这些新型大企业虽然看似强大，但其崛起并不那么轻松。很多企业规模过于庞大，导致效率低下。一旦倒下，整个经济体都会受到影响，真可谓“牵一发而动全身”。

由于工人面临的最大问题是失业，因此企业的健康发展至关重要。据国际劳工组织（International Labour Organisation）预测，截至2019年，失业成年人数将超过2亿。第6章就人们的就业前景进行了分析，感叹美国和欧元区为什么有如此多的年轻人失业，同时给出建议——在国家内部鼓励工人自由流动可能会降低失业率。

在理想情况下，一份好工作既能给劳动者带来丰富的薪酬，也能让其享受充足的休闲时光。第7章探讨了是何种原因使得这样的理想世界如此遥远。不仅加薪少，劳动者收入占总收入的份额下降，发达国家劳动者休假的时间也减少了。证据显示，只要转变适度，通过一个简单的回应——提高最低工资——便可在不引发失业的情况下加薪。但未来的支付可能更为微妙：管理者会设计“绩效工资”对良好的表现给予奖励；最好的交易不仅有现金，还有股票，从而将劳动者变成“资本家”。

第8章研究了不平等问题。结果表明：由于分布在顶端的人表现如此出色，原本苦不堪言的加薪甚至变得更加糟糕了。一项以姓氏和收入为线索的跟踪研究显示：代际收入流动非常小。根据一项新研究，不平等是由一些令人惊讶的原因造成的，如特大企业的崛起、意想不到的效应（如更为频繁的金融危机）。本章总结出这样一个观点：重新分配收入的政策既能减缓不平等，也能刺激经济增长。

如果第9章所阐述的可怕理论，即长期停滞论预言成真，那么用再多的措施来拯救全球经济都不为过。本章第一篇文章解释了为什么会在20世纪30年代首先提出世界可能会陷入常规的低增长、低通胀、低投资这一观点，以及为什么该观点现在又开始流行起来。越来越多的不平等、人口结构变化及老龄化社会等问题是导致经济停滞的潜在原因。本章最后一篇文章的观点则没那么悲观，认为从长远的视角来看，经济停滞可能只是暂时的。

5. 企业变革

伟人罗纳德·科斯

“走近罗纳德·科斯——揭示企业存在的原因的经济学家”

罗纳德·科斯（Ronald Coase）这样谦逊地总结自己毕生的工作：“在高深理论中，我并没有创新。我对经济学的贡献在于引入经济体系的特征，让这些总是被人忽视的特征显现出来。”他将注意力转向这一被忽视的领域，最终改变了法律和经济学。

1910年，科斯出生于伦敦郊区威尔斯登的一个工人家庭。他很有学术涵养，对科学也有浓厚的兴趣，但他不太擅长数学。可能正是由于这一缺陷，他在接下来的数十年中并未深入研究经济学。他在伦敦经济学院学习“商务”课程，这一课程真可谓是为准备做中层管理的人量身定制的——科斯曾说：“我非常不适合这一职业。”

该学位课程包括经济学指导，而他很快就迷上了经济学这一“忧郁的科学”。他获得了一年的旅行奖学金，于是有机会学以致用。他参观美国的工业城市，希望能探索出“企业为什么会存在”这一问题的答案。这个问题一直困扰着他。

当时的经济学家都痴迷于价格机制的神奇魔力。在自由市场中，应调整价格，将资源分配到能产生最大价值的地方。比如，如果羊毛价格有保证，农民便会饲养羊，供应适销对路的羊毛。随着生产的羊毛越来越多，需求达到饱和，价格开始下降，农民便不再将时间和资源浪费在没有市场的商品上。然而，虽然经济领域的某些方面依赖价格来充分发挥原材料和劳动力的作用，但其他方面并非如此。在企业中，任务是即时分配的，而战略由企业董事会制定。科斯想了解其中的原因。

在参观一些正在运转中的美国汽车工厂时，他意识到企业的存在正好弥补了定价机制中的一个关键缺陷。现实生活中，买卖双方通常很难成交。如同需要洽谈或草拟合同一样，“交易成本”使得价格机制无法顺利运行。科斯认为，与在生产过程中每一步都参照合同细则相比，在具有中央规划的组织里协调活动成本更低，且更方便。1932 年在敦提演讲时，年仅 21 岁的他首次提出了自己的观点。1937 年，他发表了《企业的性质》一文，这篇文章正是基于在敦提的演讲写成的。

虽然这篇文章奠定了整个研究领域的基础，但它起初并未引起多少关注。20 世纪 30 年代与 40 年代，科斯活跃于英国学术界，从敦提到利物浦，再到伦敦经济学院，他一直研究着公用事业公司的运行机制。1951 年，他移居美国，继续做类似的研究，直到一篇关于射频频谱产权的文章引起了芝加哥大学学者的关注。

1959 年，科斯受邀到芝加哥发表自己的看法。在场观众包括后来的诺贝尔奖得主乔治·斯蒂格勒（George Stigler）和米尔顿·弗里德曼（Milton

Friedman)：他们起初充满自信地对科斯的结论表示怀疑，经过两个小时的讨论后，从容不迫的科斯获得了他们的认可。大家让他写下自己的观点。1961年，他发表了《社会成本问题》一文，这又是一篇具有里程碑意义的文章。1964年，他开始在芝加哥大学任教。

他与芝加哥的学者就市场"外部性"（一个人或一群人的行动和决策使另一个人或另一群人受损或受益的情况）进行辩论。例如，工厂污染可能会妨碍到居住在附近的居民。早些年代的经济学家认为，政府可以调节市场失灵。制造污染的工厂不会承担向城镇排放黑烟的费用，因为在其看来，这些费用是"外部的"。但征收污染税可以内化成本。由于工厂管理者迫于税收压力将污染降低至社会最优水平，价格机制会再一次生效。

科斯的理论是正确的

还可以从科斯的研究中归纳出另一个结论。从理论上讲，如果没有交易成本，就无须通过政府干预来解决外部性问题。工厂老板和居民就能独立实现转移支付（side-payments）。居民向工厂支付一定的费用让工厂减少排放；或者工厂向城镇居民支付一定的费用，以给自己预留更多的排污空间。无论哪种办法都行之有效，根本无须政府干预。这种过于乐观的观点就是人们所熟知的"科斯定理"。（后苏联时代的"休克治疗师"相信市场会重新分配集中在寡头手中的资源，支持快速私有化。持这种观点的人有时被称为"庸俗科斯主义"。）

但科斯自己也清楚地意识到现实要比理论复杂得多。考虑到交易成本（如监控工厂排放的费用），私下协商和征收污染税均无法使市场高效运转。

科斯认为法律承担着重要的经济责任，即让交易成本对市场的影响最小化。明晰且易转移的产权体系（该案例中指排污权）可以扮演企业的角色，保证有益的经济活动正常运行。不然，这些活动会因洽谈、执行合同等一系列烦琐的程序受阻。科斯的深刻见解彻底改变了政策制定，一项直接应用便是可交易的排放许可，这一政策帮助美国解决了酸雨环境问题。

在敦提进行首次演讲约70年后，科斯获得了诺贝尔经济学奖。他曾在演讲中指出："如果一位学者言辞中的错误能够很快被揭露出来，他应该深感满足。只要活着，就有希望看到真理被人们所接受。"

（2013年9月）

兼并浪潮将至

“兼并浪潮表明市场能迅速整合”

1900 年，美国大约有 500 家汽车制造商，到 1908 年却只剩下 200 家。1960 年，英国有 16 家银行，10 年后却只剩下 6 家。美国和英国的这种快速整合起因于兼并浪潮。很多其他行业也经历了类似的模式，小到软饮料行业，大到炼钢厂。兼并席卷而来，所以企业数量总是突然锐减，而不是随着时间的推移慢慢减少。下一轮兼并高潮可能很快就要到来了。

美国的第一次兼并浪潮在 1899 年达到顶峰。在这轮持续了 5 年的兼并浪潮中，700 家矿探采冶公司连同 500 家食品零售商一起消失了。美国接下来的四次兼并浪潮分别发生在 20 世纪 20 年代、60 年代、80 年代末以及 90 年代（见图 5.1 左侧）。其他国家也出现了同样的现象。

研究表明，冲击引发了兼并浪潮。一些企业对经济衰落的回应快于其他企业。换言之，这些企业遭受的损失要少一些。正是存在这种差异，强者得以击败弱者。早在 1937 年，经济学家罗纳德·科斯就提出：电话、电报等行业的技术转移会使企业数量减少，规模扩大。20 世纪 90 年代末，计算机制造

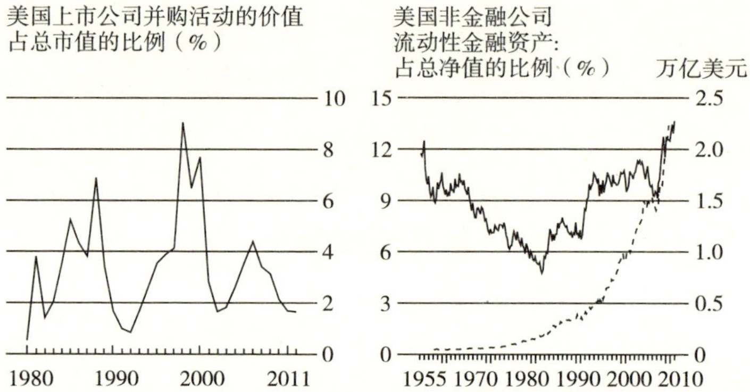

图 5.1　兼并浪潮

资料来源：美联储；佛罗里达大学杰·里特（Jay Ritter）

业和商业服务这些受到互联网影响的市场出现了一波又一波的兼并。这些都是较好的例证。

其他类型的冲击也很重要。随着需求减少，工厂和商店会闲置下来，因此行业中存在闲置的生产能力。2004 年，现在任职于 AQR 资本管理公司的格雷戈尔·安德拉德（Gregor Andrade）和任教于哈佛商学院的埃里克·斯塔福德（Erik Stafford）在一篇论文中对 1970 ~ 1994 年的数据进行了研究，发现当行业冲击引发闲置的生产能力时最容易出现兼并浪潮，促使富有效率的企业接管能力较弱的企业。安德拉德和斯塔福德在另一篇论文中指出：监管冲击也很重要；20 世纪 90 年代末，放松管制这一冲击引发了不少兼并。

一旦一场兼并发生后，同一个行业中就更有可能出现模仿兼并现象。第一场兼并消除了一个竞争对手，潜在地增强了各家企业的盈利能力。对渴望获利的老板而言，其他目标看起来极具吸引力；持悲观态度的企业则认为兼并会产生更强大的竞争对手，这些对手可以利用规模经济，成立工会加强防卫。较为明智的战略回应是发起另一场兼并，兼并浪潮就这样形成了。管理者的个人激励因素也发挥着作用。老板们试图安排好并购时间，事先瞄准市盈率低于本企业的对手，当目标对手处于低价位时将其收购。如此一来，收购者的每股收益增加了，老板们就能获得更多的红利。由于相互竞争的管理者运用的估值模型类似，他们决策出的兼并时机可能与对手一样。

冲击和策略解释了兼并浪潮是如何在一个行业内兴起的，但并未解释为什么不同的行业会同时出现兼并浪潮。华盛顿大学商学院的加拉德·哈福德（Jarrad Harford）在一篇论文中给出了答案。哈福德对1981～2000年发生在28个行业的35场兼并浪潮进行了研究，发现财务状况也发挥着重要作用。即便出现了冲击，管理者依然需要为兼并筹集资金。筹集方式可以是债务，也可以是现金。据哈福德观察，资产负债表上出现大量现金的企业在收购方面表现得更积极。

这些结论表明：现在正是实现一场完美兼并浪潮的绝佳时机。大多数行业难逃全球冲击的影响，而且存在大量闲置的生产能力。随着落后经济体寻求通过结构性改革来提升竞争力，许多企业（尤其是在欧洲）面临着放松管制的问题。很多企业已坐拥不少现金（见图5.1右侧）。在一些支离破碎、企业绩效水平分散、受冲击影响最严重的行业最有可能出现兼并。采金业就是其中之一：十大金矿企业只占有40%的市场份额，而且效率不尽相同。银行和建筑业亦是如此。

总体来说，发生另一场巨大的兼并浪潮可能会对宏观经济带来积极影响。从企业的角度来看，兼并是一种投资形式：收购竞争对手可以即时扩充产能。

虽然兼并无法增加总容量，但它可以将产能转移至效率更高的企业以便降低价格，提高产出。如果一些企业处于已经合并或规模经济已耗尽的行业，它们可能会寻求新的行业以应用技能，追求范围经济。证据显示，“混合兼并”的益处较为复杂，但仍好于过度的企业储蓄。

兼并还是不兼并

有这样一个担忧：兼并浪潮是否会抑制竞争呢？即便是高度集中的行业也会成为争夺的焦点。正如2005年美国的汽车公司一样，三大竞争对手就足够发动一场价格战。盈利的企业可以不必急于察觉技术和口味的变化，以便给新进入者提供立足之地。美国的咖啡市场就是一个典型的例子。1987年，通用食品公司、宝洁公司和雀巢公司占据了约90%的市场份额。然后，星巴克进入市场，消费者的口味改变了，现有公司的地位也动摇了。只要进入壁垒低，新进入者所带来的威胁就可以让大型企业对定价保持敏锐度，同时制定更高的标准。否则，反垄断监管机构就会介入。

不过还要担心金融危机的影响。最大型的企业类似于国家。它们雇用数百万员工，管理着庞大的养老金体系。2008～2009年，美国政府被迫将800亿美元投资于通用汽车和克莱斯勒。当下一场兼并浪潮的洪水退却时，“大而不能倒”的问题可能不仅仅局限于银行业。

（2012年5月）

大型企业：企业巨头之地

“规模经济效益在某一点消耗殆尽，
而美国最大型的企业或将超过这一点”

有些事物会不断变大。从船舶、飞机到摩天大楼、购物中心，规模纪录总是不断被刷新。企业的经营规模也不断创历史新高。然而，如果说规模扩大的趋势非常明显，那么由此带来的经济意义则可能并不那么明晰。对船舶等某些事物而言，由于固定成本会由较高的产出分摊，所以更大的规模依然可以带来更高的效率。但对建筑等另外一些事物而言，规模效益可能会消耗殆尽。那么企业应该选择多大的规模呢？

集装箱船就很好地体现了规模经济的运用。第一批集装箱船于 20 世纪 50 年代引进，可以运载 480 个 20 英尺标准箱。到 2006 年，最大的集装箱船可以运载 15000 个标准箱。运载力提高可以归因于成本因素：运输无法增加产品的最终价值，因此将成本最小化意义非凡。由于集装箱的单位运输成本会随着船舶规模的扩大而持续下降，所以集装箱船的规模会继续扩大。2013 年，18000 个新型标准箱首次下水，其单位集装箱的效率是最高的。

但规模扩大所带来的成本节省也可能消耗殆尽。1931～2007年，世界最高建筑纪录从381米刷新至828米。起初，随着建筑物越来越高，办公地点每平方米土地的固定成本开始下降。但其他因建筑物高度增加而产生的开支抵销了节省下的土地成本。风载荷随着建筑物高度增加而成倍增长，使设计变得更加复杂、更加昂贵。威宁谢工程咨询公司（Davis Langdon）的史蒂夫·沃茨（Steve Watts）和尼尔·卡里塔（Neal Kalita）于2010年进行的一项研究显示，随着建筑物升高，每平方米的造价成本也会升高。此外，随着建筑物的中央“核心”扩大，每一额外加层的可用空间开始下降。很多高层建筑并未产生规模效益，其增加高度是想获得声誉，而不是想提高效率。如果开发商只聚焦于成本，那么中高层建筑会成为他们的最佳选择。

企业也在扩大规模。初步了解美国经济就会发现，美国企业的规模存在巨大差异：美国约1/3的劳动者受雇于600万家员工不足100人的小型企业，还有1/3受雇于980家员工超过1万人的大型企业。但从长期趋势来看，员工似乎会就职于大型企业。芝加哥大学的罗伯特·卢卡斯（Robert Lucas）于1978年发表了一篇论文，他在文中记录了过去70年间美国企业的平均规模是如何扩大的（见图5.2左侧）。

世界上规模最大的企业仍在继续扩张，或是通过战胜竞争对手逐渐扩张，或是通过企业兼并迅速扩张。诚然，兼并在企业规模扩张中尤为重要。在2012年前15年间，美国50强企业资产占美国GDP的比例从70%上升至约130%（见图5.2右侧）。1987～2012年，美国10强企业均至少参与了一场大型兼并或收购。

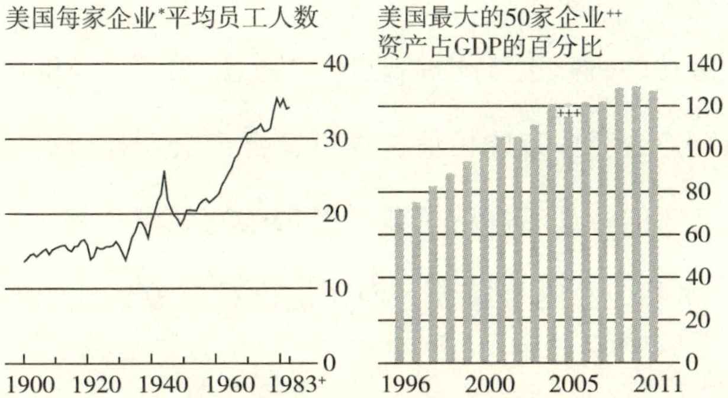

图 5.2　企业规模扩大

注：* 非农；+ 系列结束；++ 按资产来算，基于最大 500 家企业（不含政府资助企业）的收入；+++ 新系列。

资料来源：美国历史统计数据、《财富》、彭博社、世界货币基金组织、《经济学人》

船舶、建筑等企业又面临着怎样的境遇呢？是寻求规模经济，还是因规模太大而效率低下？若想回答该问题，可以估计竞争行业中产出水平是如何影响生产成本的。但考虑到企业往往具有多重投入与产出的特点，所以要确定两者之间的关系（即人们熟知的“成本函数”）并非易事。以农业为例，估计成本函数需要收集一系列复杂的信息，比如每个农场的产出（如牛奶、肉和农作物）与投入（如劳动力、能源、饲料、资本）是如何相互影响的。

但一旦确立了成本函数，就可以将其用于识别规模经济。如果企业平均成本随着规模的扩大而下降，则表明该企业在此规模下存在规模经济。但各个行业之间存在差异。比如，美国奶牛场的规模持续扩大，但 2009 年的一篇论文显示，奶牛场仍然存在着追求规模经济的空间，尤其是许多奶牛总数不足 200 头的农场。相比之下，铁路行业的研究表明，随着企业规模的扩大，规模经济会逐渐下降。总的来说，据成本估计函数显示，一些大型企业的规模经济可能已经达到了极限。

针对兼并进行的研究也持此种观点。“赢者诅咒”（winner's curse）认为兼并会损害收购方企业股东的价值。麦肯锡咨询公司在研究报告中给出了这样的解释：近2/3的管理者高估了兼并所带来的规模经济，收益往往被高估了25%以上。如果企业因规模太大而无法进行有效管理，则成本也会随之增加。

巨型企业寻求规模经济的动机

如果成本并未随着规模的扩大而持续下降，那么企业为何还要不断扩张呢？一种观点认为，可能是企业想要通过提高价格而非降低成本来增加利润。收购竞争对手可以缓解竞争，让企业收取更高的价格。通过对以往医疗保健领域兼并案的回顾，美国反托拉斯监管机构发现有些兼并后的价格反而会显著上升。另一种观点则认为，并不是利润驱动着企业进行兼并。“帝国建立理论”表示，无论无效率的成本多高，管理者都会致力于扩大企业规模。

国家的安全保障网络也会扭曲动机。美国的前三大汽车制造商均是通过兼并实现扩张的：每家企业雇用了5万多名员工。金融危机期间，政府在犹豫是否让其破产。一些企业寻求扩张可能并不是为了降低成本，而是为了获得政府的隐性支持。美联储职员在2011年的一份报告中对这一结论表示支持，认为如果兼并带来了“大而不能倒”的状况，那么银行会为兼并支付溢价。这些扩大经营规模的动机并不纯粹。所有这些都表明，当企业声称出于规模经济的需要进行兼并时，反托拉斯机构应当对此持怀疑态度。

（2012年11月）

巨人“哥利亚”：大企业与波动性

“大企业的命运有助于解释经济波动性”

2004年12月，微软向其股东支付的股息高达330亿美元。该支付额在同类分红中额度最大，占当年美国个人收入增加额的6%。并没有多少鲜明的例子来阐述大企业是如何产生巨大影响的。一般而言，经济学家的模型通常将这些企业特有的冲击排除在外，这些模型认为个体企业的收益与损失会相互抵消。但追踪最大型企业的经营状况对于了解贸易、GDP等事物的发展方式必不可少。

乍看这些数字似乎说明，我们可以采取自上而下的观点对此进行分析。商业圈规模异常庞大：美国和英国分别有约2700万和480万家企业。每个国家都与数百个其他国家进行交易，涉及数百个行业，衍生出数以千计的国家—行业贸易联系，全球的贸易联系则多达数百万。由于经济体建立在数百万家企业和贸易联系之上，所以每一条联系都如一粒尘埃一般微小，因此个体企业和个体出口渠道显得微不足道。这表明只有共同冲击可以解释总体波动：单个企业的单个工人罢工起不了作用，但行业范围内的大罢工则颇具影响力。

然而，共同冲击并不能很好地解释波动性。西班牙银行于 2007 年发布的一份报告研究了经合组织成员国的贸易平衡问题，（对整个国家或全球行业的）共同冲击仅能解释 45% 的贸易波动。作者使用各个成员国更精确的数据，即 8260 条国家—行业“贸易流”（涉及 59 个行业、140 个贸易伙伴），以期找寻剩余 55% 的原因。数据显示，认为贸易是由数百万条联系构成的观点是不准确的。事实上，贸易流极其集中；大部分并不重要。在美国，99% 的贸易流仅占贸易的 25% 。但有一些贸易流至关重要。对一般的经合组织国家而言，25 条国家—行业“贸易流”便可以解释 2/3 的贸易量，而最大的 100 条可解释 85% 。

即便是如此详尽的数据也会涉及多个企业，美国与日本之间的汽车流包括美国的通用、福特、克莱斯勒与日本的丰田、尼桑和本田。因此，研究者们挖掘出了另一种途径来研究个体企业。在对日本进行案例分析时，他们发现了一种更为集中的现象：日本前五家企业占到出口额的 20% 。这表明贸易波动这一综合值可能仅仅是由一家企业的行为统计出的。

可以确定的是，一些企业的规模大到足以产生这样的效果。美国 2008 年的普查资料显示，981 家雇员 1 万名或以上的企业所提供的工作岗位占到所有工作岗位的 1/4。在意大利 460 万家企业中，96% 的“小微型”中小企业雇员不足 10 人；而菲亚特汽车制造商等巨头公司的规模则极其庞大。2011 年，仅三星集团就占到了韩国出口额的 17% 。芬兰的案例可能最为极端，电信巨头诺基亚在 1998 ～2007 年对该国出口额和 GDP 增长的贡献分别高达 20%

和25%。

这便是采用自上而下的观点看待经济所面临的问题。纽约大学的泽维尔·加贝克斯（Xavier Gabaix）在2011年发表的一篇论文中解释了多元化在企业相互独立且规模呈常规“钟形”分布时是如何发挥作用的。想象一下，在一个经济体中，所有一切都由一家企业生产：这家企业的收益波动决定了GDP的波动。但由于企业的冲击会相互抵消，所以GDP波幅会随着企业数量的增加而缩小。与仅有1家企业时的波动相比，有100家企业时的波幅会降至其1/10；有100万家企业时则会降至其千分之一。由于有更多的企业存在，所以企业特有的冲击便不复存在了。

无论如何，从理论上讲是应该这样的。当企业呈现“钟形”分布（即极小与极大的公司较多）时，这一理论关系便会失效。如今，还需要增加22000家企业才能使波幅降至仅有1家企业时的1/10（永远不会有那么多企业使波幅降至其千分之一）。当企业规模足够大时，多样化的逻辑便失效了。在这种情况下，企业特有的冲击的确很重要。

加贝克斯利用美国规模最大的100家企业1951～2008年的数据测试了这一新“粒状”（granular）理论。一些典型事例支持了他的假设。规模极大的企业呈现“钟形”分布：2009年，100家最大型企业的销售额相当于当年GDP的35%，与20世纪80年代中期相比上升了30%。这些企业的业绩不太稳定：销售额年均波动12%。而且企业之间的相关性较小，表明冲击是企业特有的，而非整个经济体的普遍现象。接下来，加贝克斯研究了涉及这些大企业的冲击在解释GDP波动方面的效果，结果证明效果非常好。美国GDP高达48%的波动可以追溯至单个大企业的业绩。

处境艰难

巨头企业的重要性延伸至贸易领域。人们普遍认为，贸易会降低波动性。也就是说，出口至更多市场意味着更加多样化。但IMF的朱利安·乔凡尼（Julian di Giovanni）和密歇根大学的安德烈·列夫钦科（Andrei Levchenko）在2012年的一篇论文中指出，由于大型企业的贸易不成比例，扩大对外贸易可以让经济体更多地吸收这些企业的财富。

中央银行家们应该注意。加贝克斯表示，考虑到企业特有的冲击有助于改善经济预测，观察大型企业的做法可能会改进决定经济决策的模型。政府也需要考虑一些事情。粒度方法表明，对通用有益的事情也会给美国带来好处。反之亦然：大企业表现糟糕时，大家都要遭罪。福特、通用和克莱斯勒雇用了近60万名员工。在2008年末市场陷入萧条之时，它们成功地从纳税人那里获得了数十亿美元的救助资金。因此，“大而不能倒”的问题不仅仅局限于银行业。

（2013年6月）

大企业与竞争：企业界的沙丁鱼现象

“现有企业如何占领市场，以防止新企业进入”

现代商业街给人一种强烈的似曾相识之感。在伦敦，球迷涌入足球场观看托特纳姆热刺队的表演，在主通道上就会经过6家威廉希尔博彩公司；在纽约，游客在半英里长的23号街上闲逛时就会经过5家星巴克门店；在东京，差不多半英里长的新宿站附近就坐落着15家7-11便利店。连锁商店蜂拥而至，专营精品店青睐者为之受挫。经济学家们的担心则是出于另一原因：企业可能是想充分占领市场，以防止竞争对手涌入。

1929年，任教于斯坦福大学的哈罗德·霍特林（Harold Hotelling）率先研究了企业是如何为占领市场而竞争的。他认为企业面临着权衡取舍：如果相距太近，竞争对手和激烈的竞争会冲击利润；如果相距太远，又会失去大片市场。由于权衡取舍因市场而异，所以霍特林的理论阐述了为什么企业会在一些行业集聚，而在另一些行业分散。

当企业开设多家分店时，可以采取新的策略，新的权衡取舍也会随之出现。如果一个特许商增开了一家分店，这家分店便会“挤占”现有分店的利润，抢夺自家与竞争对手的客户。但也可以带来好处：开设更多分店可以带来更多需求，从而降低外来者进入市场的利润。如果开店成本高昂，“优先认购”会让竞争对手望而却步。

这有助于解释为什么一些企业的分店相隔很近。此外，这一观点还阐明了为什么一家企业会出售相似的产品，早餐谷物便是其中一例。1950 年，美国六大生产商供应着约 25 种谷物，1972 年增加到 80 种左右。反托拉斯者怀疑这种扩张并不仅仅是为了迎合顾客的不同口味。相反，是企业为了减少“空间”而往市场塞入各种选择，以防止新进入者抢占市场。

若要说和以往有什么区别的话，那就是人们如今对扩张更为担忧，因为历经兼并浪潮之后的企业数量减少，规模扩大。7-11 便利店和星巴克等随处可见的连锁店开设新店时会面临抗议。为了了解清楚企业到底是如何选择区位的，耶鲁大学的米苏鲁·伊加密（Mitsuru Igami）和杨内森（Nathan Yang）于 2013 年发表了论文，对简单的市场“汉堡市场”进行了调查。首先，两位作者搜索了已归档的电话簿，了解清楚 1970 ~ 2005 年开设了多少家汉堡店以及这些汉堡店都分别坐落在哪里。在已确定的 256 家当地市场中，汉堡店的平均数量在此期间从 1 家增加至 2.5 家，包括汉堡王、麦当劳和温迪在内的五大连锁店都扩大了规模。

研究者的统计检验证实了这样一个理论：如果已经存在竞争对手，那么收益会下降；自有品牌的自相蚕食效应也会削弱。在 1970 ~ 1988 年（首次出现市场饱和的时间）以及在温哥华（仅有少数几家汉堡店），区位对利润的影响尤为显著。由此可见，当市场留有参与空间时，企业之间的竞争更加激烈。

虽然存在着自相蚕食的效应，但是如果开设多家分店可以牵制竞争对手，那么这对于整个连锁店而言则是有利可图的。为了检验该理论，研究者对每个市场的门店数进行模拟，以使每个市场中麦当劳的利润达到最大，并假设麦当劳及其竞争对手仅对收入、人口等变量做出回应并且忽略对方的存在。他们得出的结论是：如果一个市场仅有两家分店，那么永远不会出现一家新店。1970～2005年，约一半的麦当劳商店符合这一描述，说明这可以归因于优先认购。

美国联邦贸易委员会的经济学家内森·威尔逊（Nathan Wilson）在2011年发表的一篇论文中指出，不同的产品会引发不同形式的市场竞争。威尔逊收集了得克萨斯州各酒店的财务资料，辅以质量、区位及品牌信息。他将这些数据绘制在一张图上，以此识别94个独立市场。从整体来看，“孤星州”（得克萨斯州的别名）存在着集聚效应，6家企业就占到样本中品牌酒店的91%。

但酒店并未显现出地理集聚效应。如果得克萨斯州某个城市出现一家新酒店，那么更有可能是一个未曾存在的新品牌，而不是现有品牌。威尔逊分析了其中的原因，他表示客户往往青睐于特别的品牌，这就使得通过先发制人的投资来占领市场并没有太大价值：因为现有企业拥有自己的天然客户群，竞争对手的进入只会给已有企业造成5%的利润损失。基于同样的原因，开设同品牌分店会让现有企业苦不堪言，自相蚕食会造成10%～12%的利润流失。

但连锁酒店另辟蹊径占领市场，并未开设同品牌分店，而是采取差异化的战略，6大酒店集团经营着32个品牌，虽然其中一些质量参差不齐，但很多都不相上下。精品国际酒店旗下设有舒适客栈、经济住宿旅馆与品质客栈，万豪国际旗下则设有预算相似的万怡酒店和费尔菲得酒店。威尔逊发现此举可弱化自相蚕食效应，而且可以使先发制人策略更有利可图。

责任在于购物者，而非商店

虽然这种数学运算能够很好地让人们理解定位策略是如何阻止竞争对手进入的，但目前尚不清楚监管机构是否会为此担忧。有一点却显而易见：反垄断监管机构必然会担心企业阻止竞争对手进入这一潜在动机。然而，受这一动机的驱使，大型连锁商店会采用顾客所看重的方式进行发展。在市场中，如果顾客更看重品牌，而不是距离，分店就会如雨后春笋般地发展；如果顾客想拥有更多选择，差异化的品牌就会激增。那些希望商业街满是工匠，散发着质朴气息的人应该将责任归咎于购物伙伴。若想阻止竞争对手进入，企业就必须吸收需求。换言之，要迎合顾客的需求，提供适销对路的产品和服务。

（2014 年 5 月）

6. 失业问题

青年失业问题：失业的一代

“世界各地约有近3亿名15~24岁的年轻人处于失业状态。
这种普遍失业现象的原因何在？该如何得到缓解”

21岁的青年赫尔德·伯雷拉（Helder Pereira）没有工作，前途渺茫。他没能顺利从高中毕业，而且丢掉了在建筑工地的工作。眼看手头的积蓄就要花完了，他跑到巴黎市近郊塞夫朗市一家当地就业中心申请失业救济金，同时希望能找到些事情做。拿到一点救济金没问题，但工作不知是否能有着落。塞夫朗市的青年失业率高达40%以上。

在阿斯隆这个多沙的开普敦郊区，一位年轻的南非母亲诺科娜（Nokhona）抚养着两个孩子。她没上过大学，也没获得高中毕业证。自从与咖啡店签订的清洁工劳动合同到期后，她就失业了。“梦想工人”（Dream Worker）是一家帮助年轻求职者就业的慈善机构，她向这家机构寻求帮助，希望谋得一份女佣的工作。听闻她的情况后，一名顾问帮她提升面试技巧。虽然政府采取了不少办法帮助年轻人就业，但南非黑人青年失业率依然高达55%左右。

据国际劳工组织收集的官方数据显示，有7600万人处于失业状态，占所有15～24岁年轻人总数的6%。但就处于“无为状态”的青年（包括所有既无工作又未接受教育的人）而言，情况更为糟糕。OECD（经合组织）将发达国家的2600万青年归为啃老族（“NEET”），这些青年不工作，不上学，也不去参加培训。世界银行根据家庭情况汇编的数据库显示，发展中国家有2.6亿多名青年同样处于“无为状态”。根据《经济学人》的计算，既无工作也未学习的青年共有将近2.9亿名，约占全球青年人数的1/4（见图6.1）。

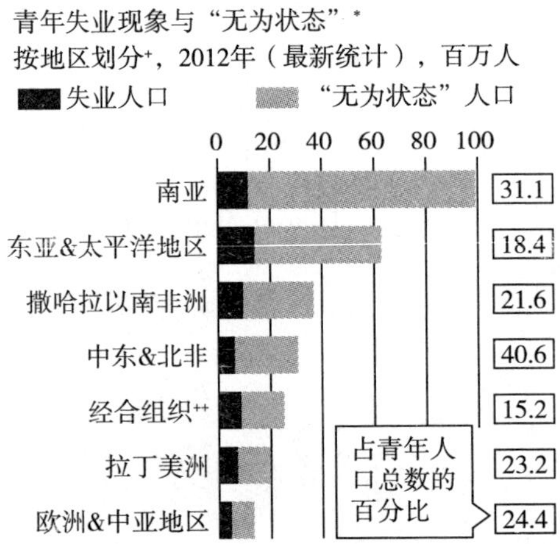

图6.1 游手好闲的人群

注：* 未受教育的15～24岁青年；+ 不包括OECD成员国的地区；++ 未接受教育或培训。

资料来源：经合组织；世界银行；《经济学人》

有些国家的年轻女性占劳动力的比重很小。如果计算数据将这些国家的未就业年轻女性排除在外，则处于“无为状态”青年的比率将会降低。在全世界处于“无为状态”的青年中，南非女性所占的比例在1/4以上。然而，在不少发达国家的劳动力中，年轻女性的表现较男性更优秀。

另外，许多“就业”青年从事的工作要么不正式，要么断断续续。在发达国家，平均有1/3以上的就业青年签署的是临时合同，他们很难掌握工作技能。世界银行的数据显示，在较为贫穷的国家，有1/5的青年从事无报酬的家庭劳动或非正式的经济活动。总之，全世界有近一半的青年要么未从事正规经济活动，要么未充分发挥其能力。

长期以来，年轻人在劳动力市场遭受着不公正的待遇。如今，这一问题因为两种因素而变得更为紧迫。第一，金融危机及其余波对青年人造成了异乎寻常的巨大冲击。解雇员工时，许多雇主首先拿最晚来的新人开刀，所以经济衰退极大地推高了青年失业率。在希腊和西班牙，1/6的青年一份工作也没有做过（见图6.2）。据经合组织统计，2013年失业青年的人数比2007年高出近1/3。

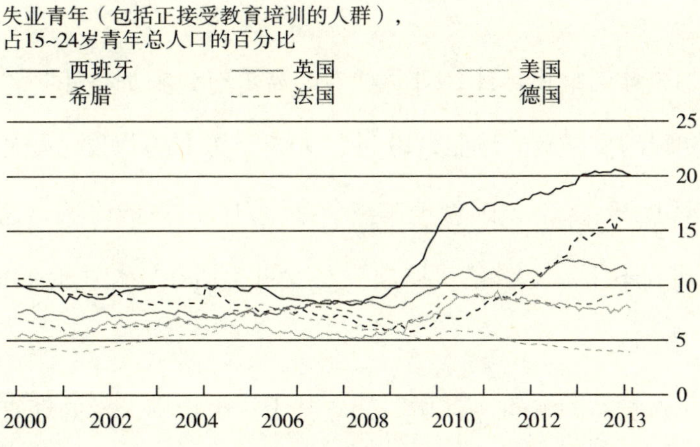

图6.2 形势不容乐观

资料来源：欧盟统计局；《经济学人》

第二，新兴经济体的青年人口数量最多、增长速度最快，其劳动力市场的表现也最糟糕。南亚、中东和非洲囊括了世界近一半的青年。在这些地区，失业或在非正规行业工作的青年所占的比例也最高。到2025年，非洲15~24岁的青年人数将增加1/3以上，达2.76亿名。

在一些社会福利优厚的发达国家，失业青年增多这一问题给纳税人带来了沉重负担。一项估计表明，2011年欧洲失业青年造成的经济损失高达1530亿美元，即占GDP的1%以上。青年失业不仅抑制了目前的增长，也会威胁未来的经济发展。

一些主要基于美国统计数据进行研究的学术论文表示，同刚开始便顺利就业的人相比，在职业生涯初期失业的人可能会拿到较低的工资，将来面临失业的概率也更大。这种“工资惩罚”高达20%，可持续近20年，且这一现象已不足为奇。随着失业期限变长，这一创伤似乎在迅速恶化，下一代人也难逃这种境遇。

随着人口整体老龄化，社会对劳动力的需求将会增加。届时，青年失业的状况或许可以得到缓解。然而，20世纪90年代初日本爆发金融危机后，青年失业率大幅上涨。虽然该国青年在整个劳动力中所占的比例迅速下降，但失业率一直居高不下。不少“蛰居族”与父母生活在一起，他们很少出门，并远离劳动力市场。

经济学家对贫穷国家的“创伤”知之甚少。由哈佛大学的理查德·弗里曼（Richard Freeman）和清华大学的迟巍、李宏彬展开的大型研究表明，失业对中国青年收入所造成的任何冲击在三年之后都会消失。但其他研究得出的结果则让人感到困惑。1997年印度尼西亚金融危机爆发十年后，一项针对其劳动力市场的分析显示，当时失业的青年人不太可能再回到劳动力市场就业。即便他们再就业，也只能从事非正式的工作。一项就阿根廷和巴西进行调查的研究发现，在经济衰退期间加入劳动力大军的青年人与成年人有着同样糟糕的境遇。

活跃经济体受到的创伤可能会小一些，而对于地中海沿岸一些失业长期存在、经济停滞不前的国家而言，失业的影响最为深重。在发达国家，西班牙、法国、意大利和希腊的青年失业率最高，而摩洛哥、埃及等北非国家和中东国家的失业率在新兴经济体中是最高的。虽然这些国家处于不同的发展阶段，但它们都不同程度地深受就业问题之苦——低增长，劳动力市场闭塞，受教育程度与就业情况不匹配。

在这三种情况中，低增长最为明显。南欧的失业率随着经济萎靡不振而大幅上涨。南非如今是非洲发展最慢的经济体之一，故其高失业率更难得到缓解。但闭塞的劳动力市场产生的影响可能更大。有些国家利用卡特尔组织抑制竞争，对劳动力征收高额税收，划定较高的最低工资标准，出台更难解雇员工的监管制度。失业青年最好不要到这些国家谋求工作。在印度，约200条管理就业和工资的州法和联邦法约束着大型工厂和企业。南非的解雇法极为严苛。南欧一些国家虽然最近进行了一些改革，但解雇老职工并非易事。经常与父母生活在一起的失业青年害怕这些改革，因为他们担心父母的生计受到威胁。在北非和中东，公共部门庞大臃肿且受到过度监管，劳动者承受高税收压力，政府制定较高的最低工资标准。

高技能人才在何处

经济学家如今看重的是第三个问题：受教育程度与就业情况不匹配。翻阅着如潮水般涌来的求职申请，雇主却还是感叹找不到合适人选。麦肯锡咨询公司指出，在其展开深入研究的九个国家（美国、巴西、英国、德国、印度、墨西哥、摩洛哥、沙特阿拉伯和土耳其）中，仅43%的雇主认为他们能够找到技能达标的入门级员工。中等规模的企业（员工人数在50～500人）平均有13个入门级岗位空缺。

基础教育薄弱是造成这种不匹配现象的最显著原因。在大部分发达经济体（无论是持续增长还是萎靡不振）中，受教育水平在初中以下的人群呈现的失业率是获得大学学位人群的两倍。还有两个微妙的原因不容忽视。

在青年失业率较低的国家，受教育程度与就业情况紧密相连。德国虽然在这些年增长较为温和，但由于该国长期坚持高质量的职业教育和学徒制传统，其青年失业状况得到了缓解。在青年失业率较高的国家，受教育程度与就业情况并不存在联系。在法国，几乎没有高中离校生拥有实际工作经验。在北非，尽管企业抱怨青年缺乏专业技能，但各所大学依然强调学生应为公务岗位做准备。在摩洛哥，大学生的失业率是仅接受小学教育的人群的5倍。由于种族隔离制度的残留，南非黑人青年居住和上学的地方与工作的地方通常相距数英里。

企业过去常常试图通过投资培训来缩小教育与就业之间的差距。现如今，这种做法越来越少了。沃顿商学院的彼得·卡佩利（Peter Capelli）认为，企业把填补工作空缺视为购买备用零件一般，只是期望能合适。他强调，1979

年大型美国企业的青年职工平均每年的培训时间为两周半，而1991年只有17%的员工表示自己在前一年接受过培训。到2011年，仅21%的员工称自己在过去五年内接受过培训。埃森哲咨询公司表示，在1000名接受他们调查的美国工人中，仅21%的人在2008~2013年从公司提供的培训中学到了新技能。

与先前的衰退时期相比，美国、英国等活跃经济体在2008~2013年的青年失业率上涨幅度增加了，而且居高不下。这或许可以归因于教育与就业之间的不匹配和培训差距。英国的劳动力市场是世界上最为灵活的劳动力市场之一，可该国有约100万名“啃老族”。英国失业青年（占劳动力的11.5%）是德国失业青年（占劳动力的3.9%）的两倍多（见图6.3）。有些人认为这应归咎于最低工资，但是还存在一个因素——长期以来，英国对实践教育存在偏见。2009年，英国仅有约8%的雇主培训学徒，而情况最好的欧洲大陆国家的这一比例是英国的4倍。29%的英国雇主称工作经验“至关重要”，但在截至2013年的前15年间，获得实践指导的英国儿童所占的比例一直在下降。仅7%的小学生称自己曾接受当地雇主的指导，而仅19%的小学生曾拜访过一名当地雇主。

英国经济更鼓励创业，青年失业问题可能因此而恶化。大型企业（250人或以上）雇用的私营部门员工所占的比例在1998~2000年从50%下降至40%。该比例在微型企业（4人或以下）从11%上升至22%，小型企业则不太可能提供学徒期或工作经验。

现在，不少国家正在尽力缩小教育与就业之间的差距。这些国家采取的

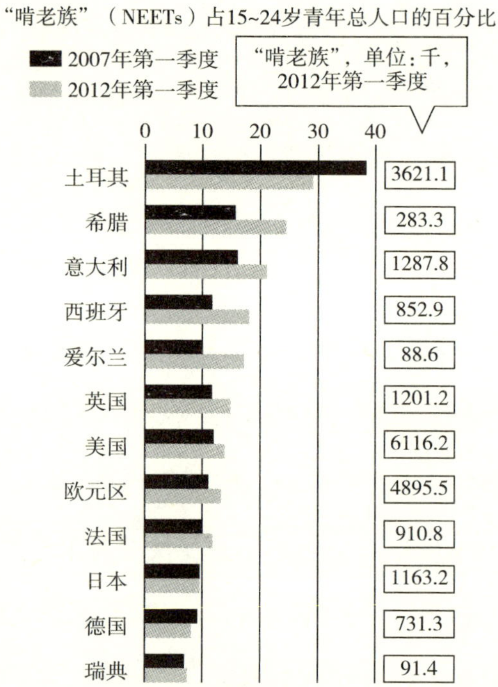

图 6.3　萎靡不振的一代

资料来源：经合组织；《经济学人》

措施包括：完善职业学校，鼓励“标准型”学校同当地企业建立更为密切的联系，接受学徒实习。2010 年，韩国创建了“迈斯特”（meister，德语单词，意为“工艺大师”）职业学校网络以弥补国内机械操作员和水管工的供应不足。韩国政府支付学生的食宿费和学费，并将这些学生誉为“年轻的工艺大师”，想借此打破国内对学术荣誉的“迷恋”。英国一些继续教育学院如今践行的原则是：实践是学习的最佳方法。例如，北赫特福德郡学院携手一家低成本健身房“健而瘦”开办了一项业务；肯塔基的蓝草音乐学院与日本丰田汽车一同开设了一家模拟汽车厂，工人和学生可以一起在汽车厂上课。

但仅仅效仿德国的培训和学徒模式是远远不够的，还需要进一步完善该模式。一些政策制定者想把失业体系从安全保障网转变为跳板，借此实现再培训和就业安置。北欧国家已在这方面步入前列，即引进“青年保证计划”，为每位青年提供培训或就业的个性化指导。2003～2005年，德国实现劳动力市场自由化，通过各种新途径帮助人们实现再就业。例如，为强化某位长期失业人士的任职资格，政府会在其找到新工作的前两年为其支付大部分工资。

在相对贫穷的国家，这些积极的劳动力市场政策并没有太强的可操作性。富裕的北欧国家发现，尽管它们将GDP的2%用于培训，但仍无法应对经济危机之后失业率的大幅上涨。西班牙、意大利等国家失业人口达数百万，在经济繁荣时期都无法效仿北欧国家的做法，更别谈在经济紧缩时期了。文化也会产生影响。英国工党政府增加了学徒人数，但为了拉低失业率而降低了学徒培训的质量。联合政府尽力提升质量，可有些企业只是给现有培训方案重新贴上标签，并没有实质改进，因为他们只是想获得纳税人的钱。

更深层次的担忧在于企业正在经历创造性破坏时期，这个阶段极为剧烈。新技术正在引发一场“破坏性创新”的风暴，迫使各企业重新思考其运营模式，各企业不停地重新设计工作。例如，它们将例行任务（可以通过自动操作或外包完成）和技术类任务分离开来。此外，它们还不停地通过“扩大规模”“缩减规模”和“外包”等途径重新设计自己。如同企业存活的预期寿命缩短一样，CEO的工作任期也缩短了。决策者现在发现更难快速适应其劳动力市场制度了。

然而，有些企业则对此表现出极大的兴趣。IBM公司赞助了纽约一所学校，麦当劳正在孕育一项新的培训方案。印度的IT巨头印孚瑟斯（Infosys）

计划每年对45000名新员工进行培训，其中每次有14000人在位于迈索尔的主校区接受培训。在总部位于科威特的地区的食品和餐饮公司阿美利加纳集团（Americana Group），培训生可以将一半的时间用于工作，剩余时间可以在学校度过。

此外，技术虽然提供了解决方案，但也加剧了这些问题。技术大幅降低了职业教育历来的高成本。因为“严肃游戏”（serious games）[①] 的出现，青年得以以最低成本获得“虚拟”经历。例如，麦当劳利用竞争性视频游戏教人们如何使用备用现金及如何与顾客互动；火狐浏览器开发者摩斯拉（Mozilla）发起“开放徽章”（open badges）倡议，允许人们获得编程技术认证。技术也使得居住在工作不便利地区或被卡特尔排斥在市场之外的人们更容易找到工作。亚马逊开放在线市场“土耳其机器人”（Mechanical Turk）后，企业能够雇用工人处理一些简单任务，如识别照片里的人。这类工作不受地域限制，无论人们居住在哪里都可以参与。

如此多人的生活因为失业而受到困扰，所以人们很难对其持乐观态度。但或许现在可以不那么悲观了。决策者知道该采取何种措施来缓解这一问题，如刺激经济增长，打破卡特尔的垄断，加强教育与就业之间的匹配。新技术赋予决策者以强有力的工具。一些国家为解决青年失业问题而增加投资，提供相应的机会。采取这些措施后，这些国家的青年失业问题在将来定会得到明显改善。

（2013年4月）

---

① 电子游戏的一种。最初被定义为“以应用为目的的游戏”，具体来讲，是指以那些以教授知识技巧、提供专业训练和模拟为主要内容的游戏。——译者注

促进就业增长：推动工作流动

“美国工人跳槽人数略显凄凉”

通过就业数据来看待经济情况，得出的结论往往是“非黑即白”：要么是局势正在恶化，企业如2008～2009年那样辞退成千上万的员工；要么是局势正在改善，企业正在创造新的就业岗位。2012年2月3日，有消息称美国私营企业在1月新增了257000名雇员，比5年多来该国私营部门12个月周期的最佳就业情况更胜一筹。听闻此消息后，人们都兴高采烈。但媒体报道的这一数据只显示了巨大劳动力市场的冰山一角。相对较新的《空缺职位和劳动力流动情况调查》（JOLTS）收集的数据反映了更深层次的情况。

即便是在最黑暗的日子里，劳动力市场依然忙碌不已。处于成长期的企业需要雇用员工，以期拓展业务。有些企业虽然规模在缩小，但仍在挑选人员就职于一些重要的空缺职位。例如，2008年12月，美国整体就业人数减少了近70万人。但与2007年12月（净就业人数增加了203000人）相比，就职于新岗位的员工（总数超过410万）还是增多了。2005年前后，经济状况相对缓和，约65%的雇员是经济学家所说的“流动就业人员”，即员工在劳动力市场跳槽。如此一来，总就业人数既未增加，也未减少。整体而言，在经济衰退的前一个季度被招聘的约1200万名员工中，有大约800万名员工是一些企业开出诱惑条件从其他企业挖走的。

跳槽是劳动力市场为提高效率而重新分配员工的一种机制。在正常情况下（即不受失业问题的干扰），一名美国员工跳槽后薪水会上涨8%以上。这种加薪至少在一定程度上反映了生产率的提高。随着员工学到新技能，找到与自己能力更加匹配的工作，其产出和收入都会增加。企业若寻找到更适合的劳动力，便有能力支付更高的薪酬。如此看来，劳动力市场的跳槽有助于激发经济的潜在产出。

虽然这种动荡不定的跳槽现象不断发生，其强度还是会受到经济周期的影响。市场萧条时，员工不太可能从一家企业跳槽至另一家企业。如果有些员工真的跳槽了，企业通常也不太愿意雇用新员工就职于空缺岗位。斯坦福大学的爱德华·拉齐尔（Edward Lazear）和劳工统计局（BLS）的詹姆斯·斯坡莱泽（James Spletzer）在一份分析报告中调查了最近的经济衰退是如何影响员工跳槽的。2009年第二季度（经济衰退的最后一个季度）仅有900万员工被招聘，与2007年第四季度的1280万相比下降了约30%。在减少的招聘人员中，约80%源自跳槽的减少，而不是新增岗位的减少（见图6.4左侧）。例如，主动离职员工数量下降了近40%。新增岗位的速度大幅放缓了，这一点不可否认。但大部分招聘萧条还得归咎于跳槽的减少。

此类招聘萧条所造成的影响不容小觑。拉齐尔和斯坡莱泽基于跳槽所带来的正常加薪分析了招聘萧条的影响。据他们估计，从爆发经济危机的2007

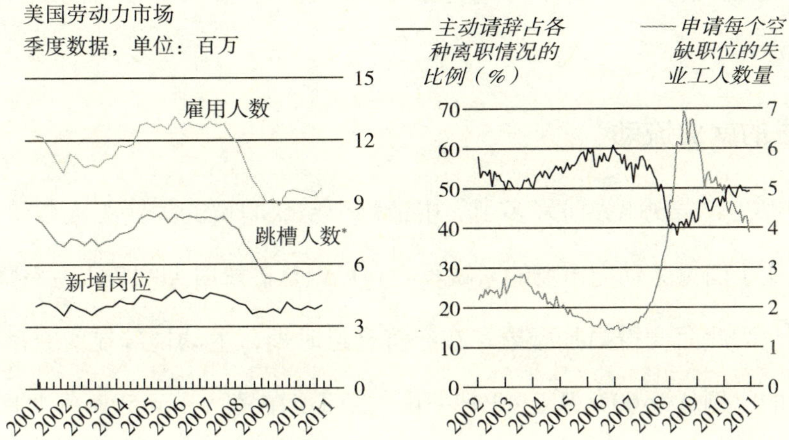

图 6.4　劳动力市场恢复

注：*跳槽员工的变动情况。

资料来源："Hiring, Churn and the Business Cycle" by Edward Lazear and James Spletzer, NBER Working Paper, 2011; Bureau of Labour Statistics

年 12 月到 2011 年中期为止，因劳动力市场跳槽减少而造成的年效率成本约占 GDP 的 0.4%，相当于失去了价值 2080 亿美元的产出。与经济危机本身的影响相比，这一损失可能微不足道。但对长期疲软的劳动力市场而言，这一不受重视的经济成本却意义深远。

这一成本不均衡地落在了年轻人身上。与经济正常时的情况相比，应届大学生在经济衰退期对起薪的预期一般要低约 9%。当青年员工不断跳槽时，他们会掌握新技能，找到充分施展其才能的机会，这种预期差距会随之得到缓和，并最终消失。如今，劳动力市场跳槽普遍放缓，使得这一进程受阻。

这一分析表明，仅靠提升雇员人数并不足以保证劳动力市场健康运行。为了找到一份收益更可观的新工作而辞去有稳定保障的旧工作，员工是否乐意呢？这一问题也同样重要。如果失业率下降了，但员工并没有因此而更愿意承担更换工作的风险，那么劳动力市场可能远不会如人们期待的那样步入正常状态。

以退为进的就业流动

美国现在的表现比先前好多了。申请每个空缺职位的失业工人数量（这一指标可用于衡量劳动力市场的紧缺程度）已经从高峰时期的7人左右降至4人，跳槽也因此而变得更加频繁。在经济衰退时期，主动请辞在所有离职情况中所占的比例从近60%跌至40%以下，然而现在又回升至50%（见图6.4右侧），但“路漫漫其修远兮”。2011年第二季度的跳槽率仅比低谷期高出8%。

企业在招聘方面依旧畏畏缩缩。当市场上有大量失业工人时，企业更容易找到合格人选就职于空缺岗位。在这种情况下，开出诱惑条件从其他企业挖走员工就显得不那么重要了。但随着市场越来越紧缺，企业开始强化经济学家所说的“招聘强度”。芝加哥大学的斯蒂文·戴维斯（Steven Davis）、芝加哥联邦储备银行的杰森·法柏曼（Jason Faberman）及马里兰大学的约翰·霍尔蒂万格（John Haltiwanger）表示，企业的招聘工作（表现为广告开销、招聘标准及薪酬福利）可以解释1/3的空缺岗位填补速度变化。他们认为，招聘强度在经济衰退期下降了近22%，从那之后回升了不到6%。

当然，最受欢迎的情形是出现新的就业增长。但除非就业流动回归至危机前的水平，否则美国经济衰退的成本仍将继续攀升。

（2012年2月）

通货膨胀与就业：重回岗位的代价

“通货膨胀可能有助于明确劳动力市场从衰退中恢复的速度”

这件事就像谜团一样，但其本身并不像听起来这么奇妙。2013 年，美国和英国的失业率均大幅下降。但在人们看来，两国经济复苏不温不火，大幅下降似乎不太可能。降幅如此之大，英国央行行长马克·卡尼（Mark Carney）和美联储主席珍妮特·耶伦（Janet Yellen）因此而困惑不已。两国央行会参照失业率就何时提高利率给出“前瞻指引”。而现在，失业率的降速比双方的预期都要快。弄清失业率为什么会以如此惊人的速度下降并做出适当回应——这可能就是两家央行行长在任期内面临的关键任务。

从表面上看，英国的失业率下降似乎更能说得通。其下降是因为就业增长迅速，而美国失业率下降的很大一部分原因在于灰心丧气的员工退出了劳动力大军的行列。近年来，英国和美国经济明显分化。两个经济体的产出均在 2008 ~2009 年出现大幅下跌。但美国 GDP 的恢复相对较快，在 2011 年初便创下新高。相比之下，美国的就业情况不容乐观——就业率明显下降，复苏更为乏力。英国的情况则恰好相反——产出大幅缩水，经济复苏微弱，一场就业灾难正隐约逼近，但出乎意料的是，就业仅显现出轻微的低迷（见图6.5左侧）。

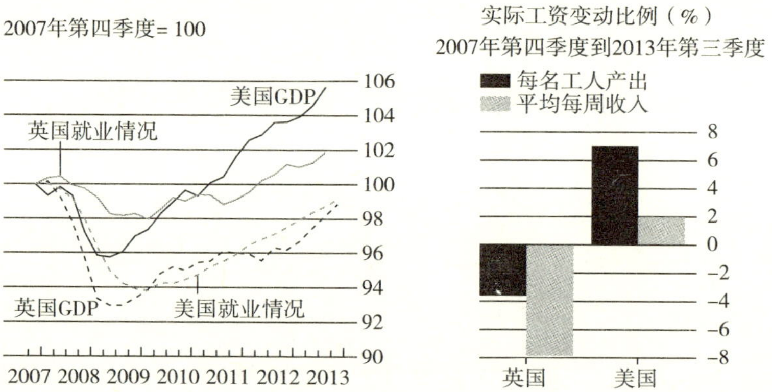

图6.5 两种复苏状态

资料来源：美国经济分析局；美国劳工统计局；美国国家统计办公室；《经济学人》

人们通常会采用英国的"生产率之谜"来阐述英美两国之间的差异。按照这种思路，美国经历的是"正常"衰退。低通货膨胀率反映出需求疲软，而产出损失和大部分的就业率下降都可以归因于需求疲软。相比之下，英国的需求下跌伴随着工人生产率的下降，这一点让人觉得奇怪。随着生产率下降，同一份工作需要更多员工来完成，所以大规模失业对经济的冲击可以得到缓解。与此同时，生产率下降也反映出生产能力的减弱，其表现之一便是通胀居高不下。2007～2013年，英国的年通胀率（3.1%）几乎是美国（1.8%）的两倍。

但这种解释只会加深整件事的神秘感。因为人们会寻思：在这个国家，工人的生产率为什么会突然下降呢？剑桥大学的比尔·马丁（Bill Martin）和罗伯特·罗欧森（Robert Rowthorn）认为，那些关于英国生产力的思索可能把因果关系弄反了：并不是生产力下降造成工资降低，相反，是实际工资降低导致生产率下降。

实际工资的变化只是名义工资（列在合同或工资单上的工资）排除通货膨胀影响后的变化。自2007年底以来，英国的名义工资平均每年上涨约1.6%，但那段时期的年通胀率超过3%，使得实际工资累计下跌7.8%。相对于商品与服务的价格，英国工人的工资降低了（见图6.5右侧）。

因此，英国的适度高通胀可能正体现了“失业型复苏”与“就业型复苏”之间的区别。研究表明，名义工资通常具有“黏性”。换言之，考虑到合同要求、员工工作热情等其他相关问题，企业很难在经济萧条时期削减现有员工的薪水。通胀率适中可以削弱某一既定工资率下的实际购买力，从而有助于恢复工资弹性。在马丁和罗欧森看来，较低的实际工资会刺激各企业雇用更多劳动力并减少生产中的资金投入。如此一来，虽然生产率会下降，但就业水平可以得到维持。

美国的名义工资增长与英国的情形相似，但其通胀率比英国温和得多。因此，自2007年底以来，美国的实际工资已经上涨了约2%。反过来，这可能会抑制招聘，刺激企业逼迫现有员工提高生产率。

工资与就业

由美国国家经济研究局提供的一份由罗彻斯特大学的马克·比尔斯（Mark Bils）教授、勇松·常（Yongsung Chang）教授和韩国延世大学的金孙斌教授（Sun-Bin Kim）撰写的工作报告对上述观点表示支持。几位作者发现，在工资缺乏弹性的行业，企业对需求疲软的回应是推动工人提高生产率。

这些行业的生产率在经济衰退时期会上升，从而降低了雇用既定员工的实际成本。然而，由于需求减少使得企业无须雇用那么多员工，所以也没有什么招聘的动力。

作者认为，当黏性工资构成一种约束条件时，需求受到某种冲击会导致就业率大幅下降。在美国，低通胀会阻碍工资调整，随之而来的是生产率提高和就业增长疲软。在英国，较高的通胀率会约束工资增长，所以尽管需求疲软，企业仍会继续招聘员工。

为什么要通过削减工资来实现就业呢？要理解这个问题更加棘手。哥伦比亚大学的吉勒莫·卡沃（Guillermo Calvo）、巴勃罗·奥托尼罗（Pablo Ottonello）与巴黎经济学院的法布里齐奥·科里切利（Fabrizio Coricelli）在2012年的一篇论文中将责任归咎于金融危机。危机爆发之后，“学乖了”的银行只愿意贷款给拥有建筑、设备等有形资本的企业，一旦企业违约，银行就可以查封这些资产。因此，对机器的依赖程度大于劳动力的企业恢复得更好，从而减少了对员工的需求。如果工资没有大幅下降，那么劳动力需求疲软将会引发“失业型复苏”。对自第二次世界大战以来的金融危机数据进行研究后，经济学家得出如下结论：当通胀率相对较低时，危机后会出现“失业型复苏”；但当通胀率相对较高时，危机后仅会出现工资减少。在经济繁荣时期，低通胀可能对消费者有利；但当危机袭来时，较高的通胀不失为一种有效的缓冲器。

（2014 年 2 月）

7. 报酬问题

报酬与经济增长：份额缩减

“劳动者报酬占国民收入的比重下降。
正确的出路是帮助劳动者，而不是惩罚企业”

如果把经济产出的收益想象成一幅饼状图，那么这幅图大致可以由两部分构成。一部分为劳动者挣得的工资收入，另一部分为资本所有者以利润、租金或利息等方式获得的收益。直到20世纪80年代初期，这两部分的相对比例都很稳定，因此使这种恒定性成了经济领域的一项经验法则。现代宏观经济学很多时候都简单地假设这些比例保持不变，这种稳定性反映了生产力与经济繁荣之间的联系。如果劳动者在经济蛋糕中所占的比例保持不变，那么其平均生产力的提高（这可以促进经济增长）就会相应地转化为平均收益上涨。

但最近几乎只有经济学教材才认为劳动者报酬占国民收入的比重仍然保持不变。在过去30年里，全球各地的劳动者从经济蛋糕中分得的份额都缩小了。OECD表示，美国劳动者的工资曾占GDP的近70%，而如今只占64%。挪威（1980～2013年，劳动者收入所占的比重从64%降至55%）、瑞典

（1980～2013年，该比重从74%降至65%）等奉行平等主义的国家出现了最大幅度的劳动者工资下降。不少新兴市场尤其是亚洲，也出现了同样的下降。

无论是从规模还是幅度来看，这种缩减都引人注目，由此带来的后果也不尽如人意。由于资本往往由相对富裕的家庭所掌握，所以国民收入中资本比重的增加会加剧不平等。在一些国家，高收入群体与其他群体之间的收入差距也在扩大。这些国家的两种效应相伴随而存在。在美国，国民收入中流向99%的底层劳动者的比例从20世纪80年代的60%降至如今的50%。当经济增长如现在一般不景气时，这些变化意味着在难以做大的经济蛋糕中，大多数劳动者分得的份额更少了。

从政治上看，这样很危险。可以预见的是，这种情况会引发不少对立的辩论。左派会将责任归咎于大型企业，并责怪工会软弱无能，对工人收入份额减少无动于衷；而在右派看来（如果他们确实注意到这一问题），应该由大政府（样样都管的政府）和高税收承担责任。

但这些解释并不符合实际情况。实际上，在很多工会化程度、政府规模迥然不同的国家，劳动者收入所占的比重都缩小了。其实，针对各国劳动力市场趋势的比较研究表明，从企业治理规则到工会法律等，各类政客们争论的焦点并未在这件事上发挥重要作用。真正起作用的似乎是更强大的全球力量。创新，尤其是信息技术领域的创新，大幅增加了掌握该技术的劳动者的工资，但也对其他劳动者造成了冲击。由于企业采用更廉价的机器代替技能欠佳的工人，劳动者收入在经济蛋糕中所占的整体份额逐渐缩小。一些经济学家还认为全球化（尤其是与中国的贸易）也是导致这种缩减的原因之一。

所有这些都向决策者指明了可以采取哪些措施改善这种情况。比如，重点改善低收入者和低技能者的前景，致力于扩大资本收益的覆盖范围。

其目标应该是在不抑制企业发展的情况下增加劳动者的福利。优先考虑的应该是增长，而非就业保护。就业更充分表明劳动力市场更强劲，这将增加劳动者收入所占的份额，正如20世纪90年代美国失业率创历史新低时一样。但即便是在成长型的经济中，劳动者也无法在与机器的竞争中获胜。所以需要重新规划教育与培训，即更注重数学、机械等技能学科，这样有助于确保越来越多的劳动者有能力设计、操作机器，而不是被机器取代。

大众资本主义的诱人之处

其他一些明智的改革看起来似乎违背常理。削减企业税率就是其中之一：如果结合缩小个人资本利得税率与劳动收入税率（后者征税往往更多）之间的差距，那么将会创造一个可以促进经济增长与就业的更为高效的体系。决策者还可以有更具创造性的设想，比如通过退休金改革或加强私有化来扩大资本所有权的覆盖范围。要想解决劳动者报酬在国民收入中份额下降的问题，就应该提高普通劳动者的资本份额。这种做法虽然听起来自相矛盾，但也不失为一剂良药。

（2013 年 11 月）

报酬与休闲时光：要想洒脱真不容易

“为什么如今富人的闲暇时光比穷人少”

纵观人类历史长河，在大部分时间，富人的休闲时光都是最多的。英剧《唐顿庄园》（*Downton Abbey*）讲述了20世纪初英国上流社会的人间百态。剧中一位孤傲的贵族女子从未听过“周末”这个词，因为她每天都有足够的闲暇时光。相比之下，穷人则总是埋头苦干。苏黎世大学的经济史学家汉斯-约阿希姆·沃斯（Hans-Joachim Voth）表示，1800年，英国工人平均每周要工作64小时。他说：“在19世纪，判断一个人是穷还是富，只需看他的工作时间就可以了。”

在如今发达的经济体中，情况业已发生了变化。过去一个世纪以来，劳动者的总工作时间减少了，但富人的工作时间开始超过穷人。1965年，拥有大学学历的人（他们往往更富有）比拥有高中学历的人享受的闲暇时光多一些。但到了2005年，与拥有高中学历的人相比，拥有大学学历的人每周的闲暇时光要少8个小时。2013年发布的《美国时间利用调查报告》（*American Time Use Survey*）数据显示，在美国，与未获得高中文凭的人相比，本科及以上学历的人每天的工作时间要多出2个小时。其他研究表明，在每周工作50多个小时的美国人中，受过大学教育的人所占的比例在1979～2006年从24%上升至28%，而高中辍学者所占的比例则下降了。富人似乎已不再属于休闲阶层了。

针对这一现象的解释有很多。其中一种与经济学家所说的“替代效应”有关。随着工资上涨，休闲的代价也更大了，休假就意味着放弃挣更多钱。自20世纪80年代以来，顶层收入者的薪水大幅上涨，而中等收入以下人群的薪水则出现停滞或下降。因此，随着不平等程度加深，富人有动力付出更多时间工作，而穷人则减少了工作时间。

现代经济“赢者通吃”的本质可能会放大替代效应。全球市场的规模如此之大，进行创新的企业往往能获得巨大收益（YouTube网站、苹果公司和高盛集团都是如此）。击败竞争对手可以获得巨额回报。加利福尼亚大学圣塔芭芭拉分校的彼得·库恩（Peter Kuhn）和波莫纳学院的费尔南多·洛萨诺（Fernando Lozano）开展的研究显示，高技能工人亦是如此。虽然额外工作几个小时后不能立即获得加班费，但最成功的劳动者（通常是工作时间最长的人）可能会从“赢者通吃”的市场中获益。20世纪80年代初，与相同职业中每周工作40个小时的人相比，每周工作55个小时的人挣的工资要高出11%。到了2000年，这一差值已增加至25%。

经济学家通常认为，替代效应必然会在某个时候被“收入效应”抵消。随着工资上涨，人们有能力满足更多的物质需求。他们不再加班，而是享受更多的闲暇时光。买得起私人岛屿的亿万富翁丝毫没有加班的动力。但新的社会风气可能会颠覆收入效应。

在富裕国家，工作与休闲的状态自“唐顿庄园”时代以来就开始发生了变化。早在1899年，涉猎社会学的美国经济学家托斯丹·范伯伦（Thorstein Veblen）就发表过自己的观点。在他看来，休闲是荣誉的象征。富人可以差遣他人干脏活及重复性的工作，范伯伦将这类工作称为“工业”。但他所说的休闲阶层并不是虚度光阴、无事可做，而是应该从事“探索性工作”，即写作、慈善、辩论等富有挑战性与创新性的活动。

牛津大学研究者在发表于2014年的一篇论文中指出，范伯伦的理论需要更新。在发达经济体中，工作已显现出知识密集与依赖脑力的趋势。开电梯等令人乏味的工作越来越少了，时尚设计等有吸引力的工作则越来越多了。换言之，在办公室从事“探索性工作”的人比以往任何时候都多。富人以往在闲暇时光里追求乐趣，而这种乐趣现在可以在工作中获得。另外，休闲已不再是社会力量的象征，而是代表着无用与失业。

这一社会学理论有证据做支撑。体力劳动和无需多少技能的服务性工作是人们最不乐意从事的职业。职业声望越高，工作满意度往往就越大。加州大学伯克利分校的阿利·拉塞尔·霍克希尔德（Arlie Russell Hochschild）在研究中指出，随着工作更多地受到智力激发，相比于家庭生活，人们开始更享受工作的乐趣。一位受访者告诉霍克希尔德：“我来工作就是为了放松。”而且富人经常觉得“赖”在家里就是浪费时间。2006年的一项研究显示，在美国人中，与家庭收入不足2万美元的人群相比，家庭收入超过10万美元的人群沉迷于“被动休闲”（如看电视）的时间要少40%。

休闲是不得已而为之

那么受教育程度较低的劳动者呢？由于低技能工作和体力劳动减少了，闲暇时光增加可能反映出这些劳动者的就业前景更黯淡了。自20世纪80年代以来，高中辍学者在劳动力市场上一直状况不佳。1965年，相比于本科及以上学历的人，拥有高中学历的美国人的失业率要高出2.9个百分点。现如今，这一差值已上升至8.4个百分点。“受教育程度较低的人不一定会花钱享受闲暇时光。有些休闲时光可能不是自愿享受的。”芝加哥大学的埃里克·赫斯特（Erik Hurst）如是说。收入效应对低收入者的影响可能也发生了变化。得益于信息技术，我们有条件在广阔的天地中享受质优价廉的家庭娱乐，所以低收入者不必为了享受满意的闲暇时光而长时间工作了。

（2014年4月）

最低工资：一个正式在议的辩题

“越来越多的证据表明，最低工资标准适中利大于弊”

最低工资法历史悠久，而且具有持久的政治吸引力。1894年，新西兰率先设定了首个国家最低工资标准。美国的联邦最低工资标准可以追溯至1938年。现如今，大多数国家已出台了法定的最低工资标准，而且这一队伍正在不断壮大。德国是少数几个未设定最低工资标准的大国之一。即便是在该国，最终也可能会出台国家最低工资标准。在预算紧缩、不平等加剧的时代，通过法令来支撑最低工资标准的政治诱惑很可能越来越大。

经济学家往往对最低工资持反对意见。因为在他们看来，最低工资会减少就业，进而损害那些本应受惠者的利益。米尔顿·弗里德曼将最低工资视为对低技能工人的一种歧视。在标准竞争市场模型中，任何人为地抬高劳动力价格的因素都将抑制对劳动力的需求，而技能水平最低的工人往往会最先失业。

但经济理论认为最低工资限额有可能促进就业和劳动者报酬的增长。以劳动力的购买者——雇主为例，如果他们拥有买方垄断力并有能力设定工资标准，那么他们就能将劳动者的报酬维持在竞争性定价的水平之下。在学术界，最低工资限额的支持者大多是左派经济学家，他们赞成这一逻辑，但他们的大多数同事却持不同意见。直到1990年左右，大多数实证研究都表明提高最低工资标准会减少就业机会，尤其是年轻劳动者的就业机会。

接着，在一项开创性的案例研究中，两位著名的劳动经济学家大卫·卡德（David Card）、阿兰·克鲁格（Alan Krueger）调查了快餐店对新泽西州最低工资标准提升的回应。研究发现，最低工资标准提升实际促进了就业。这篇论文发表后，大量类似于“案例分析”的研究、一股修正主义思潮及激烈的学术辩论接踵而至。这类新研究的著名评论家包括加利福尼亚大学欧文分校的大卫·纽马克（David Neumark）和美联储的威廉·沃斯切尔（William Wascher）。他们对卡德和克鲁格新泽西案例研究中的结论提出质疑，通过一段时间内对不同州的比较研究说明提升最低工资标准不利于就业。

近20年后，关于最低工资的争论日渐成熟，其中一个相当重要的原因是政策调整为分析提供了大量新证据。英国于1999年引入国家最低工资标准。美国各州多次调整其最低工资标准，联邦最低工资限额在2007~2009年上涨了40%。

调整最低工资标准会对就业产生何种影响呢？美国学术界依然无法就此达成一致意见，但争论双方均进一步完善了各自的研究方法，而且他们之间的分歧在某种程度上趋于缓和。卡德和克鲁格继续进行其他研究，而马萨诸塞大学阿姆赫斯特分校的阿林德拉吉特·杜伯（Arindrajit Dube）和加州大学伯克利分校的迈克尔·赖希（Michael Reich）则进一步推广了案例分析研究法。杜伯和赖希对比了各相邻县（这些县1990~2006年的最低工资标准各不相同）的餐厅就业情况，结果发现提升最低工资标准并未对就业产生负面影响。他们还认为，如果研究显示确实会产生负面影响，那么通常反映出的是美国各州间存在其他差异，与最低工资没有一点关系。

纽马克和沃斯切尔仍持有异议。他们发表了大量研究论文（以及一本著作），意在表明设定最低工资标准会减少就业这一观点。在发表于2013年的一篇论文中，他们为自己的研究方法辩护，认为收集到的证据依然支持他们的观点。尽管如此，他们也不再持全盘否定的态度。他们在发表于2011年的一篇论文中指出，提高最低工资标准和劳动所得税收抵免（可以增加美国贫困工人的收入）促进了单身母亲的就业和收入增长（虽然这会让技能欠佳的少数民族男性失去工作）。

英国的情况为人们提供了一系列不同的见解。该国的国家最低工资标准是工资中值的46%，略高于美国，为年轻人设定的最低工资标准要低一些。相关机构每年都会根据低薪委员会（Low Pay Commission）的建议调整这两项标准（国家最低工资标准和年轻人最低工资标准）。法律生效前，人们普遍担忧这会对就业产生潜在破坏。但如今人们已达成共识：英国的最低工资标准未产生丝毫不利影响。

英国最低工资标准产生的最为显著的影响是改变了工资分布情况，不仅提升了5%的底层工人的报酬，而且似乎提高了薪级表各区间的收入水平，从而缓解了工资不平等的问题。自20世纪90年代末以来，英国薪级表下半部分的薪资差距大幅缩小。一项由三位英国劳动力市场经济学家（其中一名任职于低薪委员会）开展的新研究显示，薪资差距大幅缩小应归因于最低工资标准。相比于男性，女性（她们在最低工资领取者中所占的比例更高）的薪资差距缩小幅度更大，而且这种影响在英国低薪区最为显著。

英国模式与美国模式

这一新证据出现后，经济学家遇到了很多无法回答的问题。如果最低工资没有减少就业机会，而是缩小了薪资差距，那么劳动力市场究竟在上演些什么呢？企业通过压缩其他地方的开支来削减成本吗？它们是否提高了工资最低工人的生产率？一些最新的研究表明，企业会采用各种策略来应对最低工资标准的提升，包括适当提价、通过降低员工流动率来节省开支等。

决策者则面临着实际问题。OECD 与 IMF 等正统理论阵地认为，适度的最低工资标准或许不会有太多弊端，反而会带来一些益处。它们对适度的定义是工资中值的 30%～40%。英国的情况显示，适度标准可以稍微再高一些。低薪委员会的成功表明，起重要作用的是技术专家，而非设定最低工资限额的政治家。相比于美国偶有发生但幅度很大的最小工资提升，英国有规律的小幅变化更易被企业所承受。无论其缺陷如何，最低工资都会一直存在。

（2012 年 11 月）

工资与业绩：让报酬发挥作用

“为什么老板们要小心谨慎地使用绩效工资”

在一家企业的所有投入中，员工的努力程度可能是最扑朔迷离的。它同土地、工厂、机器一样至关重要，但它更难控制，甚至常常无法衡量。管理者可以测量出企业的产出，但无法衡量员工的努力程度，只能大致估量员工投入工作的时间等粗略标准。而员工在信息方面具有优势，因为他们清楚自己投入了多少努力、取得了多少成绩、技能水平如何。这种信息不对称性使得管理者难以区分哪些人技能欠佳但勤奋上进，哪些人技能娴熟但懒惰散漫。制定奖励吃苦耐劳者、惩罚偷懒者的监督方案可以激发员工的工作热情，但也有可能事与愿违。

那么企业该采取何种措施呢？我们不妨先来探讨最糟糕的行为——犯罪活动。在发表于 1968 年的一篇论文中，芝加哥大学的加里·贝克尔（Gary Becker）列出了决策者在明确需要投入哪些资源用于侦查时要考虑的因素。在他的模型中，罪犯会考虑可能获得的金钱回报、被捕及受到事后惩罚的可能性，进而计算出不良行为的风险与收益。若要降低犯罪率，有关当局就必须提高逮捕罪犯的可能性，加大惩处力度，或者两者兼而有之。这种方法也适用于不太极端的不良行为，比如工作拖拖拉拉或粗心大意。企业可能需要监督个体工人，然后通过工作表现奖励优秀者，惩罚懈怠者。

但实施这样的制度是需要付出代价的。人们并不仅仅是为了钱而努力工作，他们也有其他动机，比如出色地完成工作。在发表于1971年的一篇论文中，罗彻斯特大学的爱德华·德西（Edward Deci）测试了现金奖惩等外部因素对“内在”动机的影响。他给两组受试者分别发放一套3D拼图，要求他们拼出各种不同的形状。由于拼图有趣且需要开动脑筋，所以他们的内在动机都很强。其中一组受试者完全按照自己的步伐推进，不受任何外部因素影响，这组人员都非常努力。第二组受试者则会受到监督，每次成功拼出一个图案就会获得1美元奖励。取消这一奖励后，第二组受试者不如第一组努力，其成员感到拼图不如先前有趣了，转而阅读《花花公子》（*Playboy*）和《纽约客》（*New Yorker*）两本杂志去了。爱德华·德西认为金钱奖励将内在动机扼杀在摇篮之中。

密切监督工人还会产生其他不良影响。为某一特定任务制定激励方案耗时费财。此外，任务的相关信息也会暴露出来，比如这项任务对企业的成功至关重要，有一定难度。在2003年的一项研究中，普林斯顿大学的罗兰·伯拉布（Roland Bénabou）和图卢兹大学的让·梯若尔（Jean Tirole）指出这种做法会如何降低员工的工作效率。可能是员工转而努力地追求精准度，而非工作速度。

如果考虑到“相互作用”，那么监督员工的影响可能会更糟糕。加州大学伯克利分校的马修·拉宾（Matthew Rabin）在发表于1993年的一篇论文中阐述了这一概念。具有强烈公平感的人乐意帮助那些看起来乐于助人者，另外，会惩罚那些他们认为不愿意帮助他人的人。因此，索要高价的垄断者不受欢迎，即便购物者真的喜欢他们的产品。同样地，员工会通过“糊弄任务”来报复不公正的老板，即便员工自身也会遭受不利影响。

如果监管员工有利有弊，那么什么样的监管程度最合适呢？爱丁堡大学的米歇尔·贝洛特（Michèle Belot）和马格德堡大学的玛丽娜·施罗德（Marina Schröder）设计了一项测试。他们给每名志愿者发放一个盒子，里面装有780个面值不同的欧元硬币，然后让他们将硬币分成不同的类型。这项任务听起来简单但做起来难，因为欧元区有160种不同的硬币。从1欧分到2欧元共有8种面值，17个欧元区成员国加上摩纳哥、圣马力诺和梵蒂冈共有20种设计方案。志愿者将从这项任务中获得20欧元的报酬。从两个方面可以看出这项测试设计得较为巧妙。首先，出色地完成这项任务只需付出努力，无须多少技术（基本没有时间压力，而且志愿者可以把盒子带回家）。其次，糟糕的表现可以衡量并以不同的形式呈现出来，比如硬币分类错误、逾期归还盒子、偷换硬币（对于收藏者而言，盒子中放置的梵蒂冈硬币的价值高于其面值）。用一枚50分的普通硬币兑换一枚50分的梵蒂冈硬币（网上拍卖价约为3欧），志愿者可以净赚2.5欧元。

要么密切监督，要么不监督

研究者测试了各种不同的监督和奖励方案。对照组完全不受监督，无论表现如何都会立即收到报酬。另外两组则受到监督并根据表现予以奖励。第一组的考核方案极为松懈，犯 10 个错误才会扣 1 欧元。第二组的考核方案则严格得多，如果有两个以上的硬币识别错误，那么报酬将会减少 15 欧元。

结果表明，松懈的监督不容乐观。30% 的志愿者犯了 10 个以上的错误，甚至不如完全不受监督的对照组。除此之外，逾期归还盒子的情况也增多了。这种表现说明投入监督考核的资源都浪费掉了。但严格的考核的确可以带来一些益处。精准度提高了，犯错超过 10 个的志愿者仅占 16% 。但其中也有一些志愿者不如先前努力，工作效率降低，交回硬币的时间也推迟了。两种方案均未对偷换硬币的行为产生影响，三个组的情况都是每 10 名志愿者中会有一名偷换硬币者。

在经济学中，奉行“中庸之道”往往是上策。但在这个案例中，“走极端”似乎更好，即要么密切监督，要么不监督。稍微加以监督只会让表现出色的工人厌烦松懈。有时候，最明智的做法就是让人们按自己的步伐推进。

（2013 年 5 月）

将股份作为报酬：把劳动者变成资本家

“员工持股有可取之处，但这并不表明
政府进一步采取激励措施是合理之举”

为了在独立战争结束之后重建新英格兰的鳕鱼产业，乔治·华盛顿（George Washington）于1792年签署了一项给予船主“津贴”的法律，以抵消他们为各项投资缴纳的关税。这项支持措施有两个条件，即船主必须与全体船员签署一份利润分成协议，且让船员享受部分津贴。因此，在美国一批最早的税收减免政策中，其中一项的目的便是鼓励所有者与其员工分享利润。

罗格斯大学的约瑟夫·布拉西（Joseph Blasi）、道格拉斯·克鲁斯（Douglas Kruse）和哈佛大学的理查德·弗里曼（Richard Freeman）在共同撰写的著作《公民的分享》（*The Citizen's Share*）中指出，所有者与其员工分享利润绝非偶然。几位作者认为，美国的建国者优先考虑共享奖励与共享资本所有权，而且并不惧怕发动联邦政府推进这些政策。在作者看来，这种心态自此周期性地刺激了美国商业与政治的发展，从19世纪的《宅地法》（*Home-*

stead Acts，将土地无偿分配给自愿耕种的人们）到 1974 年的 ESOPs（员工持股计划）立法（通过借债为员工购买股份的税收优惠信托基金）均是如此。

如此一来，大量美国劳动者都在某种程度上分享了雇主的成功。参与分享的劳动者数量如此之多，令人惊讶。基于一系列全国性的调查，作者认为约 47% 的全职员工都以一种或多种形式——无论是利润分成计划（40%）、股份所有权（21%）还是股票期权（10%）——拥有所在企业的资本所有权。在约 1/10 的财富 500 强企业中，员工持股占到 5% 或 5% 以上，如宝洁、高盛集团。近 1/5 的美国最大型私营企业拥有利润分成或共享所有权计划，包括嘉吉、玛氏等巨头。约 1000 万名劳动者效力于设立了 ESOPs 计划的企业。

在大多数情况下，员工分享的利润所占的比重相当小：员工平均持股 1 万美元。虽然劳动者股份所占的比重在扩大，但还不足以对抗两大趋势：前 1% 的劳动者与其余劳动者之间的收入差距不断扩大；国民收入所占份额压缩大体都可归为工资减少。过去 30 年，这两大趋势极大地加剧了美国的收入不均。为了扭转这种财富集中的现象，实现美国建国者的理想，布拉西、弗里曼和克鲁斯认为美国需要服用国父华盛顿开出的药方，即出台更多的激励措施让员工分享所在公司的所有权。

这些学者（两位经济学家和一位社会学家）属于中左派。但同样的逻辑也适用于美国独立前的殖民者（即英国），其保守党领导的政府采取了一些激励政策。英国也有员工持股的传统。大规模零售商约翰-路易斯（John Lewis）就是一个鲜活的例子：该公司由代表员工的信托基金所有。为了促进人们通常所说的“约翰-路易斯经济”发展，英国政府出台相关政策使得企业更易于建立员工持股方案，而且给予5000万英镑（折合8100万美元）的税收优惠以鼓励员工共享所有权。在英国皇家邮政私有化的进程中，其员工分得了1/10的股份。

员工持股的政治吸引力是毋庸置疑的。右派倾向于更大规模的员工持股，而左派则倾向于对受到压榨的劳动者给予帮助。然而，从经济学来看，人们并不太清楚通过政府激励措施来鼓励员工持股有哪些优点。

大多数针对员工所有制的学术分析都关注企业的收益。劳动者分享所有权显然不能保证企业获得成功。比如，在次贷危机中申请破产的雷曼兄弟员工持股达30%；2013年，西班牙大型劳工合作社蒙德拉贡联合公司的一家旗舰公司申请破产。但大量研究表明，员工持有大量股份的企业往往生产效率更高，更具有创新性，更容易留住员工。但这些结论有一个限制性条件，即效果往往取决于员工持有的股权能否让其在企业运营方面有更大的话语权。

更大份额的股权能给员工带来利益吗？答案也不明确。如果以减少工资为代价获得股权，那么劳动者获得的报酬可能只是从一种稳定的流动性形式转变成了风险更高的形式。在布拉西、弗里曼和克鲁斯看来，股权应该而且通常是附加补偿。调查显示，在受益于利润分成或其他股权共享方案的劳动者中，70%以上的劳动者称其工资等于或高于当前市场薪酬水平。这可能是因为他们在所在的企业中业绩很突出。

报酬与风险

即便确实属于附加补偿，员工共享所有权也有弊端。劳动者可能因此而将大量财富投资于自己公司的股票。几位作者承认存在这种风险，所以建议员工分散其投资组合。但由于大多数美国人存款很少，这一忠告大幅限制了员工持股方案的潜在发展，对相对贫困的人来说更是如此。

所有这些都让人怀疑政府出台更多的刺激措施推动员工持股是否能带来好处，尤其是考虑到减税固有的成本和扭曲。不平等日益加剧，股权越来越集中，这些都令人苦恼。但这些问题可以通过更好的方法来解决，可以渐进式地推进资本利得税。现如今，富裕的劳动者过多地受益于较低的资本利得税率。鼓励资本集中的税收优惠（如附带权益漏洞）极大地减少了私募股权合伙人的开支，应该予以取消。美国建国时期基础深厚的资本主义精神是值得赞扬的，但发扬这种精神的最佳途径还是消除特殊激励方式，而非出台新的激励措施。

（2013 年 11 月）

8. 不平等现象

长期的不平等：人人生而不平等

"重谈争论已久的话题：资本主义的影响"

不平等现象在资本主义的各项属性中是最具争议性的。早在工业革命时期，工资停滞不前和财富集中使得大卫·李嘉图（David Ricardo）和卡尔·马克思（Karl Marx）对资本主义的持续性提出质疑。"二战"结束后，"大压缩"（Great Compression）如期而至，20世纪的经济学家不再对分配问题感兴趣。但随着近代社会不平等现象加剧，新一代经济学家又如当年马克思和李嘉图那样思考：哪些力量可能会阻碍资本主义果实在更大范围内分配？

巴黎经济学院的经济学家托马斯·皮凯蒂（Thomas Piketty）所著的《21世纪资本论》（*Capital in the Twenty-First Century*）可谓这一问题的权威性指南。这本著作的法文版和英文版先后于2013年与2014年出版。作者有意识地以19世纪思想家的著作为基础，其书名就是参照马克思的巨著而拟定的。但相比于19世纪的思想家，托马斯·皮凯蒂具备一个独特的优势，即持有长达两个世纪的硬数据。

该书指出，20世纪的一些传统观点存在很多错误。20世纪50年代，诺贝尔经济学奖获得者西蒙·库兹涅茨（Simon Kuznets）认为不平等现象会随着经济体的成熟而逐渐消失，但事实似乎并非如此。在另一位经济学家尼古拉斯·卡尔多（Nicholas Kaldor）看来，随着时间的推移，流向资本的收入份额将大致保持不变，这是标志着经济增长的关键事实。如今，我们也不能再盲目地相信这种观点。皮凯蒂认为，我们没有理由相信资本主义会“自然而然地”改变不平等日益加剧的局面。

皮凯蒂分析的核心在于经济体的资本（相当于财富值）与其年产值之比。从1700年至第一次世界大战，西欧各国的财富大致在国民收入的700%徘徊。经过一段时间后，财富的构成发生了变化。农业用地的重要性降低了，而厂房、机器、知识产权等工业资本则表现突出。但财富依然稳定在高水平（见图8.1左侧）。

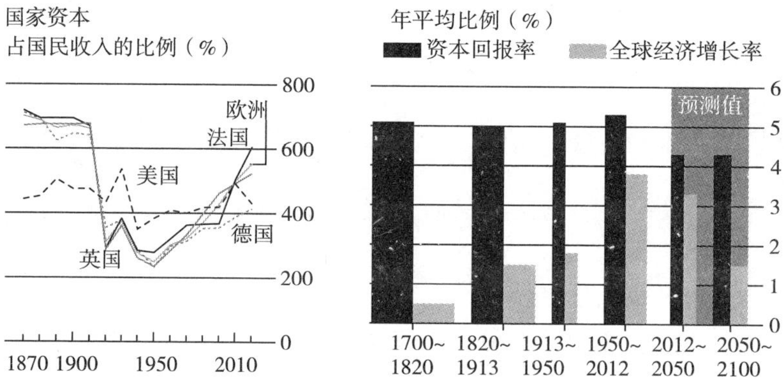

图8.1　资本之罪？

资料来源：*Capital in the Twenty-First Century* by Thomas Piketty

1914年之前，各经济体极不平等。1910年，前10%的欧洲家庭控制了近90%的总财富，资本创造的租金和分红收益加剧了收入不平等。前10%的人占据了45%以上的总收入。皮凯蒂在其著作中指出，并没有迹象显示不平等现象在第一次世界大战爆发时得到自然缓解。

1914～1950年，战争和经济萧条使世界上重现“富有一族”。战争引发了资本、国有化、税收和通胀的物理性破坏，而大萧条则以资本损失、破产的形式破坏了财富。但资本得以重建，资本所有者也再次获得成功。自20世纪70年代代起，财富与收入的比例随着收入不平等加剧而上升，财富的集中程度也一步步迈向战前水平。

皮凯蒂通过他所说的两条“资本主义基本定律”来描述这些趋势。第一条定律解释了收入中资本所占份额（相对于工资所占份额）的变化。这是一个简单的会计恒等式：资本份额始终等于资本收益率乘以总财富占GDP的比例。其中，收益率指流入资本的收入（租金、分红和利润）之和占总资本价值的百分比。

第二条定律更像是一条粗略的经验法则。从长期来看，在正常情况下，资本在国民收入中所占的百分比应当接近于国民储蓄率与经济增长率之比。比如，如果储蓄率和GDP增长率分别为8%（美国的储蓄率大致是这个水平）和2%，那么财富应该为年产值的400%；如果长期增长率降至1%，预期财富将增至GDP的800%。无论这是否能构成一条“法则”，重要的一点是，增长率降低有助于提高财富集中度。

根据皮凯蒂的叙述，(通过大幅提高生产力或人口增长而获得的）快速增长是推动经济收敛的驱动力。先前的财富给每年新创的收入蒙上了一层经济与政治阴影。此外，人口增长是经济增长的关键组成部分，在1700～2012年约占全球平均 GDP 增长的一半。19 世纪，美国的人口与 GDP 激增削弱了旧有财富的力量，同时提供了稳定供应新财富的动力。

维多利亚时代的价值观

据皮凯蒂估计，人口增长率大幅下降正把财富集中度推回至维多利亚时代的水平。虽然意大利、日本已设法通过再分配税收和转移来缓解不平等现象，但在如这两个国家一样面临着人口挑战的经济体中，财富与收入比是最高的。有趣的是，皮凯蒂认为，世界范围内的资本回报持续高于增长，这种状态更为“正常”。在这种情况下，财富累积的速度将快于产值或收入增长。20 世纪中期，财富压缩伴随着不同寻常的增长，从而出现了一个平等过渡期，这是一种例外情况。

回报率持续高于增长率听起来可能不那么现实。资本越多，回报应当越低：第 100 万个工业机器人对产出的贡献率不如第 100 个工业机器人。但资本回报率在长时期内保持稳定（见图 8.1 右侧），这一点令人印象深刻且颇感意外。其中，技术起到了部分作用。此外，创新和人均产出增长可以创造投资机会，即便在人口缩减导致 GDP 增长几乎降至 0 时亦是如此。

由于新技术的发展，机器更容易取代人力。资本占国民收入的比重会因此而上涨，从而提高其收益。在新一轮的自动化浪潮中，财富集中和不平等可能会达到史无前例的高度，19 世纪的问题将以更扭曲的形式重现于现代社会。

（2014 年 1 月）

再分配：不平等与增长

"在一定程度上，通过收入再分配来对抗不平等可提升经济增长"

在2008年的竞选游说之行中，贝拉克·奥巴马遇见了"水管工"乔·沃泽尔巴彻（Joe Wurzelbacher），两人之间的谈话值得回味。在解释对富人提高税率的逻辑时，奥巴马若有所思地说："分散财富对大家都很好。"竞争对手以此为把柄，于是这段话很快便成为一条主要的攻击性竞选广告。虽然奥巴马的总统竞选没有因此而受到影响，但"水管工"乔和参议员奥巴马之间的分歧依然困扰着世界各国政府：经济增长和再分配之间可以达到平衡吗?

经济学家认为，经济增长需要一些不平等现象的存在。如果没有巨额财务回报这一诱饵，敢于冒险的创业与创新精神就会逐渐消失。1975年，美国经济学家阿瑟·奥肯（Arthur Okun）表示，社会不可能兼具完全平等和最优效率，必须在一定程度上舍其一。

大多数经济学家依然坚持这种观点，但近年来日益加剧的不平等促使人们从一个全新的视角来看待经济成本：如果低收入者健康状况不佳且生产率低下，那么不平等将有损经济增长。普林斯顿高等研究院的丹尼·罗德里克（Dani Rodrik）认为，这样会削弱公众对自由贸易等提升经济增长政策的信心，或者埋下危机的隐患。现任印度央行行长拉古拉迈·拉詹（Raghuram Rajan）在其2010年的著作中指出，政府应对不平等的通常做法是放宽对较为贫困家庭的信贷，而等到举债盛宴结束之时，将无人幸免。

明确增长与不平等之间的确切关系本身就是一项挑战。有些研究认为，不平等略微有害于经济增长；有些表明，两者之间的关系会随着穷国变富而改变；还有一些则指出，重要的是不平等的趋势，而非不平等的程度。

IMF的经济学家展开相关研究，旨在让这场争论更明晰。安德鲁·伯格（Andrew Berg）和乔纳森·奥斯特里（Jonathan Ostry）在发表于2011年的一篇文章中指出，对长期经济表现最为重要的因素是增长期的持续时间，率先推动经济增长比延续增长期容易得多。在他们看来，在增长动摇不定之时，不平等通常被视为罪魁祸首。拉丁美洲和新兴经济体亚洲的基尼系数分别约为50和40，前者远高于后者（基尼系数是衡量收入分配状况的一个分析指标，其范围在0～100。其中0表示完全平等，100表示所有收入均集中在一个人手中）。如果拉美与亚洲之间的不平等差距可以缩小一半，那么其典型的快速增长期将平均延伸至先前的两倍。

其他人认为，抑制经济增长的可能并非不平等本身，而是设法通过税收、开支来缓解不平等的政府。摩西斯·伯格（Messrs Berg）、奥斯特里和查拉兰博思·桑格利德斯（Charalambos Tsangarides）在2014年的一篇论文中分别梳理了不平等和再分配的影响。他们使用了由爱荷华大学的政治学者弗雷德里克·绍尔特（Frederick Solt）收集整理的数据集，该数据集包含173个国家长达50年的基尼系数。绍尔特提供的基尼系数既涉及市场收入，也涉及去除税收和转移之后的净收入。几位作者可以基于两者之间的差异来衡量再分配（见图8.2）。美国的再分配措施相对较少，其基尼系数降低了约10个点。相比之下，瑞典的基尼系数降低了一半以上（23个点）。基于以上数据，经济学家可以将再分配和不平等对增长的影响区别开来。

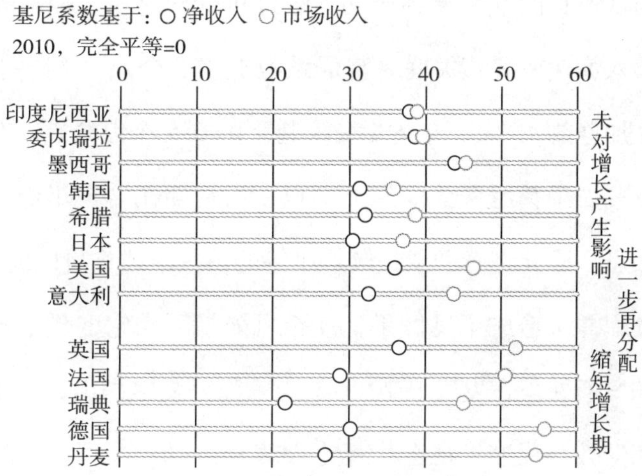

图8.2　缓和收入差距

资料来源：Standardised World Income Inequality Database；"Redistribution，inequality，and growth" by J. Ostry *et al.*，IMF Staff Discussion Note，2014

对再分配持有偏见

几位作者发现，在不平等越严重的国家，其政府采取的再分配措施越多；而且富裕国家的再分配多于贫困国家。如此一来，富国之间的不平等差距大都归因于再分配的力度。进行再分配之前，德国的不平等现象比英国更加严重；但经过再分配之后就没有先前那么严重了。

在一定程度上，分散财富不会引起增速减缓。换言之，在再分配力度较大的国家，人均收入增长不一定会减缓。但几位作者认为，再分配力度较大的国家增长期可能较短。当市场基尼系数与净收入基尼系数的差值大于或等于13个点时（如同大多数西欧国家一样），继续进行再分配就会缩短典型的经济扩张期。但几位作者指出，不能就此草率地下结论，还有些细节不容忽视。相比于通过征收房产税来资助教育，企业国有化和发放利润的做法可能更不利于经济增长。

不平等与低增长的联系更为密切。经过再分配之后，较高的净收入基尼系数与人均收入增速放缓相关联。基尼系数提高5个点（相当于将美国的基尼系数提高至加蓬的水平），年均增长率将下降0.5个百分点。在继续进行再分配的情况下，如果基尼系数提高1个点，增长期在给定年份终止的风险将升高6个百分点。因此，有助于缓解不平等的再分配或许可以促进经济增长。

如果再分配并未造成不良后果，那么可能是因为它取代了不可靠的举债行为。伯格和奥斯特里在发表于2011年的一篇论文中指出，不平等现象较为严重的社会在受教育程度等社会指标方面表现差劲，即便在消除收入水平差异后也是如此。这表明，低收入家庭要尽力为教育筹集费用。圣路易斯联邦储备银行的巴里·辛纳蒙（Barry Cynamon）和圣路易斯华盛顿大学的史蒂文·法扎里（Steven Fazzari）在2014年的一篇文章中指出，2008年金融危机之前，大多数美国人为维持其消费而大量举债。这种做法虽然保持了经济增长，但金融危机接踵而至。因此，再分配是否合理可能意味着经济是健康增长还是依靠次贷推动增长，二者之间存在天壤之别。

（2014年3月）

姓氏与社会流动性：氏族统治

“缺乏社会代际流动的缘由何在？
姓氏提供了线索，情况却让人失望”

贝拉克·奥巴马的经济顾问阿兰·克鲁格（Alan Krueger）用“了不起的盖茨比曲线”来描绘收入不平等与社会代际流动之间的关系。渥太华大学的迈尔斯·克拉克（Miles Corak）表示，一个经济体的不平等程度越深，其社会往往越缺乏流动性。在2012年的一次演讲中，克鲁格用“了不起的盖茨比曲线”来描述迈尔斯·克拉克的研究成果。在迈尔斯·克拉克看来，在美国、英国等国家，某一代人中约50%的收入差距可归因于上一代人（在更趋平等的斯堪的纳维亚，这一比例要小于30%）。

但即便如此，社会场景还是被描绘得过于美好了。迈尔斯·克拉克的著作借鉴了一些研究，这些研究只对父辈与子辈两代人之间的收入水平进行了比较。这样做一是出于必要，二是因为缺乏涵盖三代或三代人以上的充足数据。但由于数据有限，社会流动性可能会被高估。

加利福尼亚大学戴维斯分校的经济学家格雷戈里·克拉克（Gregory

Clark）指出，仅就一代人而言，富人家的子女难免会遭遇这样那样的不幸。出于一些特殊原因（如乐于从事慈善事业），部分富家子弟会选择低薪工作。由于存在这些统计干扰因子，社会流动性比实际情况显得更变化无常。如果由此推断数代人之间的流动率，得出的结果会让我们误以为从长期来看，机会均等的前景一片大好。格雷戈里·克拉克表示，家族史会产生程度更深、更持久的影响。父亲产生的影响不可小觑，祖父、曾祖父的影响同样至关重要。实际上，若想显赫家庭与一般家庭的后代出现在各收入区间的可能性相同，可能需要长达300～500年的时间。

为了克服数据缺乏这一问题，格雷戈里·克拉克从稀有姓氏中收集信息，可以采取两种方法从姓氏中获取流动性趋势。第一种方法的依据是搜寻某些姓氏与优越经济地位之间以往的联系。例如，他在发表于2012年的一篇论文中分析了瑞典的显赫家庭。在整个瑞典人口中，17世纪贵族使用的非同寻常的姓氏及18世纪受过高等教育的瑞典人采用的拉丁姓氏（如林奈）均非常罕见。据他的观察，这些姓氏在精英阶层中所占的比例很高。于是他基于这一信息进行跟踪调查，最后计算出了长期社会流动率。

直到2011年，贵族姓氏依然出现在律师这些代表高社会地位的职业之中，而且该频率是其在总人口中出现频率的6倍。格雷戈里·克拉克表示，即便是在社会流动性较好的瑞典，也有70%～80%家族的社会地位在几百年间代代相传。其他经济学家运用类似的方法展现了19世纪的西班牙与中国后清时代的社会留滞现象。在相当长的时间内，我们都可以清楚地发现继承的优势。

第二种方法的依据是在过去某个时间段稀有姓氏在显赫人群或一般人群中比例过高的概率。例如，米克尔思韦特（Micklethwait）这一姓氏在英国人中很罕见，而该家族在1800年时极其富有，那么就可以通过研究米克尔思韦特家族在多久的时间内失去其“财富预见力”来估计长期社会流动性。在一篇论文中，格雷戈里·克拉克和纽约市立大学皇后学院的尼尔·卡明斯（Neil Cummins）运用从19世纪财产遗嘱中收集的数据将稀有姓氏划分为不同的富裕等级。然后，他们用类似的数据来研究处于各富裕等级的稀有姓氏在接下来的时间会演变成怎样的普通人家。结果，他们再一次证实70%~80%的经济优势似乎可以代代相传。

格雷戈里·克拉克得出的结论是，在各个国家、各个时代，潜在的社会流动率不仅维持低位，而且出人意料地保持不变。比如，对中学教育的普及几乎未影响英国的代际流动率。在他看来，这种持续性表明，社会流动率低可能是因为潜在的“社会能力”存在差异。一方面，这种能力可以潜在地遗传；另一方面，由于人们倾向于与性格、能力相似的伙伴交往，这一能力又会进一步加强。

遗憾的是，裙带关系不可消除

这种机会宿命论观点令人痛心。有些研究运用了现存的为数不多的多代际数据库，得出的结论较鼓舞人心。在一项针对瑞典城市马尔默的研究中，运用的数据涵盖了各个家庭的四代人。该分析发现孩子的受教育程度同其曾祖父母的受教育程度联系紧密。与此同时，分析中的更多证据表明仅研究一代人会高估社会流动性。格雷戈里·克拉克将同样的数据用于姓氏分析，通过计算得出马尔默60%的收入差异可归因于前几代人的经济优势。这一比例低于他自己算出的70%~80%，但还是高于迈尔斯·克拉克的单一代际估算结果。

惠顿学院的贾森·龙（Jason Long）和美国西北大学的约瑟夫·菲瑞（Joseph Ferrie）辛苦细致地展开研究，提供了另一种视角。过去十年，他们仔细分析美英两国的人口统计数据，一边找出有子女的家庭，一边对这些子女成年后的状况进行跟踪调查，从而建立了涵盖多代人的数据库。对三代人的分析表明，在英美两国，一代人的收入水平将影响至少两代人。但他们的研究也表明，打破固定不变的模式是有可能的。虽然美英两国的社会流动率在20世纪中叶趋同，但在19世纪，美国社会的流动性明显大于英国。现在的情况深受过去的束缚。但只要情况合适，这种束缚显然可以有所缓解。

（2013年2月）

不平等与危机：大量证据

“金融危机是否应归咎于上层财富的聚集”

全球金融危机的幕后黑手究竟是谁？一些人把矛头指向了不均。芝加哥大学教授拉古拉迈·拉詹（现任印度央行行长）在2010年出版的《断层线》一书中表示，危机形成的原因之一是收入不平等，而美国政府甘愿成为帮凶。此外，他还指出，从20世纪80年代初期起，未受过高等教育的美国工人挣的工资远低于受过大学教育的人。顶着工资停滞不前这一问题的压力，历任总统和国会放开了抵押贷款的限制。

1992年政府降低了对房利美和房地美这两家大型住房抵押贷款提供商的资本需求。20世纪90年代联邦住房管理局扩大了贷款担保的范围，小额首付抵押贷款也被纳入。21世纪头十年，房利美和房地美受形势鼓舞，购买了更多的次级抵押担保证券。拉詹表示，收入不均的土壤里埋下了一颗灾难的种子。

拉詹的论证旨在解释美国次贷危机，而非金融动荡的普遍理论。但有人认为在20世纪30年代大萧条爆发的前几年，收入不均的情况也越发严重。

2007年所有美国人收入的23.5%都流向了顶层的1%——这是自1929年以来他们获得的最高比例。国际货币基金组织的两位经济学家迈克尔·库姆霍夫（Michael Kumhof）和罗曼·朗西埃（Romain Rancière）在2010年的一篇论文中通过建模来表明收入不均是如何系统性地导致危机的。投资者可能会越来越善于抓住生产回报，放缓工资增长，扩大收入不平等，工人只好通过借钱来提振消费。杠杆率不断上升，直到危机发生。这一模型免除了政治家的责任：即便没有政府的推波助澜，收入不均也会造成伤害。

新的研究表明，收入不均可能以其他方式刺激危机的发生。2012年芝加哥大学的玛丽安娜·波特兰（Marianne Bertrand）和阿代尔·莫尔斯（Adair Morse）的一篇论文研究了美国各州1980～2008年的消费模式，并特别考察了最富有的20%的家庭行为变化如何影响底层80%的消费选择，发现富裕家庭的消费增长会引起普通家庭的开支上升。这种“涓滴消费”似乎是由攀比心引起的。普通家庭花更多的钱来购买本来提供给他们富有邻居的奢侈商品或服务——譬如家政服务或健身俱乐部。两位研究人员还认为，在过去30年里，如果美国20%高收入人群的收入增长放缓至中等收入者的水平，另外80%的人可能会省下更多的钱——1980～2008年每户平均每年可省500美元，危机前甚至可达到800美元。在收入最高即最富裕的几个州里，普通家庭更有可能发生“财务困难”。

该论文还揭示了政府如何回应日益严重的收入不均问题。两位研究者分析了拉詹书中介绍的信贷扩张措施的投票情况。研究者发现当提案的支持率发生变化时，来自更不平等地区的立法者更有可能支持宽松的抵押贷款规定。

收入不均可能会助长其他方面的动荡局势。尽管主权借贷并没有直接导致2008年的危机，但自那时起就成为金融系统的主要危险。费城联邦储备银行的玛丽娜·阿齐蒙蒂（Marina Azzimonti）、陶森大学的伊娃·德·弗朗西斯科（Eva de Francisco）和南加州大学的温琴佐·夸德里尼（Vincenzo Quadrini）在2012年的一篇合作论文中表示，收入不均可能会对主权借贷这一特殊金融领域造成不利影响。

这些研究的模型显示，财富不均会刺激政府借贷的需求，政府再拿这些钱去接济工资低于平均水平的工人。与此同时，最近几年金融向全球化发展，使得政府能以低成本不断累积债务。研究人员在对1973～2005年22个OECD国家样本进行分析后发现，有更多的证据表明收入不均、金融全球化和政府债务攀升的确是齐头并进的。拉詹先生认识到收入不均可能会对通过公共借款进行的再分配造成压力，政府面对收入不均问题时，普遍反应应该是加强安全网，而非提供信贷补贴。全球金融自由化和收入不均的加剧可能因此导致公共债务激增。

合理的怀疑

有些经济学家怀疑收入不均是否背了黑锅。罗格斯大学的迈克尔·博尔多（Michael Bordo）和加利福尼亚大学戴维斯分校的克里斯托弗·迈斯纳（Christopher Meissner）为验证收入分化造成危机的假设，对1920～2008年的14个发达国家进行了研究，结果显示信贷繁荣和金融危机有着较强的关联性，这一结果也被其他很多经济研究所证明。但是收入集中和信贷繁荣之间没有必然联系。

收入不均偶尔伴随信贷一同产生，20 世纪 20 年代和 2008 年危机前夕的美国也是如此。但研究人员表示这并不意味着两者之间有因果关系。有些情况下，反而是信贷繁荣扩大了收入不均，20 世纪 80 年代的澳大利亚和瑞典就是这样。还有一些地方，譬如 20 世纪 90 年代的日本，高收入者的收入占比快速上涨，与此同时又恰巧出现了信贷衰退。研究人员承认实际收入的上涨和利率的走低确实带来了信贷繁荣，但是收入不平等却并非原因。拉詹的论述可能在美国 2008 年的危机上说得通，但并不是铁律。

（2012 年 3 月）

企业规模与薪酬：越大越不公平

"公司规模的不断扩大或许能解释越来越多的不平等"

托马斯·皮凯蒂的《21 世纪资本论》自 2014 年出版以来在发达国家引发了对不平等的激烈争论。他在书中主要讨论了日益严重的财富分配不均，而对过去 30 年的工资两极分化关注比较少。但两极化其实也日趋严重：拿美国来说，2011 年收入最高的 1% 人群比他们在 1980 年的收入实际增长（即按通胀调整后的增长）了 191%，而 5% 中间层的收入却下降了 5%。尽管世界各国在税收、最低工资和公司薪酬等方面的政策大相径庭，但都存在和美国相似的情况。

根据标准说法，科技扮演着重要的角色：现代经济需要更熟练的工人，抬高了工人可以要求的工资。霍尔格·米勒（Holger Mueller）、埃琳娜·思敏茨（Elena Simintzi）和佩奇·维梅特（Paige Ouimet）在 2015 年的一篇论文中提出了新奇有趣的观点：普通公司的规模在不断扩大。经济学家一直以来都认为经济规模让大公司的员工比小公司的产出更高，因此大公司也需要为此多付薪酬。就理论而言，这一点并不会引起收入不均。如果大公司的首席执行官和清洁工人都比小公司同等职位的人多挣10%的工资，那他们的工资比率——以及整体不均水平——应该保持不变。

但这篇论文还表明，规模效益并非由所有工人平均共享。文章运用了英国公司的工资数据，按照熟练程度将工人分为九类。一段时间后研究人员发现，不同群体间的工资比例差值随着公司规模变大而扩大，这一趋势完全由上层和中下层的工资差距造成。研究者指出，这与20世纪90年代以来英美作为一个整体收入不均的趋势非常相似，那时中下层工作者的收入便开始停滞不前（见图8.3）。

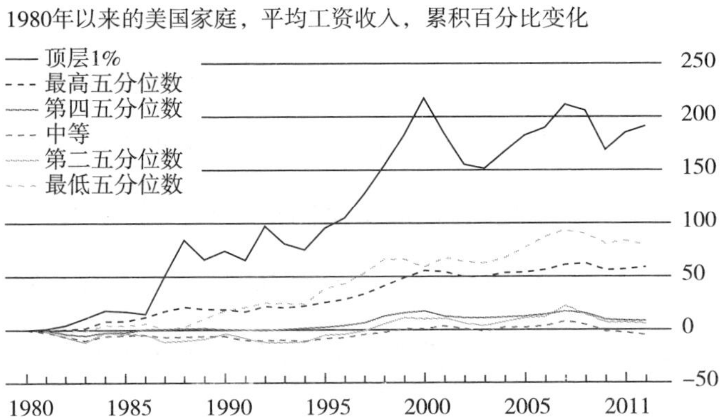

图8.3　规模工资

资料来源：美国国会预算局；《经济学人》

对此研究者提出了两种可能的解释。首先，大公司比小公司更易对任务进行自动化操作，因此更容易拒绝相对不熟练工人的涨薪要求，因为这些工人可以被机器取代。其次，处于收入分配中间层次的基层员工可能愿意接受大公司开出的低薪，因为从长远来看大公司的升职机会比小公司要大得多。

顶层的独食者

因此只有公司最高层的员工才能享受到规模效益带来的好处，这些人可以用自己的技术和经验换取更高的奖金。一个单独门面的清洁工和大型连锁商店的清洁工做着同一类工作，但是与经营一家沃尔玛这样的跨国公司相比，经营街角小店需要一套不同且更稀有的技能。时间长了，沃尔玛重要员工的工资相比于街角小店的就在不断上涨。

研究者发现公司规模增长和不平等水平之间的关系在发达国家普遍存在，他们收集了 1981 ~2010 年 15 个 OECD 成员国中大型公司的规模和工资数据，发现收入不均的上升幅度与公司规模之间存在显著相关性。

英美两国公司近几十年来发展迅速，这对收入不均造成的影响尤其明显。例如全美最大的 100 家公司的员工数量在 1986 ~2010 年增加了 53%，在英国这一数据为 43.5%。另外，在公司规模变化不大的地方（例如瑞典）甚至缩小了的地区（例如丹麦），收入不均的增长要缓慢得多。人们眼中收入分化日趋严重的国际趋势，部分原因可能就在于大公司大量雇用员工。

艾伯特·博拉尔（Albert Bollard）、彼得·克雷诺（Peter Klenow）和辉羽·李（Huiyu Li）在 2014 年的一篇论文中研究了 1982 ~2007 年美国、中国和印度的制造业，指出公司扩大的趋势只会有增无减。论文表示，大公司生产力更高，会提高新型——可能小型——竞争者的入门门槛。大工厂由于生产力更高，长期以来也能不断稳固自己的地位，这样只会让收入分配差距更严重。已有大量证据表明美国和欧洲的初创公司占比下降，大公司不受竞争阻碍，只会越做越大。金融危机以来，因融资渠道有限，新兴企业入门门槛提高，倒下的也越来越多。

但并非所有的经济学家都认为这种情况糟糕透顶。毕竟大公司的投资率比小公司要高，可以刺激经济发展。在希腊、意大利和葡萄牙等地方，正是因为小公司过多才阻碍了经济的发展。

但如果政府想要扭转由大公司引起的收入分化趋势，对劳动市场进行改革似乎不能解决问题。相反地，政府需要通过降低小公司进入市场的高门槛尤其是增加其资本渠道来刺激竞争，这样才能降低收入分化并促进经济发展。

投票民众反感收入分化逐渐严重，经常鼓动实施再分配政策以改变这一趋势。但太多不成熟的再分配政策也会因抑制经济增长而起到反作用。公司规模和收入不平等之间的关联说明我们其实有更好的选择。政策制定者通过促进竞争可以同时讨好民众和经济学家。

（2015 年 3 月）

反经济学之道而行：将收入从富人转移到穷人

“将收入从富人转移到穷人的政策可能没有想象中那么有效”

在一个不平等的世界里，主张人人平等的盗贼是魅力十足的角色。从英国的罗宾汉（Robin Hood）到美国的杰西·詹姆斯（Jesse James）再到墨西哥的潘乔·比利亚（Pancho Villa），很多国家都崇拜那些劫富济贫的英勇侠盗。经济学实际上似乎也支持他们的事业：富人倾向于多存钱，如果将富人收入匀点给穷人，穷人会马上花掉，从而刺激消费和GDP。而且，从竞选角度来计算，再分配看起来也十分讨人喜欢。富人数量毕竟少，那么对其豪宅征税后得到的选票似乎比失去的要多。但真这么想的人要仔细斟酌一番。一旦计划不好，这种政策只会弊大于利。

长久以来，这种认为再分配能刺激经济的观点吸引了很多追随者。20世纪20年代，阿瑟·塞西尔·庇古（Arthur Cecil Pigou）认为每年将资源从“相对富人”转移到“相对穷人”能提高国民产出。庇古论述了收入的三种作用：用于富人的消费或投资，或用于穷人的消费。将购买力转移到穷人身上基本不会对富人的消费造成什么影响。相比敲富人竹杠的后果——投资下降，穷人花钱买更好的食物、衣服和教育更有意义。因此再分配可以促进产出。

庇古的观点基于如下想法：穷人家庭如果有钱，就会花更多的钱，而突然失去收入的富人也会放缓消费。为了了解这种猜想是否站得住脚，普林斯顿大学的格雷格·卡普兰（Greg Kaplan）、贾斯廷·韦德纳（Justin Weidner）以及纽约大学的乔瓦尼·维奥朗特（Giovanni Violante）使用了大量微观经济数据库来描绘八个发达国家的家庭收入和财富情况。他们统计了每个家庭含工资、公共救济和对私转账（例如赡养费）在内的收入，还估测了家庭流动性财富：银行存款、直接持有因而能迅速抛售的债券和股票。研究人员当时寻找的是缺乏流动资金缓冲（或信贷手段）来抵消短期收入变化的家庭。这群人的收入勉强可以糊口，不得不随着收入的变化来调整消费，最有可能去消费政府给的“意外之财”。

但“勉强糊口”一词并没有看起来这么简单明了。数据表明美国中产阶级持有银行存款这类流动性资产，也持有非流动性资产（退休金、房子和净抵押债务），但基本没有股票和债券。出乎意料的是，尽管大约30%的家庭仅靠工资过活，但这其中2/3的人持有大量非流动性资产。他们称不上是真正的罗宾汉贫富分界点：他们手中的钱勉强够付开支，但是坐拥大量的非流动性资产。

人们之所以缺钱，房债是一个重要原因。研究人员对美国房主进行研究后发现，在房债负担较轻的人中，仅有20%能勉强糊口。但一旦总债务接近房屋价值，受收入限制的人数比例就高得多——接近50%。另外，年龄也是一个因素。尽管赤贫随着工人建立缓冲机制会呈现随着年龄增加而下降的趋势，但40岁左右的人最容易出现富有但缺乏现金的情况。

这些发现之所以重要，是因为现金不足会影响行为。研究人员运用了另外一个数据库对5000个美国家庭进行追踪，考察了1999～2011年这些家庭对短期收入冲击的反应。最后的结果证实了庇古的猜想。拥有大量固定资产的人只会花费13%的意外之财，而“勉强糊口”的人会花费24%。富有但收入有限的人反应最为强烈，会花费30%的意外之财，说明他们更缺钱。这与英格兰银行的詹姆斯·克洛因（James Cloyne）和伦敦商学院的保罗·苏里科（Paolo Surico）的研究不谋而合，两人发现背负高额房贷的英国人对税收变化有着强烈的反应。换言之，对那些拥有大量资产但大部分都是非流动性资产的人征税，可能会造成预料之外的支出下降。

越老越守旧

如果政策制定者需要阐明穷富之间更细微的差别，他们不应想当然地认为拮据的市民会支持再分配。耶鲁大学的维福基楠·安舒克（Vivekinan Ashok）、埃博亚·华盛顿（Ebonya Washington）和普林斯顿大学的伊利亚纳·库资默克（Ilyana Kuziemko）在一篇工作论文中指出，理论上，人们对再分配的支持应能提高低于全国平均收入的工人工资，但很多美国人却持有相反的态度：随着收入不均日趋严重，对再分配的支持保持不变甚至出现下降。

这在很大程度上和年龄有关。40岁以下的人遵循意料之中的模式：对再分配的支持和收入不均同步上升。65岁以上的人则不同，可能因为他们当中资金短缺的人更少。20世纪70年代调查刚起步时，这些人比其他人更支持再分配，但到21世纪头十年中期时支持的人就变少了，多半担心援助穷人会削减他们的医疗福利。

那些随意“玩弄”财政政策的决策者应该对这些研究成果予以考虑。结果表明，财政刺激计划如果针对收入基础展开，其福利就会下降，还说明从富人到穷人的再分配可能不是一个单向赌博：对富人征税尤其应该循序渐进，这样他们才能将资产变现而非缩减开支。那些把赌注都押在劫富济贫的“罗宾汉”们身上的政治家应该对年长的选民更加谨慎行事，他们可能更倾向于支持追捕罗宾汉的诺丁汉警长。

（2015年4月）

9. 长期停滞

停滞假说：关于停滞的思考

"经济趋势的传统解释获得了新的追随"

金融危机前就有人暗中怀疑经济泡沫是萎靡的发达国家保持经济增长和降低失业率的唯一方法。2008 年，以讽刺新闻著称的《洋葱报》（*Onion*）开玩笑称"备受经济衰退困扰的国家需要新的投资泡沫"。哈佛大学的经济学家拉里·萨摩斯在其 2013 年 11 月的一场演讲中表明发达国家可能正遭受"长期停滞"，再次证明了上述观点。他和越来越多的经济学家一样，都在担心发达国家仍在徒劳地制造泡沫以重振经济。

长期停滞并非新观点，最早是在 20 世纪 30 年代由约翰·梅纳德·凯恩斯的追随者阿尔文·汉森（Alvin Hansen）推广开来的，这位经济学家认为人口增长和技术进步的放缓会减少投资机会，除非政府借钱来刺激需求，否则储蓄堆积，得不到充分使用，经济增长也会放缓。20 世纪 50 年代的经济繁荣过后，人们对这一假设的兴趣也减少了。

如今这一理论再次流行起来。利率十几年来一直都在走下坡路（见图 9. 1 左侧），说明存款太多，并无用武之地。即便金融危机前出现了资产泡沫，发达国家的经济体也几乎没有飞速增长，说明缺乏生产性投资机会。两种情况结合在一起，证明了汉森之前警告的长期停滞。

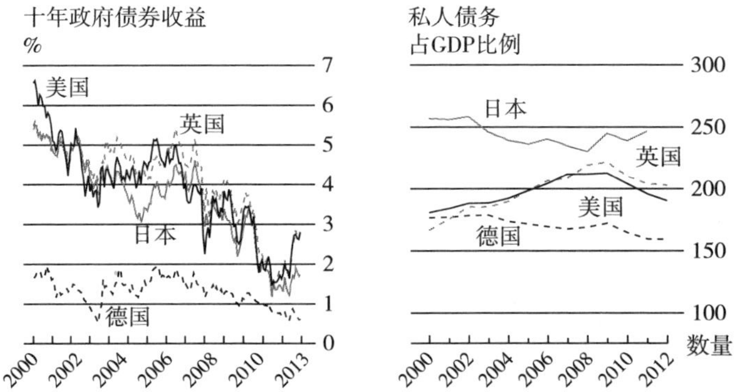

图 9.1　蹒跚和重债

资料来源：经合组织；汤森路透

结构缺陷

但仔细研究，这一论述并非那么有说服力。汉森在解释国家是如何陷入长期停滞时，主要关注投资领域。人口老龄化或创新放缓等结构化的经济变化可能会永久性地抑制预期增长。行情看跌的公司可能压着现金按兵不动，而不会将大笔资金用在能创造就业的设备和工厂上。

有些发达国家的人口老龄化问题可能对经济带来了下行压力，但其他地方并非如此。信息技术革命期间，创新缺乏似乎不会造成停滞。排除房地产不说，美国的私人投资复苏情况良好，技术行业的投资也一派繁荣。市场看起来丝毫不怀疑技术的潜在回报。

但事实证明，硅谷的乐观精神不足以让经济摆脱低迷。有些人认为其他经济结构变化阻碍了公司的资本支出。史密瑟斯公司（Smithers & Co）的咨询师安德鲁·史密瑟斯（Andrew Smithers）表示，经理人的薪酬在短期内刺激着股票价格上涨，这是因为经理人拿到钱之后，并不进行可能会刺激增长的生产性投资，而是将钱用于股份回购，从而抬高了股票价格。

有没有一种可能，即储蓄激增而非投资萎靡才是造成长期停滞的主要原因？但时间节点再次让人难以捉摸。金融危机前，新兴经济体的过度节约可能发挥着一定作用。2005 年本·伯南克指出正是“全球储蓄过剩”才导致低利率。很多新兴经济体尤其是中国的往来账户盈余还在持续上升。这些国家通过建立大量的外汇储备（多以发达国家的债券形式）将储蓄盈余流向发达国家，从而抬高了资产价格，助长了房市泡沫。美国国家经济研究局在 2013 年的一篇工作论文中表示，在 21 世纪头十年，流向美国的外资拉低了利率，美国房价之所以上升，有 1/3 的原因可归于这些流入的外资。

但这种对发达国家经济停滞的解释难以符合今天的数据。2013 年全球外汇储备的增长急速放缓，发达国家在资本价格飙升的同时仍在苦苦挣扎。

还有一种理论认为，高额储蓄反映了由收入不均扩大而导致消费萎缩。1% 收入最高人群的收入比例在 20 世纪 80 年代早期开始上升，现已接近 1928 年的纪录。富裕家庭比贫穷家庭攒的钱更多。圣路易斯联邦储备银行的巴里·辛纳蒙（Barry Cynamon）和华盛顿大学圣路易斯分校的史蒂文·法扎里（Steven Fazzari）在 2013 年的一篇论文中预估，收入最高 5% 人群的过量储蓄自 20 世纪 80 年代中期以来就一直在抑制需求，但同时他们还发现这种抑制大部分都由底层 95% 的人群不断增长的借贷所抵消。和德国、日本不同，英美两国在 21 世纪头十年里的私人债务快速增长（见图 9.1 右侧）。但当危机迫使家庭削减债务时，由收入不平等导致的潜在停滞可能会再次浮出水面。

转向奥卡姆（Occam）[①]

单减债这一个因素就能解释近年的增长疲软。2009 年马里兰大学的卡门·莱茵哈特（Carmen Reinhart）和哈佛大学的肯尼斯·罗戈夫（Kenneth Rogoff）发表了对战后大型银行危机的研究，总结出不管危机前是否曾出现严重的收入不均，危机之后都有微弱的复苏。

同样重要的是，中央银行自从在 2008 ~2009 年将基准政策利率降到 0 附近以抵御全球衰退后就一直茫然不知所措。很多经济学家，包括萨摩斯在内都认为这种“零利率下限”让央行无法通过大幅下调利率来维持投资并让经济走上正轨。20 世纪 30 年代汉森提出其理论时，美国正处于相同的困境。在未来某一天，长期停滞可能会被证实真是一个问题，但目前这些令发达国家头痛的问题看起来更像是一场恼人的“宿醉”。

（2013 年 12 月）

① 14 世纪逻辑学家、圣方济各会修士奥卡姆的威廉（William of Occam，1285 ~1349 年）提出“奥卡姆剃刀定律”（Occam's Razor），认为“如无必要，勿增实体”，即“简单有效原理”。在此作者转而从简单的逻辑来看经济增长疲软的现象。——译者注

人口与停滞：没有年轻人的国家

“人口或许能解释长期停滞”

20世纪30年代后期，在试图解释经济衰退如何能持续近十年时，经济学家曾怀疑是否是因为人口短缺所致。1937年凯恩斯表示“人口从增长到下降的转变可能是灾难性的”。次年另一位杰出的经济学家阿尔文·汉森担心美国的人才、土地和新想法都已耗尽，结果就会造成“长期停滞——病态复苏死在襁褓中，衰退能进行自我支持，留下了棘手并看似无法动摇的就业核心问题”。

2013年哈佛大学的拉里·萨摩斯在形容发达国家的长期经济萎靡时再次使用了“长期停滞”一词。他还指出，需求疲软和储蓄过剩导致运用短期低利率也很难刺激经济增长。人口可能在萨摩斯提到的失调中起到了关键作用——事实上比20世纪30年代所起的作用更关键。

人口老龄化会通过多种渠道抑制增长，拉低利率，最直接的就是通过劳动力供给来实现。经济的潜在产出取决于工人数量和这些工人的生产力。德国和日本的劳动适龄人口十几年来一直都在缩减，在未来几年还会加速下降

（见图 9.2）。在未来几十年里，英国的潜在劳动力会停止增长；美国的潜在劳动力增长仅有 2000 ~ 2013 年增速的 1/3，即 0.3%。

在其他条件相同的情况下，劳动力增长下降 0.5 个百分点，经济增长也会下降同样的百分点，这种影响逐渐为人感知。但是经济衰退会促使很多工人办理提前退休，从而加快衰退进程。美国有资格享受社会保险即公共养老金的第一代婴儿潮在 2008 年时为 62 岁。据一些研究显示，这也许应该为自 2008 年起正在工作或正在找工作的劳动适龄人口从 66% 降到 63% 负一半的责任（这与日本在 20 世纪 90 年代的情况相呼应，当时日本的劳动适龄人口缩减，与此同时就出现了经济停滞和通货膨胀）。

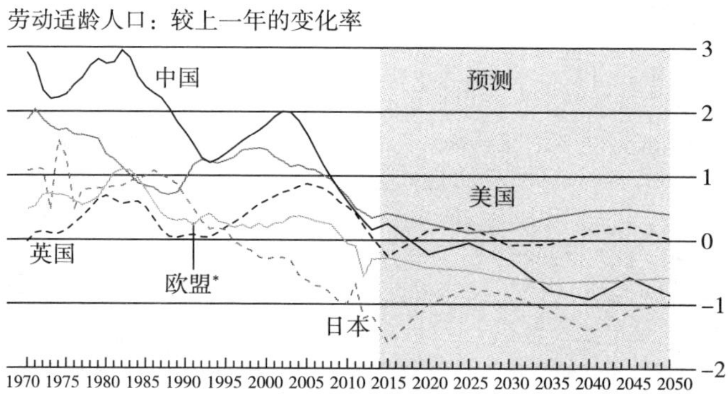

图 9.2　消失的工人

注：* 除英国。

资料来源：世界银行

人口的规模和年龄还会影响商家可利用的顾客和员工数量，以及商家的投资额。凯恩斯和汉森曾担心人口下降后美国的产品需求量也会降低。根据当代经济增长的模型，企业需要一定的人均存量资本——设备、厂房、土地和知识产权——来生产单元产量。如果员工数量减少，企业所需的资本也会降低。

美联储的欧金尼奥·平托（Eugenio Pinto）和斯泰西·捷夫林（Stacey Tevlin）在一份研究纪要中指出净投资（总投资减去折旧）占总股本的比例已接近“二战”以来的最低值，部分原因在于周期性，因为经济衰退令企业收缩了扩张计划。但这也是长期性的，总股本的年均增长速度在 1994 ~ 2003 年为 3.1%，2004 ~ 2013 年下降到 1.6%。经济学家认为增速放缓有 1/3 是因为劳动力供给的减少，另外 2/3 则在于创新不足。换言之，企业之所以削减了机械设备的购买，是因为操作机器的员工数量和可利用的技术创新都在减少。

借款人的世界

人口影响经济增长和利率的第三种途径在于储蓄。一般来说，一个人在成年初期会大量借钱用在教育、房子和孩子方面，从中年起开始大量攒钱，退休后开始花这些攒下的钱。剑桥大学的科恩·特林思（Coen Teulings）测算了各国基于人口因素的整体储蓄，发现人口增长率越高及退休期越短时，储蓄就越少，而老龄化的人口则有更多的储蓄。

1970 年美国的必需存款储备为 GDP 的 -228%：家庭本应是借贷者而非储蓄者，因为年轻和较低的预期寿命意味着他们未来有充足的收入偿还债务、保障退休。但随着人口逐渐老龄化，经济增长速度放缓，退休期由于预期寿命的增加而变长，必需存款储备在 2010 年时上升至 GDP 的 52%。同期，日本的必需存款储备由 GDP 的 -176% 上升至 119%，德国从 189% 上升至 325%，中国从 -40% 上升至 86%。

各国同时都忙于为退休存钱，加上投资疲软，潜在增长放缓，财政紧缩，企业囤积现金，不均扩大（导致高储蓄的富人拥有更多的国民收入）等因素，本可以平衡投资和储蓄的市场“均衡”利率受到了抑制。但最起码还有一个明摆着的政策可以解决这一问题。“提高退休年龄可以降低储蓄”，特林思和日内瓦高级国际关系学院的理查德·鲍德温（Richard Baldwin）在2014年的一本电子书中写道：“今天我们为明天休闲和高消费而存下的钱其实是有一个限度的。有些人不得不在明天工作；我们不能全在那个时候一下子退休。”

此外，老龄化人口在某一时刻会开始使用之前累积的储蓄。摩根士丹利的查尔斯·古德哈特和菲利普·艾尔福特（Philipp Erfurth）指出，现在大多数发达国家的工作人口对退休员工的比率在暴跌。很快，很多新兴国家也会出现这种情况。日本正将其国民在高储蓄年份积攒的海外资产进行变现，中国和韩国正要效仿，德国也会紧随其后。两位专家据此预测，目前的负利率在2025年就会回归至2.5%~3%的历史均衡状态。

（2014年11月）

逃离停滞：平静而非停滞

“经济历史表明，有关美国长期停滞的言论也许言过其实”

难道美国真的陷入了长期性的低增长、低通胀和利率低谷？很多经济学家都相信“长期停滞”这一观点，并且拥有大量的证据。人口逐渐老龄化，从长远看，增长的希望十分渺茫。利率尽管连续好几年都接近于零，但仍然还未低到让美国经济飞速增长的地步。但芝加哥大学商学院的学者们在2015年发表的一篇论文中认为，将美国问题归结为长期停滞是不恰当的。

陷入长期停滞的国家无法找到良好的投资来吸收可用储蓄。这些未充分利用的储蓄失去了消费需求，导致经济增长疲软，同时也让央行陷入困境。如果实际（即经通胀调整后的）“均衡”利率（让经济健康运行）降至零以下，央行人员会将其政策利率降到最低限度以挽救经济，因为名义（即不经通货调整的）利率难以降至负数。更为雪上加霜的是，央行在努力挽救经济的过程中可能最终会催生金融泡沫，导致增长不可持续，并造成严重的破产。

停滞派认为用“停滞”来形容20世纪80年代以来的美国并不过分。他们表示，实际利率已经连续几年都在下降，说明储蓄过剩。经济衰退之后的恢复都很羸弱，失业率也没有显著下降。当经济再次活跃，飙升的资本价格和消费借贷似乎就已经完成了“繁重的工作”。

芝加哥大学商学院一篇论文的作者—— 詹姆斯·汉密尔顿（James Hamilton）、伊桑·哈里斯（Ethan Harris）、简·哈丘斯（Jan Hatzius）和肯尼思·韦斯特（Kenneth West）——对停滞派的这些解释表示怀疑。他们表示，停滞派说得没错，实际利率是一直在下降，在过去15年中的大多数时间也的确都为负，但是利率低并不一定能说明未来经济增长会疲软，这一点在很多经济模型中也得到了反映。这些研究者考察了20个国家40年来的央行利率、通胀和增长，发现经济增长和均衡率之间至多也就存在着弱联系，即便长期下来两者有什么联系，这种联系也会被其他因素所掩盖。

例如，“二战”之后政府对利率的管控(“金融压制”）限制了市场的发言权。近年来短期的不景气拉低了均衡利率，例如美联储主席艾伦·格林斯潘在1991年提到的“每小时50英里的顶头风”（50-miles-per-hour headwinds）指的是坏账将美国大型银行推向了破产边缘。研究者指出这些狂风骤雨般的日子都是短暂的，顶头风减弱后，均衡利率又会慢慢回升。

他们还表示停滞派曲解了某些证据。20世纪90年代的增长是的的确确存在的，美国失业率下降至5%后，股市到1998年开始了真正的繁荣。

21世纪头十年的扩张看起来更能说明长期停滞。房产投资在2001年时占GDP的4.9%，2006年时达到了市场峰值6.6%，对维持繁荣提供了帮助。房价的上涨让美国人激动不已，刺激了消费者支出。论文还表示信贷以每年一个百分点的增长速度进行扩张。

但这段时间的经济表现看起来更像是扭曲而非停滞。中国和石油生产国保持着对美经常账户的高额顺差，积累了大量的外汇储备，造成了本·伯南克——美联储格林斯潘的接班人——所说的“全球储蓄过剩”。昂贵的油价和中国进口的上升拉低了经济增长的速度，或多或少都会抵消一点房市的繁荣。排除储蓄过剩和房市繁荣，美国经济增长不一定加快或放缓，只会更健康。

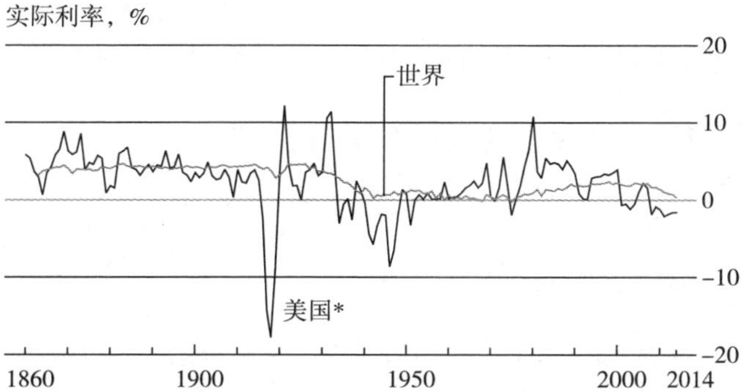

图 9.3　慢慢回升终有时

注：*基于通胀预期。

资料来源：“The Equilibrium Real Funds Rate: Past, Present and Future” by James Hamilton *et al.*, US Monetary Policy Forum, University of Chicago Booth School of Business, 2015

沉溺其中

现在情况如何？近年来的一些扭曲力在逐渐消失。在长期的去杠杆化后，家庭财务当然有所改观，这有助于推动美国的消费支出带动复苏，最终会抬高利率。

另外，停滞派表示人口变化的影响正在加强。接近退休的婴儿潮一代可能会攒下更多的钱，寿命延长也会持续促进储蓄。剑桥大学的艾科索·格特福瑞斯（Axel Gottfries）和科恩·特林思发现，在过去40年里，发达国家和中等收入国家预期寿命的延长使得期望储蓄增长至GDP的两倍。

全球情况同样不可忽视。据芝加哥大学商学院那篇论文的作者估算，从长期来看，美国的实际利率随全球整体利率变化而变化（见图9.3），但自2000年左右起，美国的实际利率基本都远低于全球整体的利率。研究者们认为这一差距很快就能被全球资本的流动性所弥补（即使部分原因在于全球利率很有可能也会下跌）。根据他们的最佳估算结果，美国的均衡利率相对于1960～2007年的平均值2%可能会稍有下降，但他们表示，这一下降幅度比很多停滞派想的都要小，而且利率几乎必然为正值。现在的低利率也无法说明经济增长会永远低于过去的平均值。

但人们还是没办法松口气。如果均衡利率比较低，央行利率陷入零的风险便会增大，可能会造成长期性的经济低迷。尽管长期停滞的风险有点言过其实，但研究者还是承认美联储有充分的理由不去过早加息。

（2015年3月）

第三篇

Economics

经济学的未来

老年人 VS 机器人

在债务不断累积和全球薪酬偏低的阴影下，我们很难不对经济学和全球经济产生忧虑。本书的第三篇展望了新型经济和新型经济学激动人心的前景以及两者将会带来的挑战。

很多人试图彻底改造经济学，但第 10 章开篇就讲到有一位英国人是该学科当之无愧的奠基人，那就是威廉·配第（William Petty）。他同时还是一位发明家和解剖学教授，在 17 世纪头十年里他凭借细致的数据分析首创了国民核算体系，并奠定了经济学作为实证学科的道路。配第当初关心的问题一直延续到了今天，很多经济学家仍在试图将研发支出这样的问题纳入考虑，以优化他们偏爱的衡量标准 GDP。优化经济学既是理论问题，也是教学问题，本章考察了从布鲁姆斯伯里到班加罗尔那些试图对经济学进行改革的新型经济学家。

凡认为经济学太过学术和理论的人都忽视了一个新的动向：前沿业务开展得如火如荼，近十年来，顶级学术经济学家都在默默“瞎摆弄”着诸如谷歌和微软这类公司。现在这种趋势越来越火，新一代的年轻硅谷经济学家也都在帮忙打点公司。有时他们建立的一些系统也不太受人欢迎，例如，为优步（Uber）设计的“动态定价策略”虽然能吸引新司机上路，但也意味着行程费用更高。但这些公司把经济学家请过来，都是为了使市场更好地运转，这意味着智能手机经济的崛起带来了巨额收益。

由于对人类行为有更深的理解，经济学家会提出不同寻常的新观点，其中一些很有意思，例如如何避免选择彩票数字时的羊群效应（这样会削减中奖后的累计奖池金额），或者如何阻止讨厌的“话匣子”在安静的火车车厢里说个不停。有些观点则比较严肃。研究表明，采取经济刺激可阻止犯罪——仅限于犯罪处罚金特别高的情况下。而行为经济学的运用则能帮助政策制定者为低收入、缺乏借贷资源的“门槛借贷者”避免最糟糕的结果。

但即便是最明智的政策也不太可能完全克服接下来20年里可能最为严峻的挑战。经济学家威廉·鲍莫尔（William Baumol）的研究显示，“成本弊病”正在抬高医保、教育和艺术所需的资金。第13章有关人口的文章表明，上述问题在老龄化世界可能意味着惊人的账单，最大的希望就是生产力的增长能带来医疗储蓄。但很多发达国家的研发支出一直较低，令人担忧，大型药物公司一心一意要更新旧的专利，而不是研发真正的新药物，这些都会让人们的美好希望沦为泡沫。

解决成本上升的终极之道可能在于机器人，这也是本书最后一章的主题。“机器人同事”时代的到来有望提高工人的生产力。这种方法通过帮助老师、护士和医生更高效地工作，说不定能抵消鲍莫尔提出的成本弊病。但本书最后提出了一个问题，这也是经济学上的一大问题：由机器人和机器推动的经济是否也会抬高与机器人竞争的工人失业率。

10. 重塑经济学

经济学创始人：令人钦佩的配第

“走近经济学创始人威廉·配第”

威廉·配第简直可以称得上是创新机器，他设计了早期的双体船，构思了粮食播种机，提出将引擎连到船上，还因“双写”仪器（能复制任何作家的纸上作品）获得过专利。配第于1687年圣诞节去世，他也是一位理论创新家。这位不为人所知的英国人整天“摆弄”数据和简易模型，提出了很多想法，包括如何衡量GDP，为什么货币供应和银行很重要，持续的失业如何影响经济等，这些想法奠定了现代经济学的基础。

配第出生于1623年，年纪轻轻就对钟表修理和细木工业表现出了浓厚的兴趣，但最后没有走上其中任何一条路。他的家乡拉姆西离海很近，14岁时他就离家上船，当上了船舱服务员，由此遇到了人生中两大灾难中的第一次。一次航海事故后配第的腿折了，船上的人把他放在诺曼底岸边进行治疗。腿伤好后，配第进入法国北部港口城市卡昂的耶稣会学院学习，在此对解剖学产生了浓厚的兴趣。之后他又继续到阿姆斯特丹和巴黎学习。在巴黎他遇到了托马斯·霍布斯（Thomas Hobbes）并在其手下工作，后者的实证主义思想对配第产生了深远的影响，收集数据并对现实世界进行观察由此成为他日后工作的关键。

1646 年配第回到英格兰后继续在牛津学医，并在 27 岁时成为牛津大学布雷齐诺斯学院的解剖学教授，接着就迎来了人生的第二个高峰期。配第目睹了一场失败的绞刑后，展现出似乎能让女犯人起死回生的神力。女犯人得到赦免，他因此名声大噪，当上了爱尔兰的总医师，酬劳丰厚。这些游历说明了为什么配第的经济学都是国际对比：停滞的爱尔兰、更繁荣的英格兰以及当时英格兰最大的竞争对手荷兰。

在爱尔兰的成功也让配第收获了一片土地，配第想着怎样对这块地估值。他首先估算了收益：如果土地上饲养的家牛逐年增加一定的重量，那么多出来的牛肉的市场价格也是有逻辑可寻的。接下来他需要算出有多少年的收入可记录在案。他表示人类大多关心自己的子孙，但是对于未来的考量终归有限。配第还计算了家族各代共同生活的年数，得出的结论是 21 年。他首开先河，现代金融核心的“现值”估算就此萌芽。

配第拥有的这块地还促使他创造了最重要的理论——GDP。1652 ~ 1674 年，英格兰与荷兰发生了三次战争，地主面临着重税。配第认为这样不合理。为了解背后的原因，他对英格兰和威尔士进行了首次国民核算。首先，他假定总收入必须与总支出持平，每天衣、食、住、行等基本物品的开销为 4.5 便士，有 600 万人口，那么每年总支出为 4000 万英镑。接下来他计算了一系列资产——伦敦的土地、房子、船等——总收入为 1600 万英镑，如果 4000 万英镑总支出中的 1600 万英镑源于资产，剩余的 2600 万英镑则一定是工资，那么税负也应该相应变化。

还有些想法则不只是为自己。考虑到高利率阻碍了爱尔兰的贸易发展，配第在西卡罗莱纳大学詹姆斯·乌尔默（James Ullmer）的基础上发展了一套成熟的货币利率。他计算了每年爱尔兰所需的交易金额以及这些货币的流转速度，以估算能保持利率上限的货币量。这一“货币数量理论”是货币经济学的核心，世人公认这一理论最早是由戴维·休谟（David Hume）在 1752 年提出的，事实上，配第在一个世纪前就提出了相关理论。

配第在提出货币理论后，开始质疑新银行系统受到的指责。配第就此举例，一个经济体需要十万英镑的货币供应量，但是只有六万英镑，其中两万英镑可以用作流通货币，还有四万英镑放进银行。银行可以将钱借出，贷款和存款可以接近八万英镑，加上之前的两万英镑，一共是十万英镑。这样的“部分储备金”银行制度可以让钱生钱，因此配第支持这种做法，银行也能在英格兰和荷兰的竞争中助一臂之力。

金字塔策划人

配第还从自己的国民核算中得出了一些结论，证明了劳务收入的重要性。他担心失业会减少工作设备——准确地说应是现代经济学家苦恼的就业市场创伤或者滞后。他与凯恩斯几个世纪前提出了一个“修辞提议”（rhetorical proposal）：再没有意义的工作也胜于无工作，因此可以付钱让失业的人在索尔斯堡平原（Salisbury Plain）上建立金字塔，或者将巨石阵（Stonehenge）运到伦敦。他其实想要表明需求不足才是威胁所在，经济衰落期间公共投资可能会弥补这一问题。

形形色色的学术势利能揭示配第不为人知的原因。配第习惯用数据说明问题，这也为他带来了风险：后来的研究用这些数据得出了不同的结果。在配第去世后的一百年里，他的数据渐渐失宠，更恰当的做法似乎是先建立理论，然后用数据加以验证。更为糟糕的是，配第没有找到世界上可以包罗万象的理论，因为缺少能连接所有市场的模型，所以人们视他为经济学的“预期者”，而非奠基人。

今天这些抱怨看起来也很鸡肋。在央行辛苦打拼的经济学家已经丢弃了他们的整体模型，将目光转向很多小型模型。在谷歌和易贝这样的公司里，数据挖掘不再是罪过而是回报丰厚的技术。配第的经济学再次取得胜利。正如他发明的双体船、摩托艇和原版复印机，配第的经济学理论也经受住了时间的考验。

（2013 年 12 月）

后危机经济学：凯恩斯的新继承人

“英国推动全球重新思考经济学的教学方式”

对于经济学家而言，2008 年是一场噩梦。那些研究和教授被 19 世纪辩论学家托马斯·卡莱尔调侃的“忧郁的科学”的人不仅未能察觉危险，很多人甚至做出了完全相反的预测——这是一场他们称为“大稳健”的平静稳定。当全球经济缓慢恢复时，经济学仍处于不断地变化之中，学生想要明白到底哪里出了问题，但对课上所学又非常不满。有些人想要改变这一情况，大胆运用新项目对经济进行改革。

英国早有先例。20 世纪 30 年代早期，经济学的情况非常糟糕。全球经济鲜有起色，经济学家也无法解释其中的原因。后来两位英国人改变了这一情况。1933 年剑桥大学的经济学家凯恩斯首先为这一改变提供了“原材料”——他提出了一种用以说明需求不足导致持续衰退和长期失业的新理论。这一观点虽然激进，但非常专业。同校的约翰·希克斯（John Hicks）从凯恩斯的理论中提取出了一个简单模型，于是这些理论得到突飞猛进的发展，并很快成为本科生的核心课程。

现在改革的环境再次成熟，英国成为打头阵的合适人选。首先，这一学科迎来了众多新生力量，参加经济学 A 级考试的人数在 2013 年 6 月超过 2.6 万人，创下历史新高。但很多大学生对接下来的学习感到失望。曼彻斯特大学的学生还专门建立了一个学生社团来质疑目前的教学大纲，要求课程应该减少细致的数学算法，增加对重要历史思想家的讨论。

发牢骚的不只有学生，很多老师也在抱怨现在课上很少教授经济学思想史，这不是说要倒向马克思共产主义或者哈耶克（Friedrich Hayek）自由主义，而是让学生从历史思想家中获得新的灵感。

经济学思想历史为什么重要？看看银行业就知道了。欧文·费希尔和米尔顿·弗里德曼都质疑银行的部分准备金制度（事实是银行的存款都成了贷款而非安全资产）并就此写了大量文章。对于少数了解他们的人来说，他们的提议有助于在今天设计保护小额零星存款的“围栅”。如果更多的监管者曾在大学里学习了解过监管类工作，那么这一想法可能在危机前就产生了，而不是在危机后才亡羊补牢。

不仅学生对经济学不满，专业经济学家也能轻易发现漏洞，他们中很多人都认为课上应广泛教授经济学历史，并引用了本·伯南克的联邦储备系统，这一系统受伯南克对大萧条和 20 世纪 90 年代日本经济低迷认识的影响，在当时的表现超过了其他发达国家。重要的不是只有美国金融史，2005 ~ 2013 年担任以色列央行行长的斯坦利·费希尔（Stanley Fischer）发现了解经济学历史（包括白芝浩的著名规定——向身处困境的银行提供大量货币，但要向银行收费）有助于应对 2008 年的危机。危机发生前，这些知识已经很久没有在教学大纲上出现了。

新的教师群体正在聆听。在伦敦大学学院经济学家温迪·卡林（Wendy Carlin）的带领下，这群教师正在设计新的大学课程。新课程打算在2014～2015学年实施，进行多方面的改变。学生们的观点也得到关注，“重新思考经济学”这样的机构（伦敦的学生机构）让学生们有机会就新课程表达观点。对经济学的重思也被纳入世界政策范畴。2013年11月11日，在英国财政部举行的卡林女士的项目发布会上，英格兰银行的经济学家也受邀参加了会议。

从布鲁姆斯伯里到班加罗尔

这也是场国际化的运动。危机发生前，哪怕学生对美国以外的经济学不甚了解，他们也能毕业。卡林女士的项目囊括了来自九个国家的学者智慧，其中有来自智利、哥伦比亚、印度和俄罗斯等新兴市场的学者。他们吸取了希克斯的教训，班加罗尔大学的阿齐姆·普雷姆吉（Azim Premji）甚至设计了精巧的网上材料。学生无须购买昂贵的教材——这些材料将会免费发放到各大学院系。

这一切之所以成为可能，还源于英国经济学的另一重大变化。从19世纪50年代英国的后凯恩斯全盛时期起，经济学家不断流向美国，他们大部分是受到高薪的诱惑。对冲基金在向经济学注入资金的同时货币限制也放宽了。资产高达400亿美元的对冲基金公司布勒旺·霍华德（Brevan Howard）在英国帝国理工学院建立了一个新的金融稳定研究中心。2013年11月该公司宣布沃顿商学院的富兰克林·阿伦（Franklin Allen）和纽约大学的道格拉斯·盖尔（Douglas Gale）同为合伙人。人才流失的情况可能开始有所好转。

卡林女士的项目也从对冲基金受益，其资金来自新经济思维研究所（INET），这一机构由一位名为乔治·邵罗什（George Soros）的投资家于2009年建立。INET目前每年为经济学项目筹资400万美元，其中包括在牛津大学新建立的一家研究中心。想必凯恩斯也会欣然同意卡林女士的项目，因为他是一位积极的投资者，同时他也认为经济学的作用在于保护音乐、艺术和知识生活等美好事物。

（2013年11月）

如何衡量 GDP：界限问题

“美国已经改变了 GDP 的衡量方法”

经济学是一个凌乱的学科：流动性太强，称不上科学；但又太过严谨，也称不上艺术。这样来说，经济学最常用的衡量方式 GDP 就比较混乱。GDP 是指某一经济领土内的总产值。正因为 GDP 表面看起来简单，所以人们才会每个月都在考察这其中零点几个百分点的波动。但作为分析基础的话，GDP 又太过主观：很难定义领土、产出以及对产出估值，但经济学还非常依赖这些决策。实际上，经济学家仍在不断调整经济学。2014 年 12 月，美国 GDP 增长了 5600 万美元，同比增长 3.6%，主要是因为经济资产的定义“边界”移动了。

GDP 的现代历史始于美国大萧条。1929 年经济开始衰退时，政策制定者能采用的衡量手段非常有限，他们运用了股价、工业生产和交通数据，但基本也仅限于此。西蒙·库兹涅茨（Simon Kuznets）在 1934 年的一份报告中给出了能恰当诊断经济问题的细节，随之产生的新国民收入以及产出账户都分别按照行业和部门来衡量收入和生产，新的衡量方式也产生了，其中就包括

GDP。剑桥大学的理查德·斯通（Richard Stone）为英国开发了一个类似的系统，该系统在1947年被联合国采用为首个“国民账户系统”（SNA），成为衡量经济活动的一套国际标准。

最初的这些大动作不断将GDP推向系统化和国际化，之后的改进则相对缓和。重点在于衡量的对象和衡量的方式，要解决第一个问题需要明确一组“边界”：边界以内的经济活动才能纳入衡量，边界以外的则相反。即便是地理边界——如何定义一个国家——也非常棘手。国家的领海位于国界之内，但在这些水域里工作的外国船员其实是在为他们国家的产出做贡献。走私犯的活动跨越国界很难追踪，是件真正麻烦的事情。

明确其他边界条件则更困难。由于投资（创造资产的活动）是GDP的一部分，所以对“资产”定义非常重要。在此，实践优于原则。长久以来，经济学家都认为研发支出或艺术品支出也算是一种投资，由此产生了更偏向固定资产的事物，譬如专利。它们不仅耐用，还会带来未来收入，刺激未来产出。但之前在1993年建立的国民账户系统认为这类资产很难去衡量。为此，这些资产被排除在资产边界以外，相应地，为生产这些资产而投入的支出也不能被纳入投资范围内，也就不能算做GDP。

但2008年最新建立的国民账户系统重新界定了资产范围，将创新活动也纳入进来，促使近来美国数据发生了变化。美国经济分析局（BEA）创造了一种名为“知识产权产品”的新投资。在理想状态下，私有企业的研发价值基于未来创造的收入，再折算成现值。但由于未来产品和其相关价格都无法观察，所以计算起来相当麻烦。因此美国经济分析局运用企业创新相关成本来衡量研发投资，现在这种方式也用来衡量政府研发支出，后者主要运用在健康、国防和航天航空领域。

美国经济分析局在原创艺术品上面临着更棘手的问题，即电影、书籍、音乐和电视节目等构成的类别（按照美国经济分析局的说法，报纸文章没有持续价值。但他们知道什么呢?）。问题在于：有关投资成本的信息不足，此外，音乐、手稿或节目模式版权等资产很少出售，而是被用来创造书籍或电视节目等未来的产品。因此美国经济分析局必须估算未来可能的版权费，然后将这笔钱折算到今天，从而对投资进行估值。由于艺术品资产可以持续很久（例如，《辛普森一家》自 1989 年起播放至今），这项工作并不轻松。

短期内美国新的 GDP 衡量方法会让国际比较更加困难。美国经济分析局不是第一个出击的：澳大利亚在 2009 年就做出了改变，从而在 OECD 国家人均 GDP 排名上超过了加拿大。紧接着，加拿大在 2012 年做出了改变，稍微挽回了点局面。目前 G20 中仅有美国、澳大利亚和加拿大运用了新系统。到 2014 年，会有包括一些欧盟国在内的更多国家加入新阵营。

胡萝卜和统计学

由于 GDP 远不够完美，有一个问题就是如何对待在本国生产并在本国消费的商品和服务，为此美国经济分析局特地明确了另外一个边界。所有在本国生产和消费的商品都被纳入 GDP：果蔬种植得越多，经济总量就越大，道理就是国产商品能在市场上销售、获得价值并能进行衡量。但服务（如打扫房子、照顾亲人等）不计入 GDP，这是因为服务的消费和生产同时进行：服务无法出售，因而是市场之外的。

但认为本国服务无市场价格已经是20世纪40年代的想法，打扫、护理等服务其实很好定价，比未来电影版权定价容易得多。将本国提供的医疗健康和教育排除在外也造成GDP的断层越发严重。这些服务市场价的上涨速度比通胀率快多了，意味着界限以外活动的价值会随时间迅速变化。国民核算如果想要继续下去，可能需要再次改变。

（2013年8月）

普世欢腾：以 GDP 增长为目标是否正确

“从埃比尼泽·斯克鲁奇（Ebenezer Scrooge）
和小蒂姆（Tiny Tim）身上我们能学到哪些经济学知识”

经济学的意义何在？似乎是让世界变得更加富裕。当全球 GDP 迅速增长时，悲观的科学家们会欣喜不已，要知道，他们唯一的担心就是增长放缓。然而，在现在这个时候，不可言喻之物正取代着有形之物，至少对虔诚的基督教徒来说是这样。而在大多数老百姓看来则恰恰相反，他们认为有形之物取代着不可言喻之物。如此一来，现在应该思考收入最大化是否应该成为经济政策最重要的终极目标。

很少有人把丰厚收入本身视为终极目的，但有一个显著的例外，那就是埃比尼泽·斯克鲁奇——查尔斯·狄更斯（Charles Dickens）的小说《圣诞颂歌》（*A Christmas Carol*）中那个“唯利是图、贪婪吝啬”的反面人物。无论如何我们都能真切地感受到：收入会让人们过上更舒适的生活。确实，就民众的预期寿命而言，世界上最富裕的十个国家要比最贫穷的十个国家多出 25 年。人们有了更多的现金后，就能接受更好的教育，体验更加丰富的休闲活动，品尝更加健康的食物，而这些都有助于改善生活质量。

然而收入并不是唯一至关重要的因素。纽约大学的威廉·伊斯特利（William Easterly）在1999年的一篇论文中运用1960～1990年的数据研究了经济增长同81个不同生活质量指标之间的关系。研究发现，经济增长的重要性只在32个指标中超过了其他要素（如技术变革或社会习俗变更）。另外还有一份发表于2014年10月的调查在对43个国家进行研究后发现，新兴市场民众的生活满意度略低于富裕国家的民众。

如果说收入并不能作为生活质量的理想标准，那么还存在其他合理的标准吗？近年来，焦点纷纷转向“幸福”层面。联合国自2012年来开始发布年度“全球幸福指数报告”。英国政府每年都会评估全国的“个人幸福指数”。但芝加哥大学的玛莎·纳斯鲍姆（Martha Nussbaum）表示“幸福”也有其局限性。斯克鲁奇发现清点财富容易，但明确“幸福”状态就没那么容易了。人们往往具有哲学家所说的“适应性偏好”。换言之，人们可能无法说出他们“真正的”幸福感。《圣诞颂歌》中那位恼人的圣洁英雄小蒂姆双腿残疾、家徒四壁，但他感到很幸福。按理说，他不应该感到幸福。斯克鲁奇虽然腰缠万贯、身体健康（除了圣诞节的那些幻觉），但他感到痛苦。不过，如果以此断定小蒂姆境况更好，那也有点奇怪。

既然衡量幸福如此困难，那么经济学家还有其他标准可以参考吗？哈佛大学的阿玛蒂亚·森（Amartya Sen）认为“能力要素法”行得通。对能力的界定并没有那么清晰。简单地说，人们有理由重视的某件东西就是一种能力。潜在的能力无穷无尽，如健康长寿的机会、参与政治生活或获得良好成长的自由。森表示，经济学家应该努力实现能力的最大化：收入只是实现目标的众多方式之一。

这就引出了一个问题：社会应该让哪些能力最大化呢？有人担心，“能力要素法”带有浓烈的家长式作风，即由政府决定什么对其公民是最好的。领先的理论家又强化了这种观点。纳斯鲍姆甚至列举出了对美好生活至关重要的“十种核心能力”。对热爱自由的经济学家而言，这一问题具有争议性。

但“能力要素法”可能并不如表面那么狭隘。有人坚持认为 GDP 是衡量经济进步的真正标准，这一行为本身就是一种价值判断。此外，在森和纳斯鲍姆看来，人们必须能自由地选择最终应追求何种能力，选择自由会影响幸福感。如果人们获得了绝佳的机会，那么他们最终的决定就没有那么重要了。相比没有收到进餐邀请的人，（像斯克鲁奇那样）选择放弃同家人朋友共享圣诞晚餐的人要更幸福，虽然这两类人最终的状态似乎没有什么区别。尽管很多人可以从圣诞晚餐中获得不少乐趣，但这并不代表人人都需要参加。

生活、自由及对能力的追求

衡量能力可能比衡量 GDP、幸福感还要难，不过能力可以通过合适的标准来衡量。在预期寿命较长的国家，公民很可能会享受良好的医疗保健、免受污染等待遇，从而更容易过上健康长寿的生活。相比之下，如果一个国家不允许女孩上学或禁止妇女开车，那么这个国家可能无法赋予女性充分参与公民生活的机会。

这些资料还用来衡量一些经济成就。森于 1990 年帮助设计的 HDI（人类发展指数）不仅将收入作为发展的元素，还将预期寿命和教育纳入考虑范围之中。如果按人均 GDP 计算，挪威就是世界上第六大富裕的国家；但如果根据 HDI 计算，挪威则是世界上最富裕的国家。2014 年 12 月 10 日，联合国发布了最新版的“包容性财富指数”，用美元来衡量教育、健康等方面的情况。

但提高能力并不比提升收入简单。虽然不丹的政府政策是根据这种观念来制定的，但该国仍未居于 HDI 排行榜前列。此外，“能力要素法”衍生出了众多衡量标准，而且一个比一个复杂，使得 GDP 再次夺人眼球。还有其他单凭一个数就可以合理地估计生活质量的标准吗？不过，在《圣诞颂歌》结尾，就连斯克鲁奇都意识到了 GDP 不是生活的全部。

（2014 年 12 月）

11. 新企业、新经济学

硅谷的经济学家：微观之星，宏观效应

“走近让市场运转得更好的经济学家”

显而易见的是，过去十年对经济学而言是糟糕透顶的十年。它未能成功预测次贷危机和欧元危机，只在危机爆发后对解决方案进行了激烈的争论。但经历这些失败后，一小群世界顶级的微观经济学家开始默不作声地对经济学这一学科进行彻底的变革。这些经济学家效力于谷歌、微软和易贝等大型技术公司，正在改变商业决策及市场运作方式。

以保持低成本这一挑战为例。互联网带宽是雅虎等公司的一项重要投入，而这项投入是由企业统一购买并通过内部市场进行分配的。人们对带宽的需求起伏不定，于是高峰期和低谷期在一天的不同时段里交替出现。这就引发了这样一个问题：由于必须满足高峰时段的需求，企业大部分时间都在使用昂贵的备用容量。

普雷斯顿·麦卡菲（Preston McAfee）曾在加州理工学院担任教授。上述问题是他于2007年入职雅虎之后率先关注的众多问题之一。麦卡菲现就职于谷歌，他发现带宽使用可以分为两类：迫切需求（用于显示网页）和缓慢需

求（用于备份和归档）。他阐述了两种收费制（即需求高峰期提价，需求低谷期降价）是如何将时效性较低的任务转移至夜晚进行的。如此一来，雅虎得以更有效地运用价格高昂的带宽。

人们会本能地觉得这种解决方案（即两类任务、两种收费标准）具有吸引力。但起初，经济学家关于如何设计市场的想法似乎令人费解。其中一个典型的例子就是：线上汽车拍卖商究竟应该公布多少有关被拍卖汽车的信息。根据常识来看，车龄和里程等信息必不可少。但毫无保留地公开其他信息（如油漆欠佳等精确信息）可能会抑制买家的购买欲望，从而使拍卖商到手的回扣减少。但一些学术理论指出了与之相反的情形：在一些拍卖中，公开的信息越详细，拍卖商的收入就越多。

为了检验该理论，美国加州大学伯克利分校的史蒂夫·塔德利斯（Steve Tadelis，同时就职于易贝）和美国西北大学的弗洛里安·策特尔迈尔（Florian Zettelmeyer）进行了一项实验。他们将 8000 辆汽车随机分成两组。在拍卖第一组车时，提供了车龄、里程等标准信息；在拍卖第二组车时，则详细公布了车辆油漆等信息。得到的结果引人注目：相比于第一组车，第二组车出售的可能性更大，成交价格也更高。对状况较差的车辆而言，这一效应最为显著：出售车辆的可能性上升了 23%，成交价格也上涨了 5%。如果提供额外信息，买家就能够找到自己心仪的车型。汽车行业的竞争日益激烈，即便劣质车辆也是如此。

然而，公开更多信息并不总是能带来好处。研究表明，面对诸多选择时，不知所措的消费者可能会直接离开。塔德利斯曾进行过这样一项测试：根据用户体验有针对性地设计易贝的拍卖，这种做法是否会带来更好的效果？通过排除一些难以评估的卖家（如送货时间反馈不太好的一些卖家）后，新用户的选择面变窄了。而当新用户面临的卖家较少时，拍卖成功的次数增多了，而且买家再次光顾易贝的可能性也变大了。在个性化的市场上，买家、卖家和易贝都能获益。

同时就职于斯坦福大学与微软的苏珊·埃塞（Susan Athey）表示，经济学家渴望用理论知识挑战传统思维，这正是企业看重经济学家的原因之一。2007 年，埃塞就职于微软，这一软件巨头正面临着在人们看来无法避免的权衡——在线广告有助于增加收入，但过多的广告又会抑制用户的消费行为。如果广告商获利，那么用户就会流失。但经济理论对这种观点提出了质疑，表示如果企业在与两类群体（如广告商和用户）打交道，那么让一方获利通常也有利于另一方。

埃塞与微软的计算机专家一同将该理论付诸实践。由于广告的出现由算法决定，其中一种想法便是加强这种算法。如此一来，广告出现的频率降低了，所以广告商的短期利润减少了。但从长远来看，其他力量也会发挥作用。由于关联性更大的广告提升了用户体验，所以用户数量增多了。虽然出现的频率降低了，但针对性更强的广告赢得了更多用户的点击量。实证研究表明，虽然广告商在一段时间后才会感到有利可图，但就最终的收益而言，等待是值得的。这一变革在微软得到了实施。

微观经济学家也会把目光投向自己的领域之外。由于 GDP、通胀、失业率等数据统计滞后，所以央行和财政部目前出台的政策都是基于陈旧的数据而制定的。在谷歌，由首席经济学家哈尔·范里安（Hal Varian）率领的团队正在通过搜索引擎获得数据，从而增强了措施的时效性。“工作”“福利”“独居者”等检索词与失业申请紧密相关（见图11.1）。这些联系有助于构建新指数，以反映实时经济情况。如果决策者现在开始对这些加以系统运用，那么决策依据的可能就是昨天的经济形势，而非遥远的数个月之前的经济情况。

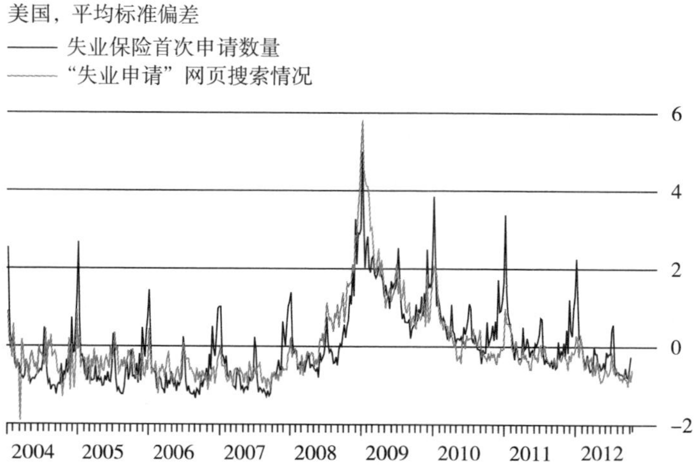

图11.1　即时反馈

资料来源：谷歌相关工具；美国劳动部

（2012年11月）

面向最前沿：走近市场塑造者

“新一代高科技经济学家正帮助企业开辟新市场”

人们很容易就能找到讥笑经济学家的理由。比如，经济学家试图预测未来，却未能成功预言2008年的金融危机，而且他们那些匪夷所思的假设也无法成立。对他们的攻击还包括学术观点狭隘、与“真实的”商界接触有限等。随处可见猛烈的抨击，而且难以反驳。但在转折时期，民众往往容易持错误观点。经济学正不断向前发展，其使命就在于解决企业在现实生活中面临的核心问题。现如今，硅谷的创新势头最为显著，这一点不足为奇。

在“睿智旅游”网站（Smarter Travel）——旅游网站“旅行顾问”（Trip Advisor）的子网站的布莱恩·巴林（Bryan Balin）看来，经济学必须快如闪电。一般而言，在浏览结束之前，只有1%的旅游网站访客预订机票、酒店或支付假日费用。广受欢迎的供应商可能有不少访问量，但仅有极小一部分访客会付费。因此，从浏览窗口中筛选出购买群体至关重要。在这些访客浏览网站时，其他产品的广告扑面而来，所以要尽快将他们引至意向产品，这样才能提升网站的利润。

巴林找到了解决这一问题的答案。在访客浏览睿智旅游网的最初几秒钟里，通过一种算法能捕获他们的信息。由于只逛不买的访客往往会快速切换页面，而有购买意向的访客则会考虑较长时间，所以点击速度也具有参考价值。访问时刻、先前访问量、位置等其他信息也很重要。该算法会得出用户成为潜在买家的概率，便可以计算出显示广告时的收益情况及因广告分散访客注意力而承担的风险情况，而调整网站只需几毫秒。

天体物理学家出身的数据科学家吉纳维芙·格雷福斯（Genevieve Graves）表示，从海量的数据中发现有用的模式非常棘手。不过，得益于先前的研究训练，她能顺利地处理这些数据。在普林斯顿大学从事研究工作时，格雷福斯为斯隆数字巡天计划（Sloan Digital Sky Survey）费尽心思，这一庞大的数据集包含了恒星和星系的位置信息。如今，她分析的是“人力资源”这一更切合实际的对象。总部设在旧金山的“嗨扣”（hiQ）实验室是一家以“机器学习”著称的新创公司，她在该实验室采用的实证方法在新一代商业经济学中居于核心地位。

机器学习并不像一代又一代科幻作家所说的那样可怕。亚瑟·塞缪尔（Arthur Samuel）于1959年设立的基本目标是让计算机学会自学。为了实现这一目标，程序员让机器反复执行一项任务，并通过某种标准来衡量是否成功做到了这一点。接下来，计算机稍微改变策略，衡量的标准为完成任务的质量。该流程一直处于循环之中，直到机器“学会”如何出色地完成任务为止。如果尝试的次数足够多，计算机将有可能设置垃圾邮件过滤器，把录音转化成文本，甚至驾驶直升机。

“嗨扣”实验室的数据小组认为，机器学习可以彻底改变商业运转的方式。对大部分企业而言，失去一名高级雇员的成本远远高于保持现有员工幸福感的成本。离职者带走的不仅是知识和人脉，还有忠诚的下属。为了应对这种现象，大型企业试图明确员工积累的焦虑，采用全员调查和全面访谈来洞察不满情绪。最后的结果是：加薪、免税自行车或育儿代金券等优惠政策会对全体员工全面实施。

格雷福斯表示，如果企业知道谁最有可能离职，那么这种全面的方法将可以得到进一步完善。“嗨扣”实验室设计的算法解决了该问题。使用公司的内部数据（如工资标准、组织结构图、职称），并将这些数据与竞争对手的薪酬和职位空缺信息进行比较，就可以推断出谁将离职以及离职的原因。接下来，管理者会分析潜在的离职者，并制定个性化的解决方案。而在通常情况下，加薪并不在解决方案之列。

在“嗨扣”实验室担任顾问的斯坦福大学经济学博士斯科特·尼克尔森（Scott Nicholson）表示，识别潜在的“类型”（比如，是买主还是浏览者，是满意还是不满意）是新型经济领域面临的一项共同挑战。原因在于新型企业通常是汇集买家与卖家的平台。尼克尔森先前效力的领英（LinkedIn）和“增值医疗”（Accretive Heath）就是如此，前者集合了员工和雇主，后者则集合了医生和患者。在所有这些企业中，增进对客户类型的了解有助于为平台建立更好的联系。

尼克尔森的最新雇主——无现金支付终端“波恩特”（Poynt）也效仿了

这一模式。除接受信用卡支付外，Poynt 还希望在店主与顾客之间、商店与商店之间建立更好的联系。比如，从理论上讲，通过将收银台联系起来，各商店可以与匿名的本土竞争对手进行比较，从而回答了长期困扰零售商的一个问题：是所有本地商店的经营都很糟糕，还是只有我这家商店？而更常见的方法可能是追踪销售和客户维系情况，并与同行进行比较。这类基准调查曾是蓝筹公司坚持使用的方法。

找到更好的代理人

空中食宿的首席经济学家莱利·纽曼（Riley Newman）表示，帮助建立新平台富有挑战性。对于在“房主”（愿意租房）和“房客”（寻找住宿地）之间架起一座桥梁的空中食宿而言，具体的挑战在于平衡供给与需求。纽约和旧金山广受游客欢迎，住房往往供不应求。脸书可以根据当地情况进行广告宣传，从而有效增加了住房供给。波士顿和波特兰有很多房主愿意出租，但需求量很小，谷歌的广告则通过锁定想要参观这些城市的人群增加了需求。

随着平台的建立和运行，纽曼及其团队努力让该平台更好地发挥作用。房主（是私房房主，不是专业的酒店老板）正扮演着不同寻常的角色。在早期，一些房主明显经营得更好。数据处理显示，房主住所照片的质量是影响入住率的一个关键因素。于是空中食宿向房主提供免费摄影服务并对其效果进行测试，认为需求的增加可以抵消成本。最终，这种做法产生了积极效应，空中食宿现在为大多数房主提供免费的专业摄影服务。

这种新举措在调整产品以平衡供给与需求的过程中，也正将经济学原理应用于硅谷各家企业的结构之中。虽然这些企业因为太忙而没有意识到这一点，但他们极有力地回击了经济学的抨击者。首席经济学家将设计出企业的运转方式，这种设想一点也不脱离实际。

（2015 年 1 月）

“优步”经济学：“动态定价”策略

“优步试图彻底变革出租车市场，
这其中蕴含着哪些微观经济学原理”

新竞争对手总是会激怒一些人。优步（Uber）是出租车市场的新参与者，其独特之处在于似乎惹恼了一些客户和受到威胁的出租车司机。问题就在于其“动态定价”，这种定价策略使得优步客户在周末和假期支付的乘车费用是正常费用的好几倍。批评者指出，这种“敲诈行为”最终会导致客户流失，从而减少优步的业务。从微观经济学的角度来看，优步模式虽然存在缺陷，但其“动态定价”策略应该受到人们的欢迎。

出租车市场的大调整需求由来已久。从理论上看，进入出租车市场并不是件难事，唯一需要的就是一辆汽车和一个驾驶执照，新司机注意让出租车票价接近成本即可。但在许多城市，出租车之间的竞争远没有这么理想。在数十年监管的共同作用下，新进者被拒之门外。2013 年在纽约的一场拍卖会上，一对“出租车大奖章”以高达 260 万美元的价格出售，其他许多城市也出台了类似的方案。在伦敦，通过“知识考试”需要四年时间，这项考试旨在测试司机是否熟悉这座城市的街道，尽管这项考试在有了 GPS 之后略显多余，但司机还是需要参加考试。出租车市场常常有排外之嫌——出租车供不应求，车主利润丰厚。澳大利亚、爱尔兰、保加利亚及其他一些国家已经开始考虑反垄断问题。

优步致力于改变这一切。2010 年优步在旧金山成立后，乘客可以通过智能手机呼叫司机，这种打车方式甚至比伸手叫停还要简单。与其将一些车辆称为出租车，还不如说它们是经过优步审查的私家车。躺在沙发或坐在酒吧高脚凳上叫车是如此方便舒适，所以这种服务吸引了一批忠实的粉丝。但享受这种服务需要付出一定的代价。在大多数情况下，通过优步打车比在街道上打车要略微便宜，但需求激增时会采取“动态定价”策略。比如，最繁忙时期（如新年前夜）的票价可以飙升至正常票价的 7 倍，就连最低票价都高达 175 美元。

批评者对优步定价策略的抨击其实是老生常谈：对一种产品定制价格——差异化定价——通常会引起消费者群体的抱怨。药品收费因国家而异，火车票价因购买者年龄而异，或者拿优步来说，打车票价因打车时间而异，这些做法似乎都不太公平。

但牛津大学的马克·阿姆斯特朗（Mark Armstrong）在 2006 年的一篇论文中指出，差异化定价并不一定是件坏事。企业如果向所有客户提供一种价格，就要进行权衡：降价能促进销售，也意味着为原本愿意支付更多的客户提供了折扣。利润最大化往往意味着减少供给：不对吝啬的购物者供货，而是从出手大方的客户身上获取更多利润。统一定价会错过一些商机，顾客如果对商品的估价超过了商品的生产成本，那么在统一定价中就成了“漏网之鱼”，如果不信可以去问问那些在除夕夜打车的乘客。

优步的“动态定价”旨在解决这一问题。和诸多科技公司一样，优步扮演着中间商的角色。谷歌连接着搜索用户和广告商，易贝连接着买卖双方。同样地，优步也将独立的出租车司机与想要乘车的客户联系起来。商业模式只有在匹配成功时才行之有效。由于价格上涨提高了优步司机的报酬（私车司机可以从每笔收费中赚取80%），于是在这种诱惑下，越来越多的车辆在高需求时期上路载客。周末深夜两点的票价高，这不仅是因为乘客愿意支付更多，还因为司机在这个时间段也不想出车。

图卢兹大学的让·夏尔·罗歇（Jean-Charles Rochet）和让·梯若尔（Jean Tirole）在2006年的一篇论文中指出，这种策略在运营平台或“双边”市场的企业中并不罕见。在市场中，企业通常会向一方倾斜，向其提供极为有利的交易。例如，夜店免费对女士开放，那么向男士收取高额费用就是理所当然的了；广告商愿意付钱买来电话簿以获取阅读量。据相关理论预测，各方的交易取决于两个因素——价格敏感性和各方市场的供应情况。优步的“动态定价”完全符合这些条件。周五晚上的狂欢者将受到两面夹击——一方面，此时的出租车供不应求；另一方面，这些狂欢者愿意支付更高的费用。

实际定价问题

有证据表明优步的“动态定价”正在改善出租车市场的情况。优步表示，司机对价格非常敏感，有了高薪的诱惑，越来越多的优步司机哪怕工作时间错乱也要出车。优步还表示，旧金山供出租的私家车数量飙升。由此看来，在“动态定价”策略的推动下，出租车的数量会随着需求的变化而浮动，高峰时段的市场规模越来越大了。

然而，优步的管理费提成缺乏弹性，一直维持在票价的 20%。优步可能因此而无法优化供给与需求之间的匹配。在票价较低的空闲时段，这种制度或许可以很好地发挥作用。假设不少潜在乘客愿意支付 20 美元，而司机愿意接受 15 美元的付费，那么 20% 的管理费提成（即 4 美元）是皆大欢喜的。再设想一下周五晚上，乘客愿意支付 100 美元，而司机乐意接受 90 美元。这笔交易本应有成交的余地，但优步 20% 的管理费提成（20 美元）就意味着这笔交易将会泡汤。

虽然管理费提成可以创造收益，但可能并不是优步的最佳策略。固定的会员费常常是企业在双边市场中的最佳选择。通过每月向司机收取固定费用，优步既避免了价格变化对匹配双方造成的困扰，还可以赚取收入。考虑到一次付清现金可能会让出车频率不高的司机犹豫不决，所以可以让他们支付较便宜的会员费。优步应该继续实行“动态定价”策略。但为了尽可能扩大市场规模，在真正意义上彻底变革出租车市场，优步可能需要重新调整其收费制度。

（2014 年 3 月）

隐藏在"长尾"中：电商的繁荣

"消费者以令人吃惊的方式从电商中获利"

当商业开始走向电子化时，经济学家就预测这会给消费者带来两大好处：商品价格会降低，也会更统一；消费者的选择也会变多。

但确认这些好处还是有些挑战性的。网上商品的价格有高有低，尽管选择很多，但很多都是特殊定向产品，例如自行出版的书籍，需求可能为零。无论怎样，电子商务都是"净加分项"。但在美国经济学会（AEA）2015 年会议上发表的多篇文章证明，电子商务以经济学家未预测到的方式在增值，而且这种增值很难通过 GDP 等指标衡量。

以二手书为例。麻省理工学院（MIT）的格伦·埃利森（Glenn Ellison）和萨拉·埃利森（Sara Ellison）收集了 335 本图书的价格，发现网上平均每本书价格为 17.8 美元，比实体店里的价格高 50%。为同样的商品支付更多的钱一般只会让境况更糟糕。但在这种情况下，论文作者却有着相反的结论：更高的价格标志着买家更能买到心中真正想要的书籍。

例如，牛津出版社 1960 年出版的《乔治三世的统治 1760 ~ 1815》（*The*

Reign of George Ⅲ, 1760~1815）已经绝版，只有少部分书店可能会出售。分散在全国各地甚至全球各地的读者即便对这本书非常感兴趣，也可能永远不会在书店里找到这本书。但书店如果在网上公布库存，所有这些读者就都成为该书店的潜在买家。需求越大意味着价格越高，书店老板的收入会增多。读者也会比较舒心，因为如果没有网络，他可能永远都找不到这本书。论文作者之一因为在 MIT 图书馆找不到想要的书，曾于几年前网购了一本有 30 年历史的药学学术著作。她花了 20 美元，收到书后发现封面内部用铅笔写着 0.75 美元，但被擦掉了。显然，这本书“曾在某个二手书店里静悄悄地躺着，没有一个顾客愿意付 0.75 美元买下它”。

对于那些容易找到的商品来说，这些优点很难体现出来。例如，正在发售的热门书在网上的价格没那么分散，与线下价格更接近。

这些罕见的二手书属于“长尾”例子：极大地丰富了产品类型。但由于新上市的产品通常都是小众商品，所以能给消费者带来的集合利益比较小。例如，由于少数艺术家贡献了多数音乐销售，那么可供下载的歌曲数量在 2000~2010 年十年间翻了三番也就不是什么稀罕事了：大部分的新歌可能都由边缘艺术家演唱，但人们对他们并没有多大兴趣。

明尼苏达大学的乔尔·沃尔德福格尔（Joel Waldfogel）认为人们小觑了互联网的贡献。文化产品的需求预测比鞋子、苏打水这些传统商品要难得多。出版商再老练，对哪些书、电影或歌曲能受到追捧也只有模糊的印象。大型唱片公司只能签下少部分艺术家，深知自己可能不知不觉中就拒绝了一个未来的巨星。

然而，多亏有了便宜的电子录音科技、文件共享、“优兔网”（YouTube）、流音乐和社交媒体，音乐行业的门槛大大降低。现在艺术家不用跟大型唱片公司签约就能录制并分销单曲。独立的唱片公司越来越多，并且看上了被大型公司错过的艺术家。歌曲能否成为热门仍然跟彩票一样，但是公众获得的彩票数量是以前的三倍。

这似乎与2000年以来唱片公司的收入一直在下降的情况背道而驰。沃尔德福格尔表示这其实会误导人们：由于盗版的存在，公众消费的音乐量其实是被低估了。他的计算显示，自那之后的唱片质量要么保持稳定（基于“最佳榜单”的数量），要么得到显著提高（基于销售和电台播放量）。独立附属品牌“阿卡德之火”（Arcade Fire）和“芒福德一家”（Mumford & Sons）的成功就证明了这一点。在美国的音乐排行榜（Billboard）最佳200专辑中，独立唱片的比例从2001年的13%上升到2010年的35%。沃尔德福格尔及合作作者认为市场歌曲数量翻了三番后，带给消费者的利益是可预言性更强的商品翻三番后所带来的15倍。

价格无法正确地体现电子商务的优点，这一观点在一篇考察易贝用户搜索行为的文章中也得到了强化。人们往往以为这些用户非常明白自己想要什么，一定要以最低的价格拿下商品。但芝加哥大学的汤姆·布莱克（Tom Blake）和克里斯·诺斯科（Chris Nosko）及加利福尼亚大学伯克利分校的史蒂夫·塔得利斯（Steve Tadelis）给出了一幅更微妙的情景。他们在一天内追踪了50万名随机选择的易贝用户，发现他们16%的搜索最终导向了购物。用户似乎认为只浏览并不会花钱，因为哪怕只便宜25美分，他们也愿意多搜索一次。此外，很多搜索人员其实不是为了最好的价格而搜索，而是挖掘不同的产品。用户输入“歌剧 DVD”后，会先看看普契尼（Pussini）、威尔第（Verdi）、瓦格纳（Wagner）和比才（Bizet）的作品，然后才会返回去购买普契尼。

因此，研究者们认为这说明省钱只是用户搜索行为背后很小的一个动机，有些搜索价值在于搜索过程中用户能学到的东西。塔得利斯猜测很多用户其实只是喜欢网上搜索，就像很多人喜欢在实体奥特莱斯店里逛一样。很明显，这对主流经济学来说是个问题，因为主流经济学普遍认为搜索成本会让人们的情况更差而非更好。除此之外，这也强调了 GDP 这样的指标离衡量互联网的优点还相去甚远。

（2015 年 1 月）

12. 行为经济学

犯罪：罚款与惩罚

“根据犯罪经济学，应该收取更高的企业罚款”

2012 年夏天，企业罚款与处置金额颇高。在短短三个月内，英国和美国的公司同意为不当行为赔付 100 多亿美元。但犯罪经济学表明，如果监管机构意欲通过罚款抵消违规者从违法行为中捞得的收益，那么可能需要进一步提高罚款金额。

最近有关不良行为的指控通常表现为收费过高、不当销售和价格管制。一直以来，银行都是最糟糕的违规者。全球规模最大的银行及金融机构之一巴克莱银行因涉嫌操纵伦敦同业拆借利率（Libor）价格而被罚款 4. 5 亿美元，其他参与该垄断联盟的大型银行也受到同样的惩罚。HSBC（汇丰银行）因违反洗钱规定受到指控，最后被处以巨额罚款。两家制药公司——葛兰素史克和雅培——因非法营销受到惩罚。

一些企业表现糟糕，这并不是什么新鲜事，但相关机构的回应发生了改变。以卡特尔为例。在国际上，罚款金额在 20 世纪 90 年代至 21 世纪头十年间上涨了 1000 倍。美国的数据显示，自 20 世纪 80 年代末以来，卡特尔案例并未呈现出上升趋势，所以这类上涨并不是因卡特尔案例增多所致。更确切地说，罚款的平均水平上升了（见图 12.1 左侧）。罚款已经打破了纪录。例如，英国金融监管机构和美国商品期货交易委员会就对巴克莱银行征收过一次有史以来最多的罚款。即便如此，我们还是要问：这样的罚款金额足够发挥作用吗？

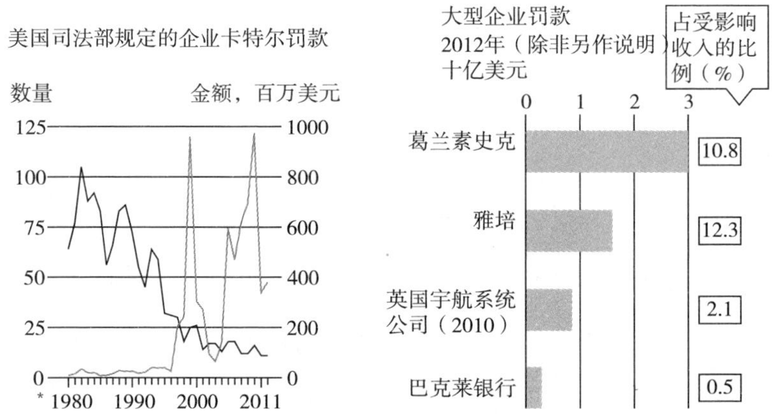

图 12.1 罚款情况

注：* 罚款期间。

资料来源：美国司法部；《经济学人》

犯罪预防经济学一开始就提出了这样一个令人沮丧的假设：高管只需权衡其各种选择，包括非法选择。如果非法销售产品或构建卡特尔组织面临着零风险，那么他们就会抓住这样的机会。当然，大多数商人并非如此工于心计，但严苛地假设合理性有助于弄清楚如何制止违规者。

1968 年，芝加哥大学的加里·贝克尔（Gary Becker）发表了一篇关于犯罪经济学的论文。在这篇颇具影响力的论文中，他构建了一个关于罪犯权衡违法预期成本与收益的框架。违法行为的预期成本取决于两个因素：遭到逮捕的可能性和遭到逮捕后所受惩罚的严重性。该框架可用于检测罚款金额是否适当以及是否有理由让公司免除罚款。

从极端情况入手有助于思考如何设定罚款金额。一种方法是对企业不当行为不收取任何罚款，转而依靠市场力量来规定规范公司行为的费用。芝加哥大学的亚伦·戴雷科特（Aaron Director）致力于推广基于市场的反垄断监管方法。该方法认为反垄断违法行为必定会使某些人吃亏，吃亏者要么是客户，要么是供应商。不当销售情况也是如此。采取这种经营方式的企业迟早会失去业务，这就意味着犯罪最终并不会带来利润。

这种观点的问题在于：一些摩擦行为（如客户的转换成本或竞争对手的进入壁垒）可以让剥削型企业逃避惩罚。单靠市场约束并不总能足以保证行为端正。普渡大学的约翰·康纳（John Connor）和古斯塔夫·赫尔默斯（Gustav Helmers）在发表于2007年的一篇论文中对1990～2005年283家国际卡特尔进行了研究。由这些卡特尔推动的总收入上涨高达3000亿美元以上。

另一个极端就是推行极其高昂的罚款体系。事实上，贝克尔的犯罪统计可能得出这样一个结论：罚款应该尽可能严厉，如没收违规者的全部资产。任何较为温和的举措都会降低犯罪行为的预期成本，侦测概率不会因此有任何改善（宽待揭发者符合这一逻辑：从轻发落可以提高讲真话的概率，从而提高侦测概率）。然而，反对超高罚款的观点不计其数。一方面，因为误判的代价太大了；另一方面，这类罚款可能会削弱公司，减少竞争。

监管者可以采取一种折中的方式来征收罚款，以抵消违规者从犯罪行为中捞得的好处。有关卡特尔的数据为计算这些罚款提供了有益参考。第一步是衡量从犯罪活动中获得的预期收益，这些收益须通过罚款来抵消。康纳和赫尔默斯进行的研究显示，在受影响的市场中，卡特尔成员过多索取的平均金额仅仅略高于收入的20%。接下来须假设被揭穿的概率：如果三个卡特尔中有一个被揭穿，则表明反托拉斯者表现良好。在这个例子中，这意味着占收入20%的预期收益需要通过占收入60%的罚款来抵消，该罚款比例远高于研究中的比例（1.4%~4.9%）。

犯罪统计

如果按照这种方法评估，哪怕明显高昂的罚款也会显得微乎其微。最近的大型罚款（见图12.1右侧）一直远远低于这类犯罪预测给出的建议值，该预测甚至将巴克莱银行等公司与有关当局合作所获得的折扣都考虑在内。英国看起来格外宽容，其反垄断法规定的罚款占收入的10%；美国监管机构和欧盟委员会征收的罚款分别占收入的40%和30%。

满腹牢骚的客户稍后可能会提起私人诉讼，这将进一步提高犯罪成本。此时，犯罪经济学可能会建议美国实行“集体诉讼”制度，即将诸多客户的投诉集合成一个单一诉讼，而欧洲正缺乏这种条件。2012年7月，万事达卡（Master Card）和维萨卡（Visa）同意支付73亿美元来解决零售商指控信用卡串通收费的诉讼（这两家公司拒不承认该指控）。针对个人的刑事指控也会引起人们的注意。但诉讼和刑事指控往往需要数年才会显现出来，不少违法者有办法逃避诉讼。为了制止不良行为，有必要提升罚款金额。监管机构的办法已初见成效，但还需采取一些更严厉的措施。

（2012年7月）

噪音污染："嘘！"

"为什么本应安静的车厢依旧噪音阵阵？
怎样才能让车厢安静下来"

在火车上营造安静的车厢是个不错的主意：乘客们主动将手机调成静音模式，关掉扬声器，聊天尽量小声。但实际情况是，总有些聒噪的人爱喋喋不休，打破安静的氛围，而且这类人通常不止一个。

平静的旅途会受到几个因素的干扰。其一是座位分配问题：有些旅客无意中被安排至安静车厢，但他们并未意识到相关规则；其二是承诺问题：有时候，乘客选择坐在安静车厢，但不得不接听重要来电，所以难免发出一些噪声。

列车运营商正试图寻找解决办法。澳大利亚昆士兰州的火车里张贴着永久性标志，明确表明要保持安静；英国一个运营商投资了可屏蔽电话的信号干扰技术。微观经济学则提出了另一种方法：为噪声埋单。

为噪声埋单这一举措必定可以抑制乘客喧哗。从理论上讲，该方法简洁灵巧，但实际面临着高昂的监管与实施成本。另一种方法是将安静乘客和喧闹乘客的票价区分开来，这实际上创建了一个购买安静环境的市场。还有一种简单的方法就是在乘客购票时将出售安静车厢作为额外选项。倘若安静车厢可由乘客自主选择，而且票价昂贵，那么许多不太在意旅途是否平静的乘客是不会花钱购买安静车厢的票。

收费或许能一并解决承诺问题。由于乘客对噪声的态度在旅途期间会发生变化，所以收费相当棘手。有些乘客可能为安静的环境支付了额外费用，但他们在听到一些重大新闻时依然会喋喋不休。奖励安静的乘客（如在同行的乘客中实行评级体系）或许有效。其想法是，短暂享受使用手机的乐趣需以失去来之不易的声誉为代价。但这样的体系并非简单易行。

乔治·阿克洛夫（George Akerlof）和瑞秋·克莱顿（Rachel Kranton）在出版于2010年的《身份经济学》（*Identity Economics*）中指出，“准则”——关于人们应该如何表现的感受——也在决策中发挥着作用。收取费用（即便只是象征性地收取一点）意味着安静车厢是同行旅客的一项付费服务，而不仅仅是他们表现出的偏好。不同的准则可能会开始发挥作用，促使人们保持平静。如果情况并非如此，“个人空间”通常会成为不二之选：降噪耳机起步价约为50美元。

（2012年5月）

塑造行为：推一推，想一想

“行为经济学正在改变监管。发薪日贷款成为目标”

2010 年，英国保守党政府成立了一个团队，以研究如何利用行为经济学完善政策措施，人们亲切地将该团队称为“推推小分队”。在行为经济学家看来，消费者虽然不是超理性的，但他们的一些倾向是可以预测的。这些经济学家将各种实验成果加以运用，以使模型更真实地模拟现实情况。“推推小分队”极为成功地呈现了各种深入的政策见解，该小组现已部分私有化，并一直向其他政府提供政策建议。现如今，在行为经济学的影响下，英国的监管机构对其监管市场的思考方式正在发生改变。

一直以来，FCA（金融市场行为监管局）一些兴趣较为浓厚的政策专家都在仔细观察具有争议的发薪日贷款市场。发薪日放贷者提供短期贷款的利率极高。FCA 表示，该市场的一个问题在于借款者可能会呈现出“即时倾向”。这不仅仅是因为人们往往更加偏好今日现成而非明日可得的东西，并且未能认识到自己在明日来临时还会有同样的偏好。正因为如此，人们对未来的行为带有乐观情绪。消费者选择昂贵的贷款，预计自己可以很快偿还。但与之相反，他们的开销会超出原计划，最终陷入财务困境。FCA 发现，一些借款者在贷款后的 6 个月至 1 年之间每况愈下，比如信用评分降低，拖欠其他债务的可能性增大。

FCA 已经对市场进行过多次干预。2012 年 4 月，该机构引进了严格的新型支付能力检查方式，并对放贷者进入借款者的银行账户加以限制。7 月，FCA 提议设定利率上限。10 月 2 日，放贷机构“旺格”（Wonga）宣布将注销 2.2 亿英镑（折合约 3.5 亿美元）的放贷。FCA 表示，旺格在贷款时没有进行充分的支付能力检查。竞争和市场管理局也在进行干预，准备创建一个价格对比网站，但供比较的价格类型可能很快会减少。据专家预测，于 2015 年 1 月引入严格的价格上限后，英国不少发薪日放贷者将会退出市场。

在许多市场中，一些精明的企业似乎理解了行为经济学。2012 年 3 月，公平交易局（OFT）对六家家具和地毯零售商进行干预，阻止他们声称消费者受益于打折扣的行为，因为几乎没有哪一笔交易是按非折扣价格销售的。考虑到企业很容易声称自己提供了折扣，传统经济学认为消费者将预测到企业的诡计，进而忽略“参考价”。但 OFT 在一项实验中发现，“参考价”会降低购物者逛商店的频率，因此受益的是设定“参考价”的交易者。这最终将引起“竞次”①。在通常情况下，竞争并不是一件坏事，但在行为经济学的指导下，英国反托拉斯者认为竞争有时会带来危害，因为谨慎的企业将落后于其狡猾的竞争对手。

在不少市场中，消费者不会更换供应商，因而错过了更好的交易。“现在

① 即打到底线的竞争，这一现象也被形象地称为“向谷底赛跑”。——译者注

偏见”（present bias）可以部分解释该现象——消费者会无限期推迟与更换供应商相关的文书工作。另一种“损失厌恶”现象也可以解释部分原因，相比等效收益，人们更不喜欢损失。如此一来，人们会格外珍惜已选择的服务。消费者的这种惯性给企业带来了更多提价空间。英国的能源监管机构奥福格（Ofgem）对此表示担忧。如果更换供应商，平均每名英国消费者每年可节省近 100 英镑的单笔燃料能源费用，但在 2012 年第二季度，只有 2% 的消费者更换了供应商。奥福格希望企业简化价目表，使其更易于比较，从而推动消费者行动起来。

在所有这些因素的共同作用下，经合组织在 2014 年 1 月的报告中宣布英国成为将行为经济学应用于监管的世界领先者。但并非人人都为之喝彩。剑桥大学教授兼前监管者斯蒂芬·理特查尔德（Stephen Littlechild）表示，即使消费者会犯错，同样身为人类的监管者也不应该总认为自己懂得更多。行为经济学是有争议的，因为它会涉及个人选择。有些人可能倾向于从自己的错误中吸取教训。但到目前为止，大多数监管干预措施都重点关注让消费者更好地获取明确信息。这个主意一定很不错。

（2014 年 10 月）

彩票：从众心理

“酷爱赌博的英国人并不擅长赌博”

英国国家彩票自1994年诞生以来，已打造了3200多名百万富翁。英国国家彩票是该国最受欢迎的赌博形式，无论是富人还是穷人都会参与。2013年，听闻票价将在1英镑（折合1.51美元）的基础上翻番后，各位彩票玩家高声抗议。然而，不少玩家只需挑选出准确度更高的数字就能赚得更多收益。

谈到彩票策略，有一个事实极为重要，那就是数字确实是随机的。该彩票的监管机构英国国家彩票委员会会定期检查，并通过独立研究员证实彩票球的公正性。从49个数字中挑选出6个正确数字的概率每周都是相同的，即撇开小奖不谈，这意味着有机会中700万英镑头等奖的每张彩票经概率调整后的价格接近于50便士。

由于每次摇奖都是独立进行的，所以过去的结果对将来购买彩票并没有指导意义。尽管如此，一些书籍和网站仍然试图分析哪些是“热球”，哪些是“冷球”。许多玩家排斥不吉利的数字13，碰巧该数字仅出现了189次（出现频率更低的只有数字20）。在一些人看来，应该选择最热门的数字（23、38、

44 均出现了 246 次），因为这些数字中奖的可能性最大。而其他一些人则会避免这些数字，因为他们认为肯定不会出现连胜。通报内情者会给出更精细但同样愚笨的建议，他们将先前中奖的数字汇总起来，然后在图表上绘制出结果，最后得出了一条钟形曲线。专家指出，如果选择的数字合乎情理，那么这些数字之和必定会落在这个范围内。但绘制曲线时仅仅基于这样一个事实：相比位于两端，数字之和位于中间的组合会更多。

唯一真正明智的策略就是避免与其他人选择相同的数字，因为共享数字就意味着分享奖项。1995 年，价值 1600 万英镑的头奖由 133 名玩家分享，所有这些玩家均选择了彩票中间的一组数字。研究表明，英国人青睐数字的倍数，尤其是“幸运”数字 7。有着直线或对角线等几何图形的彩票也备受欢迎。这种集群现象在其他国家也很常见。德国的一项研究显示，有 12000 名玩家会选择前一周的数字，成千上万的玩家在此基础上添加一个数字或减去一个数字。

仅对概率略知一二尤为“有害”。了解到数字 1、2、3、4、5、6 与其他任何组合一样有可能出现后，每周约有 1 万名英国人选择这些数字。如果这些数字出现了，每名玩家将分得 700 英镑。

较大的数字可能优于较小的数字，因为很多人会使用出生日期来指导其选择。但真正的随机选择才是最佳的。最好是由电脑来决策，碰碰运气。

（2013 年 3 月）

会议经济学：召开会议

"新研究暗示一些方法可使会议更为有效"

在工作中，似乎常有无穷无尽的无聊会议等着人们。大多数专业人士的日历上都排满了进度追赶、项目启动、工作回顾等各种会议。会议桌上的效率几乎决定着每份职业的成功。据估计，首席执行官将1/3的时间花在各种会议上。货币政策通常由委员会制定；评委会在闭门仔细考虑后才开始投票。虽然我们依赖会议，但委员会所做的大多数决定都会经受普遍而严重的偏见。

1785年，法国数学家与哲学家马奎斯·孔多塞（Marquis de Condorcet）指出，如果一组中的每个选民都有一半以上的机会从两个选项中选出较优的选项，而且选民相互之间不会产生影响，那么大批选民做出正确选择的可能性更大。小组规模越大、小组成员越多元化，结果越佳。在这种情况下，有更多人提供更丰富的信息，合理运用这些信息可以改善决定。但继续扩大会议规模就意味着投入的时间更多，所以不会有多少工人愿意开大型会议。此外，如果会议室里参会者的数量增多，各种行为缺陷将阻碍会议的顺利进行。

阻碍明智决策的一个问题在于"光环效应"——用硅谷的话来说就是

“占据底盘”。如果一个想法或观点的某一方面看起来极具吸引力，那么人们倾向于对该想法或观点的其他特性予以更为积极的评价。比如，精心制作的幻灯片可以让陈述更具说服力，长相不错的演讲者更容易俘获观众的心。

第二个问题称为“锚定”。阿莫斯·特沃斯基（Amos Tversky）和丹尼尔·卡尼曼（Daniel Kahneman）在一项经典研究中暗自将轮盘固定在10或65的位置上。两名研究者在受试者面前旋转轮盘，然后让受试者猜测联合国中非洲成员国所占的百分比。参与者会受到不相关信息的干扰：当轮盘旋转至10时，参与者猜出的百分比一般为25%；当轮盘旋转至65时，参与者猜出的百分比一般为45%。在会议上，“锚定”会带来先发优势。最先提出的建议将成为讨论的重点，尤其是当先前的发言者从“光环效应”中获益时更是如此。卡尼曼给出的建议是：如果要克服这种现象，每位参与者应该简要地总结自己的立场并在讨论前相互传阅。

如果与会成员对自己声誉的担忧胜过对正确选择的关注，即便是这般烦琐的程序也可能无法避免偏见。参与者可能希望避免分歧，以免其他人将其不安视为个人怠慢。同样，人们渴望自己看起来有能力，因此他们会压制一些评论，唯恐被其他人视为愚蠢。

人们倾向于达成一致意见，所以会偏向于明显的观点。假设一个小组在讨论一名应聘者之前要对其进行评价。大家都清楚该候选者的一些优点，如他过往的一些经历，而他的个人魅力等因素则更为主观。小组成员确信自己与他人观点一致的最好办法就是抛弃个人见解，只关注候选者的客观特性。因此，无论是否进行讨论，渴望达成一致意见的小组成员都会过于关注众所周知的信息。

到目前为止，这一观点都只局限于理论探讨。不过一项新研究已经对该现象进行了描述。波士顿咨询公司的汤姆·戈莱（Tom Gole）和牛津大学的西蒙·奎恩（Simon Quinn）在发表于2014年的一篇论文中研究了国际学校辩论赛评委的投票。在这些比赛中，每场辩论随机分配三名评委（会适当搭配各评委小组成员的经验、性别等因素）。在观看选手辩论后，评委立即投票选出获胜者，随后才交换意见。种子队在实验中至关重要。两位作者运用一些出色的统计模型进行分析发现，如果一名评委在某一轮比赛中与小组中的其他评委意见不一致，那么该评委在后几轮比赛中选择前一轮“宠儿”（即较强的种子队）的可能性更大。作者指出，这表明评委希望默默地避免“过多”的分歧。

即使采用无记名投票，有关职业生涯的考虑也可能扭曲诱因。伦敦经济学院的吉莱特·利维（Gilat Levy）在发表于2007年的一篇论文中指出，观察员可以根据投票规则算出委员会成员各种投票方式的可能性。如果需要一致同意才能通过，而且确实获得了一致同意，那么旁观者肯定知道每位成员是如何投票的。按照简单多数原则，观察员可以认为任何委员会成员有50%的可能性持赞同意见。如果采用2/3的多数原则，那么任何一名给定成员支持提议的概率就上升了。如果各成员因投赞成票而更易受到责备，那么对争议措施投反对票的诱因将会增强。

适应市场

设计理想程序会因此而变得困难。但孔多塞的基本见解是真实无误的：

委员会在运用并综合考虑每位成员独特见解时的工作状态是最好的。为了实现这一目标，委员长可能需要采取一些措施。首先，他们应该听从卡尼曼的建议，并让每名参与者注意自己的观点。其次，他们应该随机挑选谁最先发言。这种做法无法避免“锚定”，但至少可以防止某位发言者屡次处于主导的地位。或者，可以让各成员按资历深浅先后发言（美国最高法院的法官过去常常按这种方式投票）。最后，他们应该鼓励参与者持不同意见并对此予以奖励，以弥补不一致意见的个人成本。考虑到投入会议的时间和精力，提高会议效率可以带来高回报。如果召集会议需要召集者付出更多努力，雇员们就可能会发现各自的日历排得不如先前那么满当了。

（2014 年 4 月）

13. 未来的经济挑战

医疗成本：不治之症

“医疗为什么越来越昂贵却依然有人买账”

美国的医疗成本正以令人忧心的速度在上涨：在1960年仅占GDP的5%出头，在2011年已接近18%。根据纽约大学商学院威廉·鲍莫尔的研究，到2015年，这一数字可能会达到60%。不可思议吧？这只不过是根据鲍莫尔先生的成名理论——“成本弊病”现象而推断出的结果罢了，他在2012年出版的书中进行了微妙的诊断，满怀信心地展望了“高成本未来”。成本弊病可能无法医治，但也可幸免于难——如果正确对待的话。

为了解成本弊病，我们可以先来做一个简单的观察：不管经济生产力的平均增长率为多少，各行业总有高下之分。以汽车制造业为例，福特于1913年引入了流水线，汽车可以在工作站间移来移去，工人和工具都不用挪动，这样一来，制造T型车的时间从原来的12个小时缩短到不足两小时。随着这种“进取”行业的人均产出不断增长，公司也付得起更高的工资。

但有些经济领域——即便可能——也很难出现这样的生产力提高。2012年表演莫扎特四重奏的时间一点也不会比18世纪少。鲍莫尔先生称那些生产率增长较低或者甚至无增长的行业为“停滞”行业。

这些行业的雇主面临着一个问题：他们也需涨薪留住员工，这样就导致尽管这些行业的人均产出非常缓慢甚至为零，但工资上升还是和其他领域一样快。随着停滞行业的生产成本上升，企业不得不涨价，而且涨价的速度比生产力提高的行业和通货膨胀（融合了经济领域中一切价格）都要快。所以停滞行业的商品价格在实际意义上一定会上涨，这就导致了“成本弊病”。

这种弊病在标准化和自动化较难实施的行业里是最致命的。最典型的例子就是个性化定制商品，例如定制西服或发型。但鲍莫尔主要关注成本弊病比较普遍的行业，因为人类互动非常重要，例如医疗、教育和表演艺术。这些行业里的产品因人力投入而值钱，减少劳动力可谓搬起石头砸自己的脚。

历史数据证明成本弊病是真实存在的。自20世纪80年代起，美国大学教育的成本上涨了440%，医疗成本上涨了250%，但整体经济的平均价格和工资只分别上涨了110%和150%（见图13.1左侧）。由鲍莫尔的理论可以做出可怕的推测。例如，美国的医疗支出占GDP比例一年上涨1.4%左右。如果照此速度连续增长100年，那在2105年可以达到60%，实在令人瞠目结舌。

尽管美国在医疗通胀上位列第一，但并不是唯一受到影响的国家。日本在1960～2006年人均医疗支出实际每年增长了5.7%，英国同期增长了3.5%。按照鲍莫尔的理论，如果放任不管，一百年后两国的医疗支出会从GDP的10%左右上升到50%以上。

幸运的是，我们有很多办法减少成本弊病的影响。降低医疗浪费可以减少开支。尽管这不是最合适的解决方法，但意味着当弊病不可避免地生根时，最起码成本的基数会变小。创新意味着诸如人工投递信件等停滞产业的活动会由短信和电子邮件等生产力更有可能上升的事物替代。

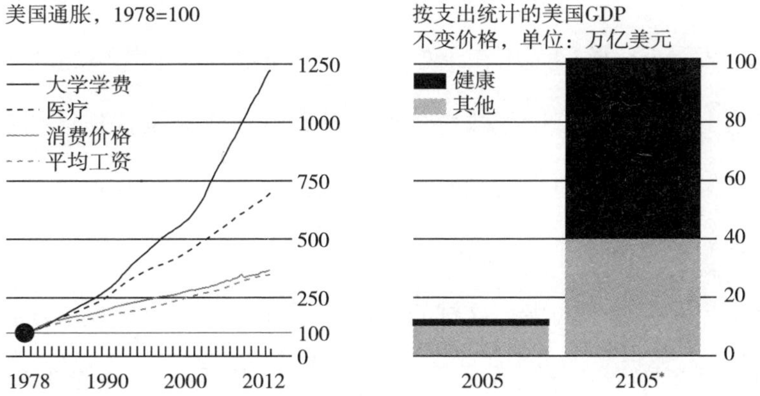

图 13.1　发展成本

注：* 基于对当前趋势的推断。

资料来源：Thomson Reuters，*The Cost Disease* by William Baumol，2012；《经济学人》

成本上升还会刺激人们仔细思考是否需要提供个性化或定制化的服务。如果不需要，提高生产力比较容易。在某些医药领域，电脑的诊断技术胜过了人类；在教育方面，课堂上可以录音，这样明星学者可以给上百万人授课；在艺术上，现场歌剧表演可以发送给全世界电影院的观众。

蛋糕越做越大，份额也越来越大

但即便如此，医药、教育和艺术行业里还是有些服务仍然无法提高生产力。对此，鲍莫尔先生提出了一个最有趣的预测：尽管这些成本会高得吓人，但是人们还能支付得起。在某种程度上，疾病能生产自己的解药。如果美国经济平均每年增长 2%（长期增长率），100 年之后就会是现在的 8 倍。此外，创新领域里的商品和服务会便宜不少。1908 年普通美国人需要工作大概 4700 小时才能买得起一辆 T 型福特车。100 年后，人们只需工作 1365 个小时即可买到一辆普通小车。这就意味着即便医疗确实占到 GDP 的 60%，其他方面的可支出量也会增加很多（见图 13.1 右侧）。

鲍莫尔表示真正的问题不在于成本弊病，而是对成本弊病的“膝反射”。针对螺旋式上升的公共医疗和教育预算，最有可能的对策就是让私有部门也出一份力，但即便这样也无法消除潜在弊病。高成本还会导致过度配给，长期下来会拖慢经济增长。

如果真的发生这样的事，这样的反应还需建立在一个错误的前提下：停滞领域里的成本递增会导致人们更穷。实际上，购买力增长的速度比医药、教育和艺术涨价的速度要快得多。鲍莫尔的水晶球预示 100 年后，莫扎特四重奏会变得更加昂贵，但人们还是能负担得起。

（2012 年 9 月）

研发减少：发展受阻

"美国和欧洲在全球研发竞赛中都指望着私人企业"

这是经济增长的源泉。研究和开发这两项工作能不断发现新想法、新产品和新流程，提高生产力，创造高薪工作机会。研发经工业化之后，在保持经济增长上发挥着重要的作用，对企业雇用员工的人数和高科技行业里低技能工人的工资能带来积极的溢出影响。这些公共利益也说明了为什么历史上政府部门都愿意在研发上投入大量资金。但政府的研发支出长期以来一直都呈下降趋势，于是私人企业接手了这项工作。这样的资助转换已经让英国在全球研发竞赛中落后了，有可能也会给美国带来风险。

当然私人企业有众多动机来为此埋单。最舍得在研发上花钱的公司多集中在计算、汽车和药物行业。咨询公司博斯（Booz）的研究显示，2010 年在上述各个行业的代表分别是著名的软件公司微软、汽车制造商丰田及医药公司罗氏。2011 年微软公司的研发投资为 90 亿美元，公司 850 名博士科学家和 4 万名研发人员主要集中在云服务领域；丰田的研发投资为 7300 亿日元（约 92 亿美元），其混合动力汽车来自主攻新材料和新能源的 15 个研究中心。罗氏投资了80亿瑞士法郎（约90亿美元），邀请33万位病人参加临床试验。

但是，保证私人企业能进行足够的研发也是一个问题，因为这样的公共利益似乎比流向企业的私人利益（即利润）要更高。即便有保护创新者的专利制度，真正的创新发明只要传播开来，模仿者和竞争对手就受益了。这样的知识溢出对整个经济来说是件好事，但对原创公司可能是件坏事。斯坦福大学的尼古拉斯·布卢姆（Nicholas Bloom）、伦敦政治经济学院的马克·香克曼（Mark Schankerman）和约翰·范里宁（John Van Reenen）在2012年的一篇论文中对美国公司数据进行分析后发现，研发的公共利益大概是私人利益的两倍。这一数据还表明研发的最佳比例是真实比例的两倍，而且可能还要更高。

对此问题最简单的回应就是政府直接提供资金。这是战后最受欢迎的方式，太空竞赛期间的美国更是对此青睐有加。20世纪60年代中期太空探索从纳税人处得到的钱按照今天的美元价值来计算为250亿美元。军事研究的公共资助也在上涨。1964年联邦研发达到峰值，接近于美国GDP的2%。但在有些国家，由政府资助的研究比例自此大幅下降。在英国，研发占比在很短的时间内就下降了相同的幅度，从1986年的0.31%下降到2009年的0.17%，在G7发达国家中垫底。这与日本、德国和韩国快速上升的公共研发投资形成了鲜明对比。

政府研发支出的下降正好把这一责任落在了公司私有研发上。在美国，这种由公到私的转换相对较为成功。公司增加研发支出的速度超过了GDP的速度，正好抵消了政府支持的下降（见图13.2左侧）。即便如此，美国整体的研发占GDP比率落后于韩国，中国也正在快速赶上（见图13.2右侧）。尽管德国煞费苦心，整个欧洲的研发占GDP比仍比较低，目前为1.9%左右，离欧盟3%的目标值还相去甚远。英国的位置尤为可怜。英国和美国不一样，商业研发与公共支出一同下降，从1986年占GDP的1.5%到2009年的1.1%。在发达国家中，只有意大利看起来比英国更糟糕。

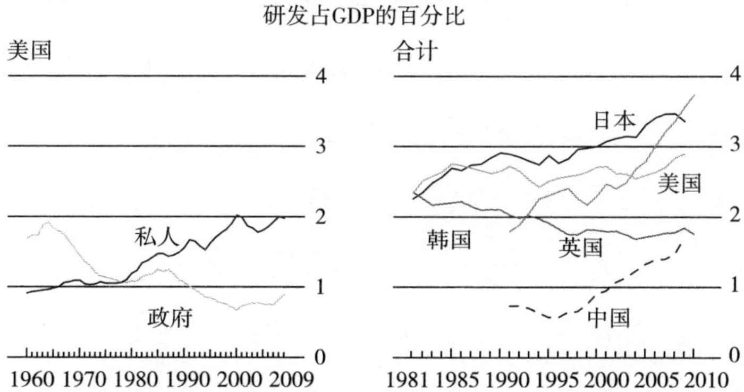

图13.2　创造力系数

资料来源：美国国家科学基金；经合组织

公司研发支出主要受三大因素的影响。第一是税收处理。美国迅速提供了税收优惠，在1981年就引入了“研究和实验”税务抵免政策。此举减轻了企业研发成本中20%的税务负担，也就是说1亿美元的研发支出实际上只需花费8000万美元。布卢姆、约翰·范里宁和曼彻斯特大学的雷切尔·格里菲思（Rachel Griffith）考察了1979~1997年八大发达经济体的研发税收抵免政策发现，研发成本下降10%能让研发支出长期保持10%的增长。

合并政策是影响研发的第二大因素。企业之间开展竞赛，争先开发新产品，与竞争者合并的理由之一就是合并能缓和这种竞争。医药行业曾经历过大规模整合，例如，1988 年在美国的 42 家医药企业里，到 2012 年只有 11 家留下来了。案例分析表明，这有可能会降低研发增长。阿斯特拉公司（Astra）与捷利康（Zeneca）在 1999 年兼并前六年研发年均增长 19%，在兼并后六年研发年均增长仅为 1%。

第三，公司可能会面临来自股东的压力，要求控制研发预算。研究是现阶段的投入，在遥远的未来才会带来收益（而医药行业表明这种“长远收益”可能会不尽如人意）。有调查证据表明，老板都倾向于缩减研发支出，以完成收入目标或向投资者支付更多红利。

正是由于以上三个原因，英国的私人研发支出才不够强劲。英国税制落后，直到 2000 年才引入税收抵免。很多私人研发投资都集中在医药和服务等合并普遍的领域。2012 年一份由政府主持的股市报告发现投资者缺乏长期决策，但美国也不应该掉以轻心。随着其他国家逐渐追赶，美国对研发的税务处理也越来越吝啬。兼并和短期主义在美国也是值得关注的问题。国家如果指望企业来推动研发，也应该为其提供充分的激励。

（2012 年 8 月）

大型制药公司："僵尸"专利

"医药公司往往以消费者利益为代价将专利延期"

很难想出还有哪个行业的竞争比制药公司的更重要。随着医疗成本飙升，靠仿制药来降低成本——85%甚至更多——不失为一种省钱的好办法。布洛芬就是个不错的例子，在20世纪80年代早期，这种缓解疼痛和炎症的药物是专利产品，价格昂贵。今天，英国药商博姿（Boots）的16片仿制药才卖40便士（68美分），平均每片2.5便士。在美国，这种药散装出售时1美分一片。事实上，仿制药的竞争对于药物公司来说非常痛苦，因此他们不得不运用一系列独创性的缓和手段，利用专利法律来维持高价。

专利创造短期垄断，道理很简单：药物发明者将配方公之于众，换来了一个至少20年无竞争的市场。这给了先锋者时间来收回研究和开发新药物的成本，当制造新药物的成本高达50亿美元时，这种时间至关重要。专利保证了可观的回报，意味着公司既有方法又有奖励来不断创新。

当专利到期时，舒适的垄断也消失了，取而代之的是残酷的竞争。在职者有三种方法进行自卫。营销可以创造对特定品牌的需要，减少低价商品对消费者的诱惑力。布洛芬就说明了这一点。20世纪60年代，布洛芬由博姿的药剂师开发出来，该药品专利在1984年过期，但在这之前一年，博姿研发出了品牌化的布洛芬——诺洛芬。包装和广告的精妙组合让博姿守住了利润。利润丰厚的诺洛芬品牌在2006年被售出，博姿仍然囤积着这种产品，售价比仿制药高5倍。

还有第二种策略能推动顾客尝试更新的仍受专利保护的药品。奥美拉唑（Omeprazole）可以说明这一点，它是阿斯利康（AstraZeneca）在20世纪80年代开发的用于降低胃酸的药物。奥美拉唑在英国被冠以洛赛克（Losec）的牌子出售，在美国被冠以普利洛赛克（Prilosec）的牌子出售，在20世纪90年代成为全球最为畅销的药物之一。2001年该药品专利到期，阿斯利康面临着利润下降的问题。于是公司对该药品进行了改良，研发了一种相关性非常高的药物——埃索美拉唑（esomeprazole），出售时命名为莱克斯母（Nexium）。尽管埃索美拉唑很明显是初始药物的一个衍生物，但它也算是一种新药物，也获得了自己的专利。有了浩大的营销活动和诱人的价格，顾客的需求从洛赛克转移到莱克斯母上。正是有了这种策略，2006~2013年阿斯利康的总销售额接近400亿美元。

这种“二代”（follow-on）专利法很普遍。伦敦政治经济学院的索蒂里斯·万德罗斯（Sotiris Vandoros）在2014年发表的一篇论文中对两类重要药物在专利到期时的情况进行了考察，这两类药物分别是治疗高血压的ACE抑制剂和奥美拉唑这样的质子泵抑制剂。作者追踪了1991~2006年这些药物在专利到期后在欧洲六个国家的销售情况，衡量了市场朝仿制药和相关性专利药物的转变过程，其研究成果令人担忧。当甲巯丙脯酸（captopril）这种领先的ACE抑制剂在专利到期后，便宜的仿制药就出现了。但由于人们的需求转向了更加昂贵的专利药品，各类相关药物的总销售不升反降。其他药物也有着相似的模式，也就意味着非专利药物的竞争无法降低成本。

相比于运用营销计划和化学上的修修补补来避开竞争，更让人不安的是医药公司的第三种选择：付钱给仿制药生产商公司，让他们不再竞争。自21世纪初，“有偿延迟”变得越发普遍。专利快要到期的公司达成协议：付钱给潜在的市场进入者，让他们不要竞争，保留自己的垄断。阿斯利康和三家大型仿制药制造商达成的“有偿延迟”协议让莱克斯母在2008～2014年免于竞争。

这三种策略的经济成本相差巨大。营销是像样的竞争手段。纯化论者可能希望公司能通过将更多钱花在真正的研究上而在竞争中获胜，经济学家可能会悲叹有些人竟然不理智地花仿制药10倍的价格去购买品牌药品。尽管有这样的诡辩，市场还是发挥着作用，不断地进行选择，包括低成本选择。

给竞争来一剂强力“肾上腺素”

二代药物是一个灰色地带。有些人相信很多二代药物是真正的新发明，极其独特，能成为新的专利。大型制药商的捍卫者认为产品的再设计是一种健康创新的市场应该有的迹象。但美国竞争监察机构，即联邦贸易委员会（FTC）认为一般的经验法则不能适用：新产品会破坏这一行业的竞争。2012年，针对制药公司华纳奇考特（Warner Chilcott）三次重新制造一种抗生素的事实，委员会提交了一份法律摘要，其中就谈到了这一点。委员会称公司这种策略为“产品跳跃”，这种行为不仅对真正的新药物没有什么贡献，同时还将仿制品排除在市场之外，垄断就能持续下去。

如果产品跳跃意味着病态竞争，“有偿延迟”交易则是病入膏肓了。这种交易将庞大、多余的支出都强加到消费者身上：根据FTC的报告，2012年达成的40项交易涵盖了81亿美元的药品销售额；“有偿延迟”的年支出约35亿美元。令人高兴的是，“有偿延迟”本身就快要失去保护伞了。美国最高法院在2013年的一项裁定会让这些协议在竞争法律下更易受到质疑。

（2014年6月）

创新：思维机器失灵了吗

“创新和新技术不再驱动经济增长，这逐渐成为人们日益关注的焦点。但这种想法并没有充足的根据”

硅谷重现繁荣光景。前景光明的创业公司重新入驻 101 公路沿线的办公园区。越来越多的人青睐于太浩湖（Lake Tahoe）等度假小镇里的别致度假屋，它们的租金也随之飙升，从而集聚了大量财富。半导体产业及随之成长起来的计算机和互联网公司诞生于旧金山湾区。这里的奇才发挥聪明才智，创造了不少奇迹。人们因此能够体验触屏手机，对大型图书馆进行即时搜索，于数千英里之外操纵无人机，所有这些都如未来主义元素一般奇妙。2010 年以来，商业活动在这里恢复活力，预示着经济正在向前推进。

因此，当听到硅谷的一些人士感叹这里停滞不前，创新步伐数十年来一直放缓时，你可能会非常惊讶。在线支付公司贝宝（PayPal）的共同创建者之一、社交网络脸书的首位外部投资者皮特·泰尔（Peter Thiel）认为，美国现在的创新状态“介于可怕的窘境与死气沉沉之间”。美国各领域的工程师也抱有类似的失望之感。在少数经济学家看来，现如今的创新所产生的经济影响力与过去相比黯然失色。越来越多的经济学家开始支持这种观点。

有人猜想，长期的技术停滞可能是富裕国家经济低迷的根本原因。乔治梅森大学的经济学家泰勒·柯文（Tyler Cowen）在出版于2011年的一本电子书中指出，金融危机掩盖着一次程度更深、干扰力更强的“大停滞”。为什么富裕国家的实际收入与就业增长持续放缓，而且自2000年以来几乎不见增长呢（见图13.3）？针对这一问题，上述观点正好给出了解释。20世纪的各种增长引擎（有些是技术方面的，有些则不是）动力已不足，新技术也很难再推动未来的经济增长。虽然平板屏幕和高带宽等先进技术让人眼花缭乱，但世界似乎已经江郎才尽了。

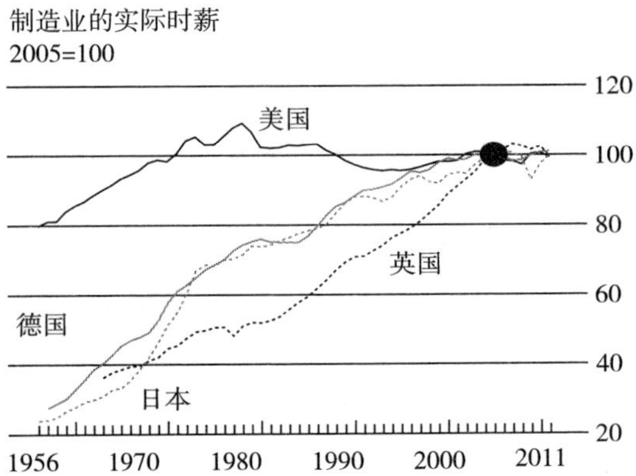

图13.3 增长趋稳

资料来源：经合组织；《经济学人》

下滑道

基于三个方面的信息，有些人认为世界正处于技术发展的“瓶颈”期。第一方面是有关增长的统计数据。经济学家将增长分为“粗放型”与“集约型”。粗放型增长（extensive growth）是指投入更多或更好的劳动力、资本和资源。比如，一些国家通过增加女性劳动者人数，提高劳动者受教育程度促进经济增长，这类增长就属于粗放型增长。但正如柯文指出的那样，这类增长受制于收益递减，即第一次增加某种生产要素能产生最大收益，第十次增加时仅能产生1/10的收益，以此类推。倘若只能依靠这种方式推动增长，那么取得的收入将仅够勉强糊口。

集约型增长（intensive growth）是指通过更好地利用劳动者和资源来推动增长。正是因为采用了这类增长方式，收入与福利状况持续改善，经济体得以在人口减少时保持增长。虽然促进此类增长的通用因素包括更完善的法律法规、工艺进步等，但经济学家还是为其贴上了“技术”的标签，并通过“增长核算”的方法来衡量。这种核算首先考虑到劳动力、资本和教育等因素对GDP的影响，然后再考虑“技术”。目前，富裕国家的技术推动力似乎在减弱。新兴市场仍然保持着快速增长的态势，而且由于它们正在努力追赶已运用于其他地方的技术，这种增长态势应该可以持续一段时间，这表明富裕国家已不再具备这种增长引擎。

这种情况并不罕见。在人类历史长河中，产出和整体经济福利增长在大部分时间里持续放缓直至停滞。过去两个世纪，经济起飞首先出现在英国、欧洲和美国，然后出现在其他地方。在19世纪时，英国的人均产出增长（该通用标准可有效衡量经济体生产力和收入增长）稳步加速。到1906年，年增长超过1%。到20世纪中叶，美国的人均实际产出以每年2.5%的速度大幅增长，此时的生产力和收入在一代人的时间跨度内翻了一番（见图13.4）。在一个多世纪的时间里，机器日益精密、日渐强大，这一点显而易见。与此同时，驱动机器的化石燃料能源的消耗量也随之增加。

图 13.4　上涨潮

注：* 按购买力平价计算。

资料来源：Angus Maddison，University of Groningen

“二战”后，美国的人均实际产出增长达到峰值（3% 以上），但该速率在 20 世纪 70 年代仅稍高于 2%。到了 21 世纪，增长暴跌至 1% 以下。美国西北大学的经济学家罗伯特·戈登（Robert Gordon）指出，每名工人每小时的产出呈现相似模式。在 20 世纪的大部分时间里，增长势头相当不错，但在 20 世纪 70 年代开始暴跌。1996 ~ 2004 年有所回升，但自 2004 年后，年均增长又跌至 1972 ~ 1996 年的水平，仅为 1.33%。戈登经过仔细思考后指出，过去两个世纪的经济增长实际上可能只相当于巨大变革中的“一股大波浪”，而非开启了一个连续不间断的新时代。此外，世界正回归至一种粗放式增长的制度下（见图 13.5）。

在戈登看来，这可能是因为仅有少数创新才够称得上真正意义上的根本

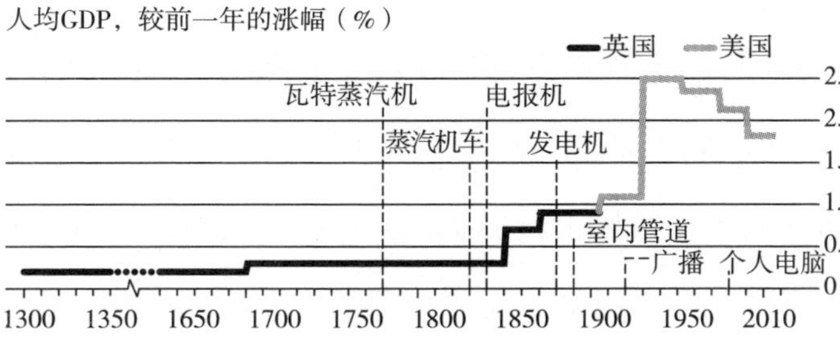

图 13.5　一般大浪潮

资料来源："Is US Economic Growth Over?" by Robert Gordon，NBER Working Paper，2012；《经济学人》

性创新，比如大规模用电、无论室外温度如何都能使房屋舒适宜居、从任何一个地方到达另外一个地方、需要同谁通话就同谁通话等，而且这些创新大都已成现实。将来还会出现更多创新，但世界对电力、内燃机、管道、石化产品和电话的使用方式并不会因此而改变。柯文更愿意相信未来会出现巨大的技术进步，不过他认为不会再有轻而易举便能实现的目标。相比于抗生素的发现与批量生产，将万亿字节的基因组知识转化为医学效益要困难得多。

未来还会有多少发明？这是悲观主义者认为世界正处于技术发展"瓶颈"期的第二个方面的依据。面对不足以令人信服的专利申请数量与主观组合起来的"创新"数据库，柯文援引了斯坦福大学经济学家查尔斯·琼斯（Charles Jones）的一项有趣的研究成果。琼斯在 2002 年的一篇文章中研究了 1950 ~ 1993 年促进美国人均收入增长的各种因素。研究表明，约 80% 的收入增长可归因于受教育程度的提高和"科研强度"（research intensity，脑力劳动行业中劳动力所占的比重）的加大。由于这两种因素均无法不间断地加强，所以如果缺乏某些促进增长的新因素，增长可能会放缓。

研发人员的数量在增加，这似乎与经济缺乏创新力的场景相矛盾。自1975年以来，美国研发经费所占的份额几乎增长至3%。但MIT的皮埃尔·阿祖莱（Pierre Azoulay）和美国西北大学的本杰明·琼斯（Benjamin Jones）发现，虽然研究人员在数量上增多了，但在质量上不如以前。据他们推测，美国平均每位研发人员在1950年对“全要素生产率”（实质就是技术与创新对增长的贡献）的贡献几乎是2000年的7倍。“知识负担”可能就是造成贡献度下降的其中一个原因。随着知识慢慢累积，新一代的研发人员需要花更长的时间才能赶上其科技领域的开拓者。琼斯指出，仅在1985～1997年，典型的“首次发明年龄”就推迟了近一岁。

“月尘陨落”

第三个方面的依据最简单：凭感觉就能知道。目前的进步速度似乎不如20世纪早期与中期那么快。以厨房为例，在1900年，即便是在最豪华的家庭，厨房都还是保持着原始模样。易腐物品放置在冰盒中制冷，盒子里面的冰块是用马车拉来的，大部分家庭没有电灯和自来水。让我们把时间快进至1970年，美国和欧洲的中产阶层家庭此时已经在厨房配置了天然气及电热炉、电烤箱、电冰箱、食品加工机、微波炉和洗碗机。不过，如果再把时间往前推进40年，我们会发现情况几乎没有任何变化。虽然小发明越来越多，数字显示器无处不在，但我们做饭的方式同祖母辈相比并无差别。

或者以速度为例，19世纪时，马车和帆船被火车和汽船取代，内燃机和喷气涡轮机使得人们能以更快的速度运输越来越多的物品。然而，自20世纪70年代以来，人类就在吃老本了。在高速公路上行驶的速度只比50年前快一点点。实际上，为了解决频繁出现的交通拥堵问题，许多城市如今将资金投资于电车轨道和自行车道，乘坐超音速客机旅行的想法泡汤。而在过去40年，月球探索计划也化为泡影。

医学也是其中一例。从20世纪之交至1980年，美国的出生时预期寿命从49岁飙升至74岁。从那之后，科技飞速发展。但到了2011年，预期寿命仅维持在78.7岁。虽然科研资金高达数千亿美元，但人们依旧无法摆脱癌症、心脏病、中风、器官衰竭等疾病。分子医学的效果根本无法与改善环境卫生相比。

有些人足够幸运，曾从这个世界提供的最好的事物中获益。对于这些人而言，无论世界再提供什么，他们都会大失所望。正如泰尔及其在风投公司创始人基金（Founders Fund）的同事所言："我们曾经想要会飞的汽车，如今得到的却是140个字符。"现如今，每个人都可以使用推特（Twitter），但几乎无人乘坐飞机上下班。这样的世界留给人的印象还不如过去梦想中的未来场景深刻。

关于这种经历与期望对人们的吸引力，首先要指出的是，虽然20世纪中期的科幻小说可能对持有全局理念的企业家或经济学家来说非常重要，但这些小说既没有正规的技术预测，也没有给出约束性的承诺，只是推断并颂扬了当时在速度、力量和距离方面的进步。由汽车预测出会飞的汽车，由战舰预测出太空巡洋舰。

技术进步并不意味着各项技术都要同步向前发展，而仅仅要求一些重要的技术一直向前发展。就速度而言，客运飞机在过去40年并无多大改进。计算机的速度提高得如此之快，几乎无法衡量。除非你能向他人说明飞机更重要，否则强调进步停滞只是个人喜好问题。

戈登和柯文确实认为航空运输等已经成熟的技术更重要，而且他们并不太看重最近的创新。如果计算机和互联网对经济至关重要，而不仅仅如柯文在其广受欢迎的博文“边际革命”中所指的那样是知识和文化交流的丰富资源，那么它们的影响力是可以通过数据反映出来的，但情况并非如此。

早在1987年，研究增长的理论家罗伯特·索洛（Robert Solow）就提出这样一个问题：为什么“计算机时代无处不在，却唯独不在生产力统计数据中”？20世纪90年代中期，生产力开始迅猛增长，人们将此视为一个鼓舞人心的信号——计算机终于要引起公众注意了，但计算机却步履维艰。戈登等人认为，信息技术的效益在很大程度上只是顺其自然地在发展。他指出，虽然人们在使用Google和Skype，但自2004年以来，美国的生产力状况比20世纪70年代早期至90年代早期的经济低迷时期还要糟糕。

“天堂喷泉”

然而，对近期数据的深入分析表明情况还是较为乐观的。整个经济体的生产率在2005~2006年确实下降了，但制造业的生产率增长情况较好。全球金融危机爆发后造成了不良影响，越来越多的数据难以为人们所阐释。将20世纪90年代末强劲的生产率增长看成是提高各部门生产率的信息技术所带来的影响或许还为时过早。目前来看，生产率增长的驱动力似乎是制造计算机、手机及类似产品的行业。个人和公司购买新技术似乎从21世纪开始就对生产率产生影响，但还未盛行起来。波士顿大学的苏珊托·巴苏（Susanto Basu）

和旧金山联邦储备银行的约翰·弗纳尔德（John Fernald）开展的研究表明，信息通信技术的投资与生产率的改进之间存在 5 ~ 15 年的时间差。以此来看，2004 年的生产力下降反映出的技术状况肯定在谷歌出现之前就已经存在，而且很可能先于互联网。

充分利用技术需要花费更多的时间。尽管人们在谈话间几乎可以将创新和技术互换，但两者并不是一回事。创新是指人们对怎样去做产生了新想法。技术则是指人们实际在做的事情，而经济发展的关键就在于此。钢壳箱和柴油发动机自 20 世纪以来就已存在，将两者共同应用于集装箱运输则始于 20 世纪 50 年代。但直到数十年后，它们才成为全球贸易的支柱。

从首次将詹姆斯·瓦特（James Watt）发明的蒸汽机用于商业到之后蒸汽机对英国经济的贡献达到巅峰，这两者之间相隔约一个世纪。从 19 世纪 80 年代电气工程领域出现关键创新到电气化对经济增长产生广泛影响力，这两者之间相隔约 40 年。戈登本人指出，19 世纪晚期出现的一些创新直到 20 世纪 70 年代才推动生产率增长。他还犀利地指出，2004 年后生产率下降反映出信息技术的潜在效益已完全枯竭。

信息创新尚处于起步阶段。雷·库兹韦尔（Ray Kurzweil）是计算机科学的开拓者，而且是指数技术外推法的爱好者。他喜欢谈论“棋盘的下半场”。曾有一个古老的寓言故事：一位易上当的国王答应用米粒清偿债务，在棋盘的第一格中放一粒大米，第二格中放两粒大米，第三格中放四粒大米；格子每增加一格，大米增加一倍。沿着第一排格子摆放时，国王需拿出的米粒很少。上半个棋盘被摆满后，国王只需拿出约 100 吨米粒。但当摆到第七排最后一个格子之前，他总共得拿出 5 亿吨米粒——相当于全世界的大米的年产量。在下一个格子中，他也要摆上差不多同样数量的米粒，而且还有一整排格子等着去摆。

MIT 的埃里克·布林约尔松（Erik Brynjolfsson）和安德鲁·麦卡菲（Andrew McAfee）在其电子书《与机器赛跑》（*Race Against the Machine*）中援引了这个故事。按照人们所熟知的摩尔定律，每块硅片的计算能力每 18 个月增加一倍。这种增长速率不会永远持续下去，但利用算法处理数据等其他计算能力也会成倍提高。当这种能力处于低位时，翻番并不重要。但它一旦开始发挥作用就会产生巨大影响。在棋盘的下半场，不仅创新的累积效应在增强，而且每一次创新都会产生强大的技术震慑力，如同先前各项技术加总起来那么迅猛。

天空的另一端

这种加速效应的一个例子便是自动汽车。2004 年，DARPA（美国国防部高级研究计划局）发起了一项无人驾驶汽车竞赛，承诺以最快速度跑完 240 公里的团队将获得 100 万美元奖金。结果，没有一辆参赛的自动驾驶汽车完成比赛。2012 年 8 月，谷歌公司宣布其自动驾驶车队已顺利通过约 50 万公里的无事故试车。美国有几个州已经通过或正在考虑出台有关无人驾驶汽车的法规。10 年前，完成自动化运输革命似乎不可能，但 10 年后这将可能成为现实。

这种认识仅停留在表面上。从全局来看，由低成本处理能力驱动的创新正备受关注，计算机开始懂得自然语言。人们仅通过肢体运动就能操控视频游戏，这项技术可能在不久的将来就能应用于商业领域。3D 打印技术能批量打印出各种复杂的物体，人们可能很快就能运用该技术打印人体组织及其他有机物质。

对创新持悲观态度的人可能对此不予理睬，认为这些只是“不可兑现的承诺”。但在有些人看来，技术导向型增长要么持续减弱，要么稳定下降，不会跌宕起伏，这种观点并不符合历史情况。芝加哥大学的查德·西维尔森（Chad Syverson）指出，电气化时代的生产率增长动荡不定。在 19 世纪后期到 20 世纪初期这一电气化创新的重要时期，增长放缓，但随后又大幅提速。信息时代的增长轨迹与此极为类似（见图 13.6）。

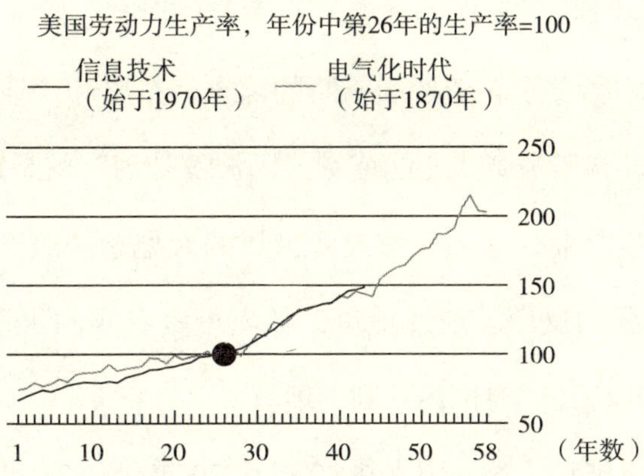

图 13.6　与电器时代遥相呼应

资料来源：Chad Syverson，University of Chicago

对技术悲观主义者看重的是 20 世纪 70 年代及以后的增长放缓，我们或许可以将其理解为暂时的停顿，而不是永远的拐点。20 世纪 70 年代初期到 90 年代中期可能就是这样一段时期：早期主要创新的贡献已消耗殆尽，而计算机技术、生物技术、个人通信及其他当前和以后的技术在经济中的比重仍然很小，因此无法影响整体增长。

但其他潜在的威胁已隐约可见。令人担忧的是，有些威胁可能产生永久性的影响。相比于一个世纪以前，如今大部分经济都受到更严格的管制。采取环境保护措施后，空气和水质量得到了改善，人们的生活水平有所提高。实际上，人们并未将这些益处纳入 GDP 的衡量标准之中，所以夸大了自 20 世纪 70 年代以来的增长放缓速度。但倘若果真如此，那么未来的技术变革可能依旧如此，而且设计欠佳的规章制度可能会过度增加新研究的成本，从而对进一步的创新产生抑制。

另一个可能发生永久性变化的是政府的角色。技术悲观主义者一有机会就提起“阿波罗计划”。在那个拥有至高荣誉的时代，除了推动新型创新之外，政府还对人才和发明有着持续不断的需求。军事和产业的融合是保证其实现的主要举措，极其鼓舞人心的盛举“阿波罗计划”就是这种融合的产物。泰尔经常批评风投行业，认为其对改变世界的大型想法缺乏兴趣。但这主要是对市场现实情况的反应。理性地讲，私人投资者倾向于适度的商业模式，这种模式可以在相当短的时间内获利变现。

第三个方面是能源，这一因素在 20 世纪 70 年代和 21 世纪头十年可能均在发挥作用。耶鲁大学的威廉·诺德豪斯（William Nordhaus）发现，自 20 世纪 70 年代开始的那次生产率放缓会从耗能最高的部门扩散至其他部门，这是那十年间石油危机的产物，价格高昂的石油或许也有助于解释 21 世纪头十年的生产力放缓，但人们有希望看到这种趋势出现转变。至少在美国，新技术正对高昂的价格造成冲击。泰尔对能源部门在创新方面表现平淡进行了严厉的批评，他这么做并没有错。但考虑到当前的市场状况，这种情况并不是完全没有希望得到改善。

关于20世纪70年代的生产率放缓问题，最为激进的答案可能是全球化。在发表于1987年的一篇论文中，当时任教于罗切斯特大学的保罗·罗默（Paul Romer）指出，随着发展中国家的劳动者数量增加，发达国家降低劳动力成本可能不再如先前那么重要了。因此，对生产率进行投资的计划被搁置一边。这种观点摒弃了当时多数分析增长的理论，所以宏观经济学家将此归为异端思想。但正如罗默所言，在比较19世纪的英美两国时，经济史学家通常将制造业中资本密集、生产率很高的“美国体系”归咎于该国劳动力的相对稀缺。

塞伦迪普景观[①]

一些经济学家正在思考应如何利用罗默的异端想法解释如今的情况。MIT的达龙·阿西莫格鲁（Daron Acemoglu）、巴塞罗那一所经济研究中心的基诺·甘西娅（Gino Gancia）和苏黎世大学的法布里奇奥·兹利博蒂（Fabrizio Zilibotti）通过建模来对此进行研究。结果显示，富裕国家的企业在离岸成本降低时会将低技能任务输往海外完成，从而将国内技能型劳动者与无技能劳动者的工资区分开来。然而，随着时间的推移，离岸外包提高了低技能国家劳动者的工资。因此，国内的创新更加诱人。对劳动者的需求增加，收入差距缩小，这看起来更像“二战”后的经济情形，而不是20世纪70年代生产

① 在发表于1977年的科幻小说《塞伦迪普景观》中，科幻作家亚瑟.克拉克（Arthur C. Clarke）对互联网、电子邮件、在线新闻等做出了大胆的预测。

率放缓及其之后的情形。

即便这种模型存在错误，新兴国家的崛起也足以让人持乐观态度。全球市场的规模越大，某种新思想对世界产生的益处越多，因为这种新思想随后会运用于更多的活动与更广泛的人群之中。倘若将亚洲的数十亿贫穷人口提升为中产阶级，那么原本需要靠在田间辛苦劳作才能维持生计的数百万人口将加入现代经济的队伍之中，并同富裕国家的研究者分担知识的负担。得益于信息技术，这类分担变得更加容易了。

在经济体中，某些部门仍有可能对信息技术带来的生产率改善产生免疫力，或者至少具有抵抗性。有证据表明，医疗保健、教育、政府等部门难以提高生产率，如今它们对经济的影响范围比过去更为广泛。一般而言，这些领域不会面临如此大的市场压力，所以节约成本与进行创新的压力相对较低。

但有些人也担心与之相反的情形。令布林约尔松和麦卡菲担忧的是，技术按“棋盘下半场”的速度发展得过于迅速，令人不安，随后将引发技术性失业。在他们看来，受新技术和全球化的影响，收入停滞不前，需要中等技能的工作也就减少了。如果技术进一步提升，现在看似安全的高技能和低技能工作可能会受到威胁。

模式识别软件越来越擅长初级律师的工作，可以为相关文章扫描数千份法律文件。算法可用于体育赛事结果、金融报道等报刊文章写作。人们迟早可以运用这些技术分析各项内容。体力工作也极易受到冲击。日本缺少照顾老年人的劳动力，所以机器人创新正飞速发展。富裕国家护理费用的提高会促进创新的进一步发展。

这种生产率进步应该能产生巨大的效益，但跨越调整期并非易事。发达经济体最终面临的主要风险可能不在于创新步伐太慢，而在于机构已变得过于僵化，难以适应真正的革命性变革。这种情况比起会飞的汽车更有可能发生。

（2013 年 1 月）

人口统计：年龄入侵者

“一代老年人将改变全球经济。
他们将采取不同的方式”

进入20世纪，全球人口数量扩增至原来的两倍。由于全球大部分地区的出生率大幅缩减，因此如今21世纪的人口不可能再次翻番。但在接下来的25年内，65岁以上的人口数量肯定会翻番。就重要性而言，人口结构的这类转变比不上先前的人口膨胀，但它足以重塑全球经济。

联合国人口预测是人口统计的标准来源。其结果显示，全球65岁以上（含65岁）的在世人口大约有6亿，这一数据本身就非常引人注目。在作者弗莱德·皮尔斯（Fred Pearce）看来，在年龄超过65岁的人口中，在世的人口可能占到一半。但就全球总人口而言，这部分人口的占比仅为8%，与几十年前的情况并没有太大差异。

但到2035年，将有11亿多人口的（占世界总人口的13%）年龄超过65岁。这是延缓人口整体增长进程的出生率下降带来的必然结果，也意味着年轻人的数量相对减少了。“老年抚养比”（old-age dependency ratio，老年人口占劳动适龄人口的比率）将加速增长。2010 年，世界上每 100 个 25 ~64 岁的成年人需要抚养 16 个年龄在 65 岁或 65 岁以上的老年人，这与 1980 年的比率几乎相同。据联合国估计，到 2035 年，每 100 个 25 ~64 岁的成年人将需要抚养 26 个年龄在 65 岁或以上的老年人。

富裕国家的这一比率要高得多（见图 13.7）：2010 年，日本和德国每 100 个劳动适龄人口中需要抚养的老年人口数量分别为 43 和 38；到 2035 年，两国的这一数据将分别增加至 69 和 66。即便是在美国这一出生率相对较高的国家，老年抚养比也会上涨 70% 以上，每 100 个劳动适龄人口中将有 44 个老年人需要抚养。发展中国家现如今的比率要低得多，其绝对增长幅度不会那么大，但相对增长幅度会大一些。同期内，中国的老年抚养比将翻一番之多，从 15% 增至 36%，拉丁美洲则将从 14% 增至 27%。

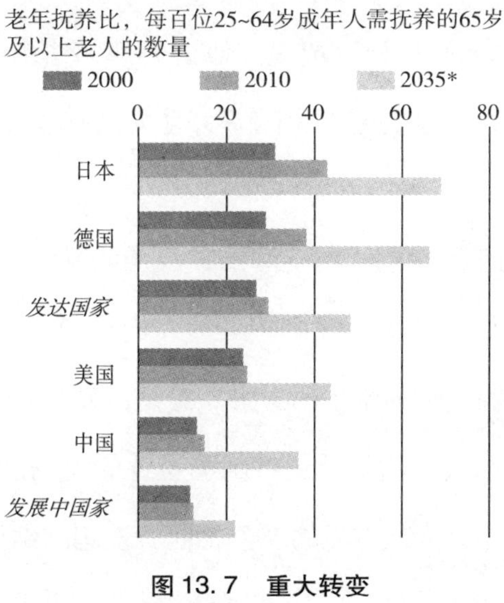

图 13.7　重大转变

注：* 预测值。

资料来源：联合国人口司

三种前进方式

南亚和非洲是这一普遍老龄化现象的例外情况，这两个地区的生育率仍然很高。由于这些地区的人口总量几乎达到了30亿，到21世纪中叶将上升至50亿，其青年人口可能会成为老龄化现象的一股强大反作用力。但他们只能延缓变化速度，而不能扭转变化趋势。整个新兴国家的总体老年抚养比将翻一番，到2035年将上升至22%。

在大多数人看来，老年人所占的比重较大意味着经济增长将放缓，因为他们认为老年人需要取出资金供自己生活，这样会使得储蓄减少，从而导致利率升高，资产价格下跌。一些经济学家则较为乐观，认为人们有能力适应并且会延长工作年限。根据这种观点，认为65岁以后不会有人工作的想法显得没有多大实际意义。第三种观点让人回想起“美国的凯恩斯”——阿尔文·汉森（Alvin Hansen）的研究成果。他于1938年指出，美国人口缩减将削弱企业投资的动机，即投资需求会随着劳动力的减少而降低，因此会引发持续的停滞。

1946～1964年出乎意料的“婴儿潮”使汉森的预测陷入困境，无法预料的事件也可能影响现如今的人口预测。虽然人们认为世界大战为“婴儿潮”奠定了基调，但不应将此视为希望的源泉。然而，如果老年人工作年限延长，储蓄时间相应变长，而人口增长减缓将削弱企业的投资动机，那么即便未像汉森预测的那样出现整体人口缩减的现象，他所设想的结果也会发生。最近，哈佛大学教授兼前财政部部长拉里·萨默斯表示，美国经济似乎正经历着“长期停滞”的过程（这一说法直接引用自汉森）。

究竟孰是孰非呢？这得分析人口影响经济的三种主要方式后才能得出答案。这三种方式包括劳动力规模的改变、生产率增速的改变及储蓄模式的改变。这些分析并不会得出确切结论，但至少在接下来的几年内，汉森的担忧似乎是最具重大意义的，尤其是出现了先前未预料到的效应，即高技能劳动者倾向于延长工作年限，而且到目前为止，他们能更有成效地工作。

人口基数未增长，但老龄人口增多了。这种人口结构的第一个显著影响是，除非调整退休年龄，否则劳动者数量将会减少。这就表明产量将减少，除非通过提高生产率来弥补该缺口。根据联合国的标准预测，如果退休年龄为65岁且生产率未提高，那么在未来几年，富裕国家由老龄化现象造成的增长率削减幅度将达到1/3至1/2。

掌握技能，发挥作用

瑞士信贷的经济学家阿姆兰·罗伊（Amlan Roy）通过计算得出，劳动适龄人口缩减使得日本在2000~2013年的GDP增长平均降低了0.6个百分点；到2017年，GDP年均降幅将增至1个百分点。在德国，劳动力缩减可将GDP增长拉低约0.5个百分点。按同样的假设条件，美国“婴儿潮”一代退休预计会将该国经济的潜在增长率拉低0.7个百分点。

然而，除人口年龄结构外，劳动力的实际规模还取决于还有谁参与工作（女性或移民目前可能未工作）以及工作时长。20世纪末期，最后一个因素几乎未发生变化。来自哈佛大学的大卫·布鲁姆（David Bloom）、大卫·坎宁（David Canning）和君特·芬克（Günther Fink）对43个最富裕的国家进行分析，发现1965~2005年的平均法定退休年龄延长了不到半岁。在那段时间，男性的预期寿命延长了9岁。

自世纪之交以来，趋势完全发生了转变。现如今，美国20%的65岁以上人口仍在工作，该比例在2000年时仅为13%。在德国，近50%的60~64岁人口仍在工作，该比例在十年前仅为25%。

这其中的部分原因在于政策。负债累累的欧洲各国已经削减了其养老金保障并延长了退休年龄。包括意大利、西班牙和荷兰在内的6个欧洲国家已经将法定退休年龄与预期寿命挂钩，个人财务状况也发挥了作用。在大多数国家，2008年金融危机之后的转变是最大的，许多临近退休者的存款储蓄受到了冲击。企业养老金计划曾为接受者支付一部分永久薪资。该计划终止后，一些人将延长工作年限。

但更为重要的因素是教育。受教育程度更高的老年人口延长工作年限的可能性要大得多。布鲁金斯学会的加里·波特里斯（Gary Burtless）计算得出，美国62~74岁的劳动者中未接受进一步正规教育的男性高中毕业生只占到32%，而有专业学位的男性则占到65%（虽然这些男性的总人数明显少一些）。对女性而言，该比例分别为25%和50%，60岁以上受过高等教育的女性劳动者所占的比例大幅上涨（见图13.8）。在欧洲，各行各业的劳动者在60岁以后都坚持工作，这种现象相比于以往更为频繁。其效果虽然并不显著，但依旧引人注目。在欧洲，仅有25%的60~64岁的受教育程度较低的人口继续工作；而获得学位的这类人口占到50%。

这类模式并不难解释。技术欠佳的劳动者通常从事体力劳动，而体力劳动会随着年龄的增长变得越发困难。技能欠佳者的相对工资已有所下降，这

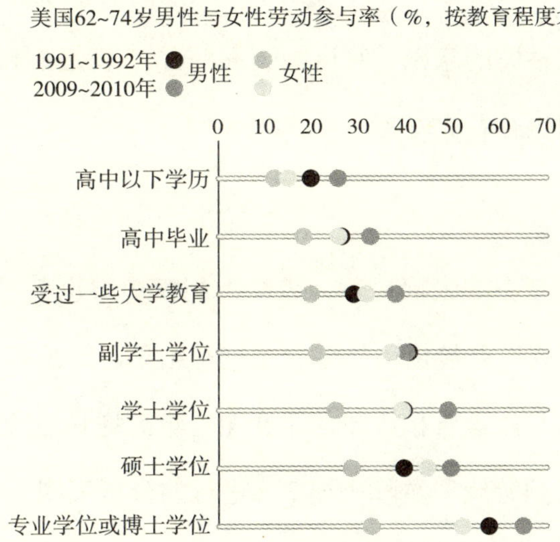

图 13.8　认知程度

资料来源：Gary Burtless，Brookings Institution

使得公共退休养老金更具吸引力。失业者也有可能缺乏一技之长，对他们而言，退休是个不错的选择。德国三位经济学家克莱门斯·霍思科（Clemens Hetschko）、安德里亚斯·柯乃波（Andreas Knabe）、罗尼·斯克博（Ronnie Schöb）进行的研究表明，失业后直接退休的人幸福感会惊人地上升。

另外，高技能劳动者往往薪资更高。如此一来，他们更有动力继续工作。相对来说，他们也更健康、更长寿，所以在 65 岁以后还能工作挣钱并能继续享受额外劳动带来的成果。

这并不意味着劳动者数量会增加。60 岁以上人口的整体工作率依然低于这些人口年轻时的整体工作率。尽管越来越多的受教育程度较高的老年人口选择继续工作，但低技能年轻人的数量减少了。在欧洲，受教育程度最低的年轻人的失业率最高。在美国，劳动参与率（63%）创 30 年来的新低，低技能男性的就业率下降幅度最大。大多数富裕国家的女性就业率未增长，人们并没有多少大规模移民的意愿。对这些国家而言，即使有技能的老年人继续工作，其劳动人口也有可能缩减。

虚空之遗

然而，如果生产率能大幅提升，劳动力规模缩减也不一定会抑制增长。很多人并未预料到人口老龄化趋势会引发这种结果。大量研究及惨痛的经历表明，大部分人的身体素质和认知功能会随着年龄增长而减退。比如，三位加拿大学者基于视频游戏“星际争霸 2”进行的分析表明，人们先天的智力在 24 岁时处于巅峰状态。老龄化社会可能会变得僵化。提出“第三世界”这一术语的法国思想家阿尔弗雷德·索维（Alfred Sauvy）担心第一世界可能会成为“一个老年人住在老房子里，反复琢磨旧观念的社会”。20 世纪 90 年代，日本劳动适龄人口开始缩减，生产率增长大幅减缓。在德国，随着人口老龄化的出现，其生产率状况趋于平淡。

但日本的生产率增长放缓也可归咎于其资产泡沫破灭，德国则归咎于意在削减失业率的改革。虽然两国都在经历老龄化，但它们在世界经济论坛发起的创新能力排名中超过了美国。劳动力的缺乏可能会推动节省劳动力的资本密集型技术的发展，正如日本企业率先研发机器人来照看老年人一样。丰富的工作经验可以在一定程度上抵消认知能力的减弱的不足。在机器智能化水平空前高涨的时代，相比于纯粹的认知能力，积极性、人们的技能和管理经验对生产率的推动作用可能更大。

更为重要的可能是更好的教育在任何时候都能促进生产率的提高。基于这些原因，越来越多的受教育程度较高的老龄人口继续工作将有助于提高生产率，从而抵消了劳动力缩减带来的大部分影响。

大西洋两岸各国的情况都证实了这一点。一些研究表明，如果老年劳动者的受教育程度非常高，那么如大家所预料的那样，他们的效率就会相当高。德国老年医学中心的劳拉·罗默·戈尔多（Laura Romeu Gordo）和奥地利IIASA（国际应用系统分析研究所）的维加德·希尔贝克（Vegard Skirbekk）表示，在德国，坚持工作的老年劳动者倾向于选择对认知技能要求更高的岗位。可能正是基于这些影响，50 岁以上劳动者的薪资相比于年轻劳动者有所增长。

可取之处

目前，一些国家受教育程度较高的人口正步入老龄阶段。对这些国家而言，上述情形可能是个好消息，但对欠发达地区来说则不然。在中国，近一半 50 ~ 64 岁的劳动者未完成小学教育。随着年龄的增长，这些无技能劳动者的工作效率可能会下降。希尔贝克与其 IIASA 的同事埃尔克·洛伊钦格（Elke Loichinger）和丹妮拉·韦伯（Daniela Weber）一道试图通过“认知调整抚养比率”来评估这一影响。他们对比了富裕国家与新兴经济体 50 岁以上（含 50 岁）人群的认知能力，采取的做法是通过一项试验检测这些人回忆单词的能力，最后根据结果来评定抚养比率。尽管这一基于年龄的比率在欧洲很高，但北欧国家的认知调整比率还是低于中国，这是因为欧洲的老龄人口在认知技能测试中表现得更为突出。在类似的调整之下，美国的抚养比率要优于印度。

如果技能水平和受教育程度能决定年长者的工作年限和工作表现，那么这两个因素也会对储蓄产生影响，这是老龄化影响经济增长的第三种方式。随着受教育程度较高的老年劳动者数量的增多，他们挣得的收入占总收入的比重也会增大。在美国，随着受良好教育的“婴儿潮”一代步入花甲之年，60~74岁男性劳动者的收入所占的比例在2000~2014年从7.3%上升至12.7%。当这些年长者最终退休时，会将他们收入的其中一部分收入用作退休金。如果60~69岁的人储蓄更多，那么他们在80~89岁时的支出就更多。但对于很多受过良好教育的年长者而言，他们的存款储蓄可能远多于晚年的开支。这一观点可以从间接证据中获得支持。法国经济学家托马斯·皮凯蒂通过计算得出，平均来看，法国80岁年长者的财富是50~59岁人群的134%，这是自20世纪30年代以来差距最大的一次。至少在接下来的几年内，向技能倾斜的老龄化现象可能会使不平等程度加深，且个人存款增加。

与此同时，富裕国家（尤其是欧洲各国）的政府正在下调养老金并削减预算赤字，这两种措施都将增加国民储蓄。旨在下调养老金的改革意味着，无论技能水平如何，那些快要退休的人将把更多的积蓄储存起来，而且政府对每位年长者的支出也将减少。欧盟委员会的预测表明，EU（欧盟）的整体养老金支出在2010~2020年的降幅将占到GDP的0.1%，而在接下来十年的涨幅将占到GDP的0.6%。这并不是个小数目，但相比于令人窒息的老龄化“负担”论调，这一数量已极其微小。

综合各种因素来看，年长劳动者增加储蓄，加之政府削减养老金，富裕国家将出现意想不到的节约之风，至少在接下来几年会是如此。如果将储存起来的资金用于富有成效的投资项目，或许可以推动长期增长。但这些投资机会在哪里呢？从原则上讲有两种可能：一是发达经济体进行快速创新；二是新兴经济体（尤其是更为年轻、更为贫困的经济体）出现快速增长。

遗憾的是，目前更多的资本从新兴经济体流入富裕经济体，而不是从富裕经济体流入新兴经济体。最成功的新兴经济体已拥有大量外汇储备；而很多经济体对过度依赖外债存有戒备之心。即便这种情况会发生改变，南亚、非洲等年轻经济体也会因规模太小而无法从老龄化进程很快的国家吸收大量资本。

富裕国家虽然有不少显著的创新（尤其是计算机技术方面），但其生产率增长和投资表现均不突出。这可能是金融危机的后遗症，也可能是一场结构性的变革。资本货物（尤其是与电脑相关的物品）的价格急剧下降，这可能是因为与制造业时代相比，如今的创新对投资的需求减弱，而且人口老龄化本身也可能抑制投资。在其他条件都相同的情况下，劳动者规模缩减意味着经济体需要的资本存量减少，即使其中一些劳动者是聪明的老伙计。此外，年长者的消费习惯也不同，年长者购买的物品很少需要巨额投资（尤其是购置房屋）或大量服务（无论是在医疗保健方面还是在旅游方面都是如此）。

未成定数，但也不是毫无影响

人口趋势可以塑造未来，但这些趋势并不会导致特定的必然结果。经济体的演进取决于决策者对新形势的反应。相比于先前的情况，这些作为回应的政策本身在很大程度上将受到年长者偏好的影响。这些年长者占总人口的比例较大，而且在民主国家，他们会比年轻人更乐于投票。

在大西洋两岸的国家，最近的预算决策似乎反映了富裕年长者的偏好。英国的养老金改革赋予人们更多使用养老金的自由；将财产税改革置之不顾，使得意大利年长房主免于承受新的负担。美国削减了针对年轻贫困者的预算开支，但未能使政府更健康地运转，富裕者的养老金也依然丰厚。虽然利率处于低位，但很少有富裕国家的政府对大规模投资感兴趣。

在没有反补贴政策的回应下，一系列抑制投资、刺激储蓄的力量使得世界因为老龄化而在接来下几年呈现出汉森描述的模样：增长放缓（虽然没有年长者不延长工作时长时那么缓慢）、过度储蓄、利率极低。在这样的世界中，老龄化将强化伴随新兴科技而来的收入分配格局，即高技能年长劳动者挣得的收入更多，各年龄阶段的低技能劳动者受到排挤。受教育程度较低的失业青年受到的待遇尤为糟糕，他们永远没法掌握技能成为富有成效的年长劳动者。

较之“老龄化海啸”将引发毁灭性结局的可怕警告，这不失为一个好消息，但也并不是处处都很美好。

（2014 年 4 月）

14. 机器人经济学

机器与工作：机器人同事

“机器人越来越强大，

这对劳动者来说并不一定是坏消息”

2011 年，IBM（美国国际商用机器公司）的“沃森”（Watson）超级计算机登上美国的智力问答节目“危险边缘”（*Jeopardy*!），在人机对抗中击败了所有人类选手，真可谓是惊人之举。自此之后，“沃森”变得更加智能。其组件从房间一般大缩减至公文包一般大，处理速度加快了两倍以上。目前，人们正将造型更优美、速度更快的“沃森”投入商业领域：其第一项应用是在癌症诊所提供治疗建议。很多人担心“沃森”的发展预示着人工将被机器取代。

在《与机器赛跑》中，MIT 的埃里克·布林约尔松（Erik Brynjolfsson）和安德鲁·麦卡菲（Andrew McAfee）担心人工可能无法适应科技发展的快速步伐。软件企业家马丁·福特（Martin Ford）在出版于 2009 年的《隧道之光》（*The Lights in the Tunnel*）一书中描绘了一幅更为黯淡的图景。福特指出，约 40% 的美国人仍在从事护士、簿记员等过时的工作。在他看来，在创新的推动下，企业将很快裁掉数百万员工，比如 300 多万名收银员的岗位就受到了自动收银机的威胁，但创新也会为失业工人提供一些新的就业机会。

然而，也有大量研究表明，创新不一定会削弱人工劳动的作用。同样来自 MIT 的大卫·奥特尔（David Autor）在发表于 2013 年的一篇论文中指出，经济学家们用于描述产品制造过程的“生产函数”需要重新整理。这些函数把劳动力和资本视为一个配方中的两种独立元素，认为将一大汤匙技能型工作与一剂资本混合起来就能创造出 GDP。但在现实生活中，两者之间的界限是模糊不清的。

奥特尔提出了另一种可供选择的方法——在建模中将生产过程分成一系列任务。企业面临的挑战在于根据资本和不同水平技术工人各自的比较优势来决定如何分配这些任务。分配会随着成本和技术的变动而不断演进。比如，在创新的推动下，有些岗位的人工可能会被取代，但人类在其他领域的生产效率会因此而提高。

奥特尔在书中写道：一种新的模式会随着技术进步而显现出来。机器接管了重复的数据统计、汽车零部件焊接等日常工作。人们可以用详细明确的指令将这些任务编成程序输入机器中。接下来，被取代的工人会被重新分配至更为即兴、更凭直觉的工作。比如在航空公司办理登机手续的柜台，计算机可以代替员工完成打印登机证等日常工作。因此，人类可以更方便地应对航班取消、航线变更等意想不到的问题。

在其他行业中，机器既可以代替人力，也可以作为人力的补充。起初，“沃森”会根据相关置信度给出建议，协助医生进行癌症治疗决策。它最终可能会代替医生做一些诊断。在其他情况下，机器人可能会提高对医生服务的需求。2013 年发表于《美国医学会杂志》（*Journal of the American Medical Association*）的一篇论文指出，虽然机器人辅助手术的结果不一定优于全人工微创手术，但对医生而言，学习并掌握机器人辅助技术要容易得多。因此，得益于机器人的辅助技术，一些手术的成本降低了，其应用范围也更加广泛了。

从历史上来看，技术进步相对来说有利于工人。哈佛大学的劳伦斯·卡茨（Lawrence Katz）和波士顿大学的罗伯特·马戈（Robert Margo）指出，劳动力市场趋势在 19 世纪和 20 世纪显示出惊人的连续性。例如，近几十年来，“中等技能”工人随着计算机化和自动化进程的推进而被取代。与此同时，高技能工人和低技能工人的就业率升高。在卡茨和马戈看来，这种“空洞化”并不新鲜。早期工业化也产生过类似的效果。随着工业纺织生产的发展，训练有素的织布工等中等技能工匠失业了，但低技能工人和白领阶层经理的工资稳步提升。机械化意欲无止境地取代各种日常工作，不过尚未引发大规模失业。其实，现实情况恰恰与之相反。

令人担忧的是，现如今的技术将目标锁定在非常规、非普通任务之上。但奥特尔指出，一项技术活只是有可能实现自动化，这并不代表它将来一定会实现自动化。日本与印度生产尼桑汽车的工人数量相去甚远，前者劳动力昂贵，而后者劳动力丰富且廉价。在决定如何部署新技术时，各类型工人的相对成本对企业具有重要意义。

通往 HAL（硬件抽象层）之路

MIT 的达龙·阿西莫格鲁（Daron Acemoglu）、巴塞罗那一个经济研究中心的基诺·甘西娅（Gino Gancia）和苏黎世大学的法布里奇奥·兹利博蒂

（Fabrizio Zilibotti）认为企业所面临的动机也有可能发生改变。在他们看来，发达国家的企业应对全球化的做法是利用海外廉价劳动力并投资有助于提升国内工人技能的技术。比如，苹果公司利用技能娴熟的美国工程师设计其产品，而让廉价的外国工人制造产品。

如今，新兴市场的工资上涨，将非技能型工作输往国外已不再如以往那样极具吸引力。几位作者认为，这可能意味着创新对劳动力市场的影响会大大改变。企业可能会发现投资有助于提升国内低技能劳动者的技术更具吸引力，从而提高这些工人的工资。总有一天，灵巧的机器人可能会改变这种局面。但只要人类保有认知灵活性的优势，工作热情高涨的工人将继续为企业所重用。

（2013 年 3 月）

职业的未来：来势凶猛的波浪

“先前的技术创新总会带来更多而不是更少的长期就业机会。但情况会发生变化”

1930 年，整个世界正“经受着经济上的悲观情绪带来的沉重打击”，约翰·梅纳德·凯恩斯写下一篇名为“我们后代的经济前景”（*Economic Possibilities for our Grandchildren*）的文章，全篇充满着乐观主义情绪。这篇文章设想技术革命和经济停滞之间存在一条“中间道路”，这使文中所说的后代比其祖父富裕得多，但这条道路并非毫无风险。

凯恩斯承认，“新疾病”是其中一个令人担忧的因素。他指出，“由于我们发现节省劳动力方法的速度快于为劳动力寻找新运用领域的速度，所以出现了技术性失业”。他表示，读者们也许还未听过这个问题，但他们必定会在接下来的几年里听到很多与此相关的消息。

但大部分人并没有听说过这一问题。现如今，大多数经济学家满怀自信地抛弃了这些担忧。在他们看来，任何节省劳动力的自动化都可以通过提高生产率来增加收入。如此一来，人们会对新产品和新服务产生需求，这转而又会为替换下来的工人创造新的就业机会。倘若不这么看待这一问题，就会被贴上“勒德分子”（强烈反对机械化或自动化的人）的标签。勒德是19世纪的一名纺织工人，他捣毁了取代人工的机器。

在20世纪的大部分时间里，那些认为技术可以促进就业与繁荣的人似乎在这场争论中占据了上风。从公元纪元伊始到1570年，英国的实际收入几乎没有翻番。在1570～1875年却增加了两倍，在1875～1975年则增加了两倍以上。工业化并没有消除对人力的需求。相反地，它创造的众多就业机会足以吸纳20世纪激增的人口。凯恩斯认为21世纪30年代大家都会富裕得多，这一设想已基本实现。他还指出，到那时候人们一周只需工作15小时左右，但这种预想尚未实现。

睡梦中的人何时才能清醒

然而，目前有些人担心由效力更大、能力更强的计算机推动的自动化新时代会以不同的方式运转。他们最先开始观察富裕国家，发现其工作情况远未达到理想状态。他们将此视为一场就业危机，其本质原因在于富裕国家普通工人的工资在扣除生活成本因素后停滞不前。在美国，实际工资在过去40年中几乎停滞不前。即使在英国和德国这些就业率正创新高的国家，工资也连续十年持平。最近的研究表明，其原因在于通过自动化推动资本取代劳动力正越发具有吸引力。因此，自20世纪80年代以来，资本所有者挣得的收入占世界总收入的比例不断上升，而劳动者收入的占比下降了。

与此同时，即便是在瑞典等相对平等的地方，就业者之间的不平等程度也大幅加剧，高收入者挣得的份额飙升。伦敦经济学院的人类学家大卫·格雷伯（David Graeber）认为，对那些非精英阶层的人而言，大部分现代劳动者在从事荒谬可笑的“无聊工作”：设置那些坐在屏幕前的中低岗位只是为了让一些工人有事可做，其实这些工人对推动经济发展已没有多大作用了。在格雷伯看来，这种决策并不划算，这只是统治阶级为了控制他人生活而刻意做出的决定。

尽管如此，这些单调沉闷的岗位可能很快就会失效，随之而来的将是明显的失业现象。一些富裕国家已经呈现出就业率下降的长期趋势。2013 年，美国成年人的就业率创下自 1978 年以来的新低。虽然年龄增长是就业率下降的部分原因，但还有其他原因。美国前财政部部长拉里·萨默斯在 2013 年的一次演讲中部分模仿了凯恩斯的“前景”，对美国 25 ~ 54 岁男性的就业趋势进行了分析。在 20 世纪 60 年代，20 名男性中仅有 1 名失业。据萨默斯推测，10 年后，每 7 名男性中就会有 1 名失业。

萨默斯指出，这种迹象表明技术变革正越来越多地以“资本有效替代劳动力”的方式进行。在不久的将来，这种资本替代现象可能会越来越频繁。牛津大学的卡尔·贝内迪克特·弗雷（Carl Benedikt Frey）和迈克尔·奥斯本（Michael Osborne）在 2013 年的一篇文章中指出，在按惯例划分的各职业类别中，47% 的岗位存在着由自动化取代的高风险，这些岗位包括会计、法律工作、技术写作和其他不少白领的工作。

这种自动化是否会给工人带来长期痛楚呢？在回答这个问题之前，人们需要仔细研究过去的经验、理论和技术趋势。这种迹象所显示的情景较为复杂，而且比很多经济学家和政治家预想的更加令人担忧。

天堂车床[①]

经济学家认为创新与生活水平改善之间的关系是理所当然的，部分原因是他们认为这种观点已为历史所证实。从长远来看，工业化可以大幅提高收入，改善生活水平，这一点显而易见。但通往富裕之路比人们通常所认为的要艰辛得多。

据估计，1500 年时大约有 75% 的英国劳动力辛苦地从事农业工作。到 1800 年，这一比例下降至 35%。在 18 世纪，最开始主要是小规模地向制造业转变，要么在家中，要么在小作坊；很少有大工厂雇用工人。到 19 世纪末期，大规模工业城市中的大型工厂已成常态。正是自动化与蒸汽机促使了这种巨大转变。

工业企业融合了人力与大量昂贵的资本设备。工厂老板重新安排了生产工序，以期最大限度地提高这些昂贵机器的产出。经过安排，工人需负责一道或几道重复性的工序，通常涉及制造成品的零部件，而不是整个成品。老板们制定了紧凑的时间表和严格的工作纪律，以保持生产节奏。工业革命不仅用蒸汽机取代了人力，而且将各项任务本身重新精确界定，以生产出蒸汽机驱动机器所需的零部件，这是工厂制度不可或缺的一部分。

旧有岗位的工作方式已经改变，新的岗位已被创造出来。伊利诺伊州西北大学的经济史学家乔尔·莫克（Joel Mokyr）指出，当时的机器、技术和供

---

① 《天堂车床》是厄休拉·K. 勒瑰恩（Ursula K. Le Guin）出版于 1971 年的科幻小说，书中主人公的梦境可以改变现实，包括过去的事情。详见：https：//en. wikipedia. org/wiki/The_ Lathe_ of_ Heaven。——译者注

应链越来越复杂，这些都需要细心地维护保养，从事这类工作的工人得到了不错的报酬。正如哈佛大学的劳伦斯·卡茨和波士顿大学的罗伯特·马戈开展的研究所指出的，制造业中的就业出现了“空洞化”现象。技术工人和非技术工人的就业机会增多了，而手工艺者失业了。勒德分子（Luddites）抗议的就是这种损失，他们的做法就算没有起到作用，至少也是可以理解的。

在这场大型的工业和社会剧变初期，低技能工人数量众多（至少在初期是这样），因此普通工人过得并不好。正如莫克所言，“1750～1850 年，（工人的）生活并没得到多少改善”。在 1770～1830 年的 60 年间，由于英国生产率增长仅局限于少数几个行业之中，所以该国扣除通货膨胀后的工资增长微乎其微。直到 19 世纪末期，当生产率增长覆盖整个经济体时，工资水平才最终与生产率增长相一致（见图 14.1）。

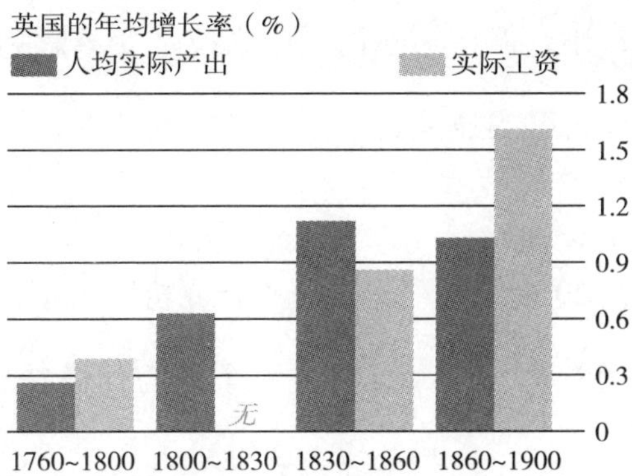

图 14.1　工资增长姗姗来迟

资料来源：“Engels’ Pause：Technical Change，Capital Accumulation，and Inequality in the British Industrial Revolution” by R. C. Allen，Explorations in Economic History，2009

随着社会变革和新的政治运动赋予工人发言权，工人的工资出现了较快增长。这样一来，更广泛的人群得以享受工业化带来的益处。教育投资为技术性岗位培养了大量工人。随后，这类工人的数量越来越多。随着高等教育日益普遍，这种变化一直延续到了20世纪。

哈佛大学的经济学家克劳迪亚·戈尔丁（Claudia Goldin）和卡茨写道，这段时期的工人在进行“教育和技术之间的赛跑”，而且他们在很大程度上取得了胜利。即便如此，富裕国家的工人直到“二战”后的“黄金时代”才获得真正的繁荣，而拥有财产的庞大中产阶级群体开始主导政治。与此同时，严酷的工业化早期时代带来了共产主义思潮，使得世界范围内数以亿计的人们生活在贫困中。此外，数十亿人持续受到欧洲工业化引发的帝国主义的影响。

技术变革产生的影响需要一段时间才能显现出来，而且各个行业之间存在着很大差异。虽然在很多简单的经济学模型中，技术总是与资本和劳动力紧密结合，最后产生输出，但在实际情况中，技术变革影响各个工人的方式并不相同。一些人发现自己的技能与新技术具有互补性，另一些人则发现自己失业了。

以计算机为例。在20世纪初期，一台“计算机”就是一个或一屋子工人进行人工数学运算，通常是一个人接着上一个人的计算结果依次进行下去。机械和电子计算得到发展后，这些运算方式就被淘汰了。但对于一些将新型计算机运用于工作之中的人而言，这极大地提高了他们的生产率。

其他许多技术创新也产生了同样的效果。新机器取代了从纺织业到金属加工业等诸多行业的手工艺生产者。与此同时，新机器也极大地提高了人均产出，手工艺生产者可能永远都无法达到这种水平。

自动钢琴

如果一项即将被机器取代的任务已高度常规化，那么这将大有裨益。人类运用计算机进行运算就是其中一例。因此，人工从事生产流水线、簿记之类的工作终将因赶不上机器人和电子制表软件的效率而被淘汰。同时，那些不太容易归为模块化任务的工作——无论是管理其他工人、教育蹒跚学步的孩子等有益的事情，还是整理一片狼藉的工作场所等苦差事——在所有就业岗位中的占比由此上升。

然而，技术变革的“赛跑”意味着这些工人不能因满足于现有的薪资而裹足不前。企业正不断地试验新技术和生产工艺。灵活性对于试验各种技术和商业模式来说必不可少，这也正是人力劳动者的一个关键优势。但随着时间的推移，由于人们发现并整理出最佳的实践模式，将生产过程划分为程序化的子任务变得越来越简单。待技术成熟之时，这些子任务就可实现自动化。

如果实现，自动化就会体现出其真正的意义。正如 MIT 的经济学家大卫·奥特尔在 2013 年的一篇文章中所指出的，一项工作只是有实现自动化的可能，这并不代表它将来一定会实现自动化。相对成本也会产生影响。他指出，日产尼桑制造汽车时在很大程度上依赖于机器人。相比之下，在印度工厂里，企业更依赖于当地廉价的劳动力。

即便在机器性能正迅速提高的情况下，寻求更为廉价、技能更为娴熟的劳动力仍具有意义。因此，自 20 世纪 80 年代（此时，美国的高等教育趋势已呈平稳状态）以来，美国和其他地方的工人发现自己正面临着日益激烈的竞争，而这些竞争来自机器和新兴市场的廉价劳动力。

在大多数富裕经济体，这些进程持续不断地将劳动力排挤出制造业，让人们觉得很残酷。自20世纪50年代以来，美国制造业的就业比例从近30%骤降至10%以下。与此同时，服务业的就业比例从不足50%飙升至近70%（见图14.2）。因此，企业将不可避免地在服务业中进行同样的试验和重组。

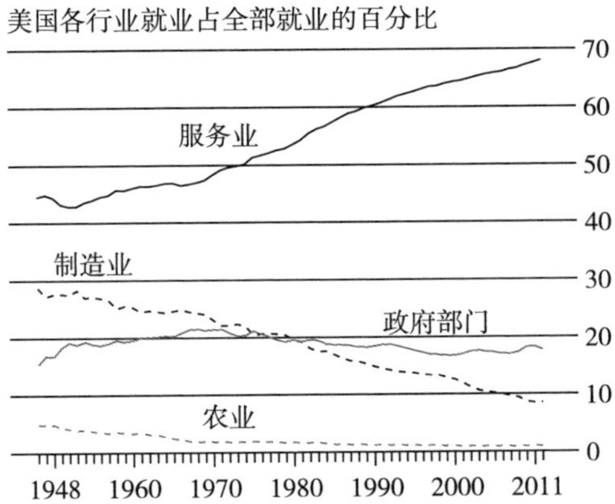

图14.2 不同以往

资料来源：美国劳工统计局

新一轮的技术进步浪潮可能会极大地加速脑力劳动的自动化。在从19世纪至20世纪70年代的漫长岁月里，技术的迅猛发展推动了生产率的快速增长。如今，越来越多的证据显示，此类技术进步正在回归，对各类工作均会产生影响。正是受到这类技术进步的推动，人们可以将计算机放置在口袋中。相比于20年前世界上任何一台计算机，这种计算机的功能更强大。此外，它还配置了更好的软件，能更多地调用有用的数据资料、人员和机器。

MIT的教授埃里克·布林约尔松（Erik Brynjolfsson）和安德鲁·麦卡菲（Andrew McAfee）在出版于2014年的著作《第二次机器时代》（*The Second Machine Age*）中指出，经济增长处于极具破坏性的时期。他们认为，如同第一次工业化大时代一样，这次机器时代应该也会带来巨大益处，但此次同样难逃一段无所适从、心神不宁的变革时期。他们提出该观点是基于这样一种原因：人们低估了芯片处理速度、存储器容量以及计算机其他部分特性的迅猛发展。计算机技术在未来几年的发展速度相当于自开始以来到现在的所有进步之和。在布林约尔松和麦卡菲看来，创新面临的主要“瓶颈”在于社会需要花费一定的时间来梳理新技术与商业模式的各种排列组合。

创新正以惊人的速度发展，这似乎为他们的论文提供了支持。10 年前，有技术意识的经济学家指出，计算机几乎不可能像人类一样驾驶着汽车在道路上穿梭。现如今，谷歌无人驾驶汽车正行驶于加利福尼亚的街头。虽然现在依然难以预测全自动无人驾驶汽车需要多久才能投放市场，但现在已无人质疑其可能性。

美丽新世界

即使计算机打败了国际象棋大师（以前人们认为这几乎不可能），但依然无人相信它们可以在用自然语言进行的自由形式游戏中与人类对决。后来，IBM 开发的“沃森”模式识别超级计算机登上美国广受欢迎、知识涵盖面广、句法规则变化多样的智力问答节目“危险边缘”，击败了最出色的人类选手。各行各业的企业购买不同版本的“沃森”，以帮助其解决各种模式识别问题。当企业学会如何运用其能力时，它会更加敏锐，成本也会随之下降。

机器不仅更机灵，还能处理更多数据。大数据和智能机器的结合将大规模地取代很多职业。通过这种结合，企业可以雇用较少的员工来完成更多的任务。法务方面的专业岗位将被文本挖掘程序取代。较之实验室技术员，图像处理软件能更高效地分析活组织切片。随着税务软件进一步发展，会计人员将成为继旅行代理和出纳员之后的又一失业人群。机器已经可以将基本的体育赛事结果和财务数据整理成不错的新闻报道。

那些不容易实现自动化的工作依然可以发生改变。新型数据处理技术可以将“认知型”工作分解成较小的任务。这开辟了最终通往自动化的道路，同时也降低了从事这类工作的满意度。正如19世纪那样，由于技术要求降低，零件可交换，人们的工作满意度也随之下降。如果这些工作继续存在，很可能被归为格雷伯所说的“无聊工作”。

在具备从事脑力工作的新功能后，计算机不会抛弃先前的体力劳动。相反地，它会更出色地完成体力劳动。最新一代的工业机器人设计者们在谈论其发明时指出，工业机器人是工人的助手，而不是替代品。但在技术的推动下，这两种情况将兼而有之，而且可能涉及不止一部分人，这一点毋庸置疑。到21世纪三四十年代，出租车司机在很多地方将成为稀有物。对于依赖出租车司机获得地方性知识和观点的新闻工作者而言，这听起来似乎是个坏消息。但那时还存在这么多的新闻工作者吗？还有航空飞行员、交警或士兵吗？

工作依然会存在。弗雷和奥斯本曾在研究报告中预言，20年之内，47%的岗位将实现自动化，但甚至他们都无法否认，有些工作将在自动化的进程中幸存下来，尤其是那些目前与高教育程度和高薪水相关的工作（见图14.3）。乔治梅森大学的经济学家泰勒·柯文（Tyler Cowen）同时也是一位人气颇高的博主，他在出版于2013年的著作《平均时代的终结》（*Average is Over*）中写道，富裕经济体似乎会分化成两群人，其中一小群人掌握的技能与机器智能之间存在高度的互补性，其他人则不然。柯文对前者抱有很高的期望，对后者则没有这么乐观。

未来20年（从2013年开始）各岗位因计算机化而面临失业的可能性
（1=必然发生）

岗位	可能性
休闲治疗师	0.003
牙医	0.004
运动教练	0.007
牧师	0.008
化学工程师	0.02
编辑	0.06
消防员	0.17
演员	0.37
卫生技术人员	0.40
经济学家	0.43
商用飞机驾驶员	0.55
机械师	0.65
文字处理员和打字员	0.81
房地产销售代理商	0.86
技术文档撰写人	0.89
零售业销售员	0.92
会计师和审计员	0.94
电话销售员	0.99

图 14.3　私人教练火热起来

资料来源：*The Future of Employment*：*How Susceptible are Jobs to Computerisation*? by C. Frey and M. Osborne, 2013

虽然布林约尔松和麦卡菲确切地指出，在开发充分利用新技术的商业模式时，需要反复试验并发挥人类灵活性，但第二次机器时代也会使这种反复试验变得更容易。到那时，创立一家新公司，将新产品投放市场并销售给数十亿全球客户将变得惊人地简单。最终，轰动想法的提出者或投资者可能会获得空前的高回报。

巴黎经济学院的经济学家托马斯·皮凯蒂在其著作《21世纪资本论》中也发表过类似的观点。他指出，美国可能正在引领一种极度不平等的经济模式。在这一模式中，前1%的资本所有者和"超级管理者"挣得的收入占国民收入的比重将日益增大，国家财富将进一步集中在他们手中。中产阶级的崛起（产生于20世纪的一种新现象）是全球范围内一场具有重要意义的政治与社会进步。倘若该阶级遭到排挤，那么一场更为敌对的、不稳定的、存在潜在危险的政治运动可能将一触即发。

发生巨大变革的可能性是显而易见的。未来将出现普遍的技术性失业，很多人都难以接受这一事实。在每一段伟大的创新时期，总会有些人预言劳动力市场将出现灾难，但技术进步总是一如既往地提供新的就业机会。

日后，自动化确实可以提高生产率，虽然受益者主要是机器所有者。部分机器将用于制造产品与提供服务（如协助高尔夫球教练、提供家政服务等），剩下的大部分机器将投入试图扩张、可能雇用更多劳动力的企业。虽然不平等现象会在这种背景下加剧，但失业率不一定会上升。如早期工业化时代一样，当前的工资停滞可能只是暂时的，美好的日子终将到来（见图14.4）。

有些工作可能明显不同于被机器取代的工作。正如过去的机械化将工人从旧有的工作中解放出来，或者说强迫工人从事更需认知能力的工作，机器智能的跨越式发展也可以创造机会让人们从事更加感性的职业，而机器还不能胜任这些岗位。那将是一个全是艺术家、治疗师、情感顾问和瑜伽教练的世界。

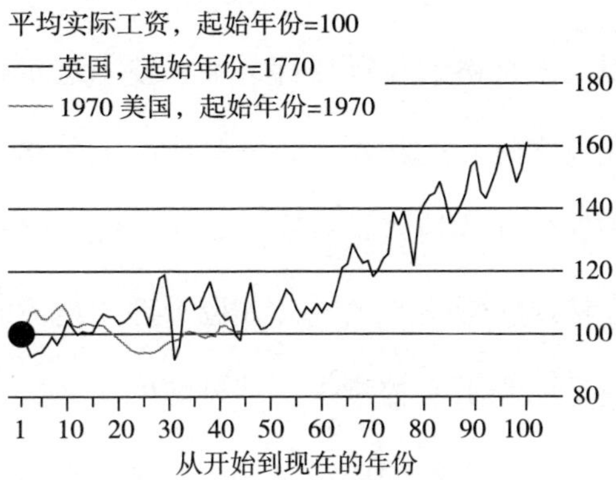

图 14.4　是否会重蹈覆辙

资料来源：*Pessimism Preserved: Real Wages in the British Industrial Revolution* by R. C. Allen, 2013；US Bureau of Labour Statistics

正如过去的“金属敲击乐”一样，这些注重情感交流的工作一开始并未受到重视，但在未来可能至关重要。传统的文化标准会慢慢发生改变。抛开金钱标准，人们现在依然隐约认为制造业工作“优于”文书类工作。在一些18 世纪的人看来，从本质上讲，在农田里工作要比制作小玩意儿更有地位。

一些不易实现自动化的经济领域也出现了增长，而且推动了就业。即便如此，实际工资也不一定会上涨。萨默斯指出，过去几十年，小部件制成品的价格显著下降。美国劳工统计局表示，要不是以往那种简陋的老式电视已经停产，一台产于 20 世纪 80 年代初期的电视机在如今市场上的标价将是当时的 1/20。但非小部件制成品的价格出现了大幅上涨，最为显著的就是大学教育和医疗保健。在全球化和技术进步的推动下，物件的成本已经下降。如果人们仅依靠这些物件就能生存，那么实际工资会持续上涨。对于那些无法实现机械化的产品，其供给通常会受到国家控制，而且可能属于稀缺物品。

正是这些产品价格的上涨限制了人们工资的进一步增长。

因此，在未实现人人富裕的长远目标之前，技术进步就眼前来说压缩了部分工资。而且，在技术进步的作用下，一些物品的价格上涨幅度可能大于收入的增长幅度。随着创新的持续推进，自动化可能会降低某些传统行业的成本——尽管一些受稀缺性影响的领域（如位于理想地段的住房）可能与这种趋势相违背，可能是因为国家控制了这些领域的市场力量。但是如果创新的确能降低医疗保健或高等教育的成本，那么这种情形将很可能以失业增长为代价，而且会使收入进一步集中。

机器停止运转

虽然长期前景是美好的，可以创造更多财富和大量新的就业岗位，但这并不意味着决策者就可以袖手旁观。以往，由于决策者在政治和策略方面做出回应，人们很快地适应了技术进步。最为显著的是，受教育程度先后通过普及中学教育和提高大学入学率得到了大规模提升。目前，旨在实现类似目标的政策似乎逐渐被提上日程。但正如柯文所言，19 世纪和 20 世纪取得的成就是难以复制的。

要想提升 19 世纪农民和劳动者子女的技能水平和挣钱本领，只需提供学校供他们学习阅读、写作与代数即可。但让大部分大学生顺利毕业将面临更大的难度、更高昂的成本。或许成本较低的创新型在线教学确实可以带来新成果。但柯文指出，可能只有最勤奋的学生才能从这些项目中获益匪浅。

即便之前有了对技术进步的适应，但不一定能促进未来就业增长，社会福利就体现了这一点。在 19 世纪，很多人若不愿意成为无产阶级工人，便要陷入极度失调的贫困。如今，由于采取了一些措施来适应工业化进程，或者说工业化的推进在一定程度上推动了这些措施的出台，发达国家的人们得以享受失业津贴、残障补助和其他一些社会福利。相比过去的农民，他们更有可能拥有存款储蓄。这意味着“保留工资”（低于该工资，工人宁愿不工作）目前已创下历史新高。如果政府要保证失业工人接近平均生活标准，那么保留工资将稳步上升，而且越来越多的工人会丧失就业热情。此外，保留工资上升得越高，人们就越有动力投资替代劳动力的资本。

凯恩斯及其后继者一致认为，每个人都应该受益于生产率的增长。他担心的技术性失业其实主要是指“暂时的失调期”，因为社会与经济需要调整自己以适应更高水平的生产率，有充分的证据可以证明这一点。然而，如果生产率增长与创新使得掌握技能的劳动者收入大幅上涨，而其他劳动者面对不断缩减的就业机会只能眼看着工资停滞不前——这似乎是有可能发生的——那么，社会将面临严峻考验。

（2014 年 1 月）

参考文献

第一篇　货币、银行与危机

1. 货　币

Anagol, S. , Etang, A. and Karlan, D. , "Continued Existence of Cows Disproves Central Tenets of Capitalism?", NBER Working Paper 19437, 2013.

Goodhart, C. , "The two concepts of money: implications for the analysis of optimal currency areas", *European Journal of Political Economy*, August 1998.

Kiyotaki, N. , "Evil is the root of all money", *American Economic Review*, Vol. 92, No. 2, 2001.

Menger, C. , "On the Origins of Money", *The Economic Journal*, June 1892.

2. 金融危机简史

"The American President on the American Crisis", *The Economist*, December 26th 1857.

Bagehot, W. , *The Works and Life of Walter Bagehot*, Vol. 2, ed. Mrs Russell Barrington, Longmans, Green, & Co. , 1915.

Bruner, R. F. and Carr, S. D. , *The Panic of* 1907: *Lessons Learned from the Market's Perfect Storm*, John Wiley & Sons, 2007.

Calomiris, C. W. and Schweikart, L. , "The Panic of 1857: Origins, Transmission, and Containment", *The Journal of Economic History*, Vol. 51, No. 4, 1991.

Clapham, J. H. , *The Bank of England: A History, Volume II* (1797–1914), Cambridge University Press, 1945.

Cowen, D. J. , Sylla, R. and Wright, R. E. , "The U. S. Panic of 1792: Financial Crisis Management and the Lender of Last Resort", mimeo, July 2006.

Crafts, N. and Fearon, P. , "Lessons from the 1930s' Great Depression", CAGEOnline Working Paper Series 23, 2010.

Davies, R. , Richardson, P. , Katinaite, V. and Manning, M. J. , "Evolution of the UK Banking System", *Bank of England Quarterly Bulletin*, Q4, December, 2010.

Dawson, F. G. , *The First Latin American Debt Crisis: The City of London and the 1822–25 Loan Bubble* , Princeton University Press, 1990.

Evans, D. M. , *The History of the Commercial Crisis, 1857 –1858 and the Stock Exchange Panic of* 1859, Groombridge, 1859.

Flandreau, M. and Flores, J. H. , "Bonds and Brands: Intermediaries and Reputation in Sovereign Debt Markets 1820 –1830", *The Journal of Economic History*, Vol. 69, No. 3, 2007.

Friedman, M. and Schwartz, A. , *A Monetary History of the United States, 1867 –1960* , Princeton University Press, 1963.

Galbraith, J. K. , *The Great Crash* 1929, Pelican, 1961.

Kindleberger, C. P. , *Manias, Panics and Crashes: A History of Financial Crises*, Basic Books, 1978.

Neal, L. , "The Financial Crisis of 1825 and the Restructuring of the British Financial System", Federal Reserve Bank of St Louis, May 1998.

Sprague, O. M. W. , "The American Crisis of 1907", *The Economic Journal*, Vol. 18, 1908.

Tallman, E. W. and Moen, J. R. , "Lessons from the Panic of 1907", *Federal Reserve Bank of Atlanta Economic Review*, Vol. 75, May/June 1990.

3. 金融危机的教训

Admati, A. and Hellwig, M. , *The Bankers' New Clothes: What's Wrong with Banking and What to Do about It*, Princeton University Press, 2013.

Alesina, A. and Ardagna, S. , "Large Changes in Fiscal Policy: Taxes Versus Spending",

NBER Working Paper 15438, January 2010.

Borio, C., "The fiancial cycle and macroeconomics: what have we learnt?", Bank for International Settlements, Working Paper No. 395, December 2012.

Christiano, L., Eichenbaum, M. and Rebelo, S., "When Is the Government Spending Multiplier Large?", *Journal of Political Economy*, Vol. 119, No. 1, February 2011.

Haldane, A., "The $ 100 billion question", speech, Bank of England, March 2010.

Koo, R., "The world in balance sheet recession: causes, cure, and politics", *real – world economics review*, No. 58, 2011.

Miles, D., Yang. J. and Marcheggiano, G., "Optimal Bank Capital", *The Economic Journal*, March 2013.

Reinhart, C. M. and Rogoff, K. S., "Growth in a Time of Debt", *American Economic Review*, American Economic Association, Vol. 100, No. 2, May 2010.

Shin, H. S., "Global Banking Glut and Loan Risk Premium", Princeton University, 2012.

Sutherland, D. and Hoeller, P., "Debt and Macroeconomic Stability: An Overview of the Literature and Some Empirics", OECD Economics Department, Working Paper No. 1006, December 2012.

Williams, J. C., "The Federal Reserve's Unconventional Policies", *FRBSF Economic Letter*, November 2012.

第二篇　企业、就业与报酬

5. 企业变革

"Where mergers go wrong", *McKinsey Quarterly*, May 2004.

Ali – Yrkkö, J., "Nokia and Finland in a Sea of Change", ETLA (Research Institute of the Finnish Economy), 2010.

Andrade, G., Mitchell, M. and Stafford, E., "New Evidence and Perspectives on Mergers", *Journal of Economic Perspectives*, Vol. 15, No. 2, Spring 2001.

Andrade, G. and Stafford, E., "Investigating the economic role of mergers", *Journal of Corporate Finance*, Vol. 10, 2004.

Borg, J., Borg, M. and Leeth, J., "The success of mergers in the 1920s: A stock market appraisal of the second merger wave", *International Journal of Industrial Organization*, Vol. 7, Issue 1, March 1989.

Brewer, E. and Jagtiani, J., "How much did banks pay to become too – big – to – fail and to become systemically important", Federal Reserve Bank of Philadelphia Working Paper No. 09 – 34, 2011.

Canals, C., Gabaix, X., Vilarrubia, J. M. and Weinstein, D., "Trade Patterns, Trade Balances and Idiosyncratic shocks", Banco de Espaöa, Documentos de Trabajo, 2007.

Coase, R. H., "The Nature of the Firm", *Economica*, New Series, Vol. 4, No. 16, November 1937.

Di Giovanni, J. and Levchenko, A., "Country Size, International Trade, and Aggregate Fluctuations in Granular Economies", *Journal of Political Economy*, 2012.

Gabaix, X., "The Granular Origins of Aggregate Fluctuations", *Econometrica*, May 2011.

Haas-Wilson, D. and Vita, M., "Mergers between Competing Hospitals: Lessons from Retrospective Analyses", in "Symposium on retrospective merger analysis in healthcare", *International Journal of the Economics of Business*, Vol. 18, No. 1, February 2011.

Harford, J., "Corporate cash reserves and acquisitions", *Journal of Finance*, Vol. 54, 1999.

Harford, J., "What drives merger waves?", *Journal of Financial Economics*, Vol. 77, 2005.

Igami, M. and Yang, N., "Cannibalization and Preemptive Entry of MultiProduct Firms", Social Science Research Network, 2013.

Lucas, R. E., "On the size distribution of business fims", *Bell Journal of Economics*, 1978.

Mosheim, R. and Lovell, C., "Scale Economies and Ineffiiency of US Dairy Farms", *American Journal of Agricultural Economics*, Vol. 91, No. 3, August 2009.

Nelson, R., "The fist merger wave", *Merger Movements in American Industry, 1895 – 1956*, Princeton University Press, 1959.

Pels, E. and Rietveld, P., "Rail cost functions and scale elasticities: a metaanalysis", Vrije Universiteit Amsterdam, 2003.

Thaler, R. H., "Anomalies: The Winner's Curse", *Journal of Economic Perspectives*, Vol.

2, No. 1, Winter 1988.

Watts, S. and Kalita, N., "Tall Buildings, A Strategic Design Guide - Cost Section" and "The Economics of High Rise", Davis Langdon Tall Buildings Research, 2010.

Wilson, N. E., "Branding, Cannibalization, and Spatial Preemption: An Application to the Hotel Industry", Working Paper No. 309, Federal Trade Commission, 2011.

6. 失业问题

Bils, M., Yongsung Chang and Sun - Bin Kim, "How sticky wages in existing jobs can affect hiring", NBER Working Paper 19821, January 2014.

Calvo, G., Coricelli, F. and Ottonello, P., "The labor market consequences of fiancial crises with or without infltion: jobless and wageless recoveries", NBER Working Paper 18480, October 2012.

Davis, S., Faberman, J. and Haltiwanger, J., "Recruiting Intensity During and After the Great Recession: National and Industry Evidence", NBER Working Paper, January 2012.

Lazear, E. and Spletzer, J., "Hiring, Churn and the Business Cycle", NBER Working Paper, December 2011.

Martin, B. and Rowthorn, R., "Is the British economy supply constrained II? A renewed critique of productivity pessimism", Centre for Business Research, May 2012.

Oreopoulos, P., Von Wachter, T. and Heisz, A., "The Short-and Long-Term Career Effects of Graduating in a Recession", *American Economic Journal: Applied Economics*, January 2012.

7. 报酬问题

Ackerlof, G. A. and Kranton, R. E., "Identity, Supervision, and Work Groups", *American Economic Review*, Vol. 98, No. 2, 2008.

Aguiar, M. and Hurst, E., "A summary of trends in American time allocation: 1965 - 2005", Social Indicators Research, 2009.

Allegretto, S. A., Dube, A. and Reich, M., "Do minimum wages really reduce teen employment? Accounting for heterogeneity and selectivity in state panel data", *Industrial Relations*, April 2011.

Baker, G. P. "Incentive Contracts and Performance Measurement", *Journal of Political Economy*, Vol. 100, No. 3, 1992.

Becker, G. S. "Crime and Punishment: An Economic Approach", *Journal of Political Economy*, Vol. 76, No. 2, 1968.

Belot, M. and Schröder, M., "Sloppy Work, Lies and Theft: A Novel Experimental Design to Study Counterproductive Behaviour", *Journal of Economic Behavior and Organization*, 2013.

Bénabou, R. and Tirole, J., "Intrinsic and Extrinsic Motivation", *Review of Economic Studies*, Vol. 70, 2003.

Boly, A., "On the Incentive Effects of Monitoring: Evidence from the Lab and the Field", *Experimental Economics*, Vol. 14, Issue 2, May 2011.

Butcher, T., Dickens, R. and Manning, A., "Minimum wages and wage inequality: Some theory and an application to the UK", CEP Discussion Paper No. 1177, October 2012.

Deci, E., "Effects of Externally Mediated Rewards on Intrinsic Motivation", *Journal of Personality and Social Psychology*, 1971.

Dickinson, D. L. and Villeval, M. C., "Does Monitoring Decrease Work Effort? The Complementarity between Agency and Crowding – out Theories", *Games and Economic Behavior*, Vol. 63, 2008.

Dube, A., Lester, T. W. and Reich, M., "Minimum wage effects across state borders: Estimates using contiguous counties", *The Review of Economics and Statistics*, November 2010.

Falk, A. and Kosfeld, M., "The Hidden Costs of Control", *American Economic Review*, Vol. 96, No. 5, 2006.

Gershuny, J. and Fisher, K., "Post – industrious society: Why work time will not disappear for our grandchildren", Centre for Time Use Research, Department of Sociology, University of Oxford, 2014.

Hirsch, B. T., Kaufman, B. E. and Zelenska, T., "Minimum wage channels of adjustment", IZA Discussion Paper No. 6132, November 2011.

Hochschild, A. R., *The Time Bind: When home becomes work and work becomes home*, Holt Paperbacks, 2001.

Kahneman, D., *et al.*, "Would you be happier if you were richer? A focusing illusion", *Sci-*

ence, June 30th 2006.

Kuhn, P. and Lozano, F., "The expanding workweek? Understanding trends in long work hours among US men, 1979 -2004", National Bureau of Economic Research, 2008.

Manning, A., "Minimum wage: Maximum impact", Resolution Foundation, April 2012.

Metcalf, D., "Why has the British national minimum wage had little or no impact on employment?", CEP Discussion Paper No. 781, April 2007.

Neumark, D., Salas, J. M. I. and Wascher, W., "Revising the minimum wageemployment debate: Throwing out the baby with the bathwater?", IZA Discussion Paper No. 7166, January 2013.

Rabin, M., "Incorporating fairness into game theory and economics", *American Economic Review*, 1993.

Smith, T., "Job Satisfaction in the United States", National Opinion Research Centre, University of Chicago, 2007.

Veblen, T., *The Theory of the Leisure Class: An economic study of institutions*, Aakar Books, 1899.

Voth, H-J., "The longest years: new estimates of labor input in England, 1760-1830", *Journal of Economic History*, 2001.

8. 不平等现象

Ashok, V., Kuziemko, I. and Washington, E., "Support for Redistribution in an Age of Rising Inequality", Working Paper, BPEA Conference Draft, March 19-20th 2015.

Azzimonti, M., de Francisco, E. and Quadrini, V., "Financial globalization, inequality, and the raising of public debt", Federal Reserve Bank of Philadelphia Working Paper, February 2012.

Berg, A. and Ostry, J., "Inequality and unsustainable growth: Two sides of the same coin?", IMF Staff Discussion Note, April 2011.

Berg, A., Ostry, J. and Tsangarides, C., "Redistribution, inequality, and growth", IMF Staff Discussion Note, February 2014.

Bertrand, M. and Morse, A., "Trickle-down consumption", NBER Working Paper 18883,

February 2012.

Bollard, A. , Klenow, P. and Li, H. , "Entry costs rise with development", SCID Working Paper 518, December 2014. Bordo, M. and Meissner, C. , "Does inequality lead to a fiancial crisis?", NBER Working Paper, March 2012.

Clark, G. , "What is the true rate of social mobility in Sweden? A surname analysis, 1700 – 2012", mimeo, August 2012.

Clark, G. , "What is the true rate of social mobility? Evidence from the information content of surnames", American Economic Association conference paper, January 2013.

Clark, G. and Cummins, N. , "What is the true rate of social mobility? Surnames and social mobility in England, 1800 –2012", mimeo, September 2012.

Cloyne, J. and Surico, P. , "Household Debt and the Dynamic Effects of Income Tax Changes", Discussion Paper No. 9649, Centre for Economic Policy Research, 2014.

Collado, D. , Ortuno-Ortin, I. and Romeu, A. , "Long-run intergenerational social mobility and the distribution of surnames", American Economic Association conference paper, December 2012.

Corak, M. , "Do poor children become poor adults? Lessons for public policy from a cross country comparison of generational earnings mobility", *Research on Economic Inequality*, 2006.

Cynamon, B. Z. and Fazzari, S. M. , "Inequality, the Great Recession, and Slow Recovery", mimeo, October 24th 2014. Available at http://ssrn.com/abstract=2205524 or http://dx.doi.org/10.2139/ssrn.2205524.

Kaplan, G. , Violante, G. L. and Weidner, J. , "The Wealthy Hand – to – Mouth", NBER Working Paper 20073, 2014.

Kumhof, M. and Rancière, R. , "Inequality, leverage and crises", IMF Working Paper, November 2010.

Lindahl, M. , Palme, M. , Sandgren Massih, S. and Sjögren, A. , "The intergenerational persistence of human capital: An empirical analysis of four generations", IZA discussion paper, April 2012.

Long, J. and Ferrie, J. , "Grandfathers matter (ed): Occupational mobility across three generations in the U. S. and Britain, 1850 –1910", American Economic Association conference paper, 2012.

Long, J. and Ferrie, J. , "Intergenerational Occupational Mobility in Great Britain and the United States since 1850", *American Economic Review*, Vol. 103, No. 4, 2013.

Mare, R. and Xi Song, "Social mobility in multiple generations", Population Association of America conference paper, September 2011.

Mueller, H. , Simintzi, E. and Ouimet, P. , "Wage inequality and fim growth", LIS Working Paper 632, March 2015.

Pigou, A. C. , *The Economics of Welfare*, Macmillan & Co, 1920.

9. 长期停滞

Cynamon, B. and Fazzari, S. , "Inequality and Household Finance During the Consumer Age", INET Research Note 23, February 2013.

Goodhart, C. and Erfurth, P. , "Demography and economics: Look past the past", VoxEU. org, November 4th 2014.

Hamilton, J. D. , Harris, E. S. , Hatzius, J. and West, K. D. , "The Equilibrium Real Funds Rate: Past, Present and Future", US Monetary Policy Forum, University of Chicago Booth School of Business, 2015.

Hansen, A. , *Full Recovery or Stagnation*, W. W. Norton, 1938.

Hansen, A. , "Economic Progress and Declining Population Growth", *American Economic Review*, March 1939.

Justiniano, A. , Primiceri, G. and Tambalotti, A. , "The effects of the saving and banking glut on the U. S. economy", NBER Working Paper 19635, November 2013.

Keynes, J. M. , "Some economic consequences of a declining population", Galton Lecture, 1937.

Pinto, E. and Tevlin, S. , "Perspectives on the Recent Weakness in Investment", FEDS Notes, May 21st 2014.

Reinhart, C. and Rogoff, K. , "The aftermath of fiancial crises", NBER Working Paper 14656, January 2009.

Summers, L. , "U. S. Economic Prospects: Secular Stagnation, Hysteresis, and the Zero

Lower Bound", *Business Economics*, February 2014.

Teulings, C. and Baldwin, R. (eds), *Secular Stagnation: Facts, Causes and Cures*, Centre for Economic Policy Research, 2014. Published as a VoxEU. org e-book.

第三篇　经济学的未来

10. 重塑经济学

Easterly, W., "Life during growth", *Journal of Economic Growth*, September 1999.

Gu, W., Terefe, B. and Wang, W., "The Impact of R&D Capitalization on GDP and Productivity Growth in Canada", Statistics Canada, October 2012.

Kuznets, S., "National Income 1929 -1932", 1934. Senate Document No. 124, 73rd Congress, 2nd Session. Washington, DC: US Government Printing Offie. Available at http://library. bea. gov.

Landefeld J. S., Seskin, E. P. and Fraumeni, B. M., "Taking the Pulse of the Economy: Measuring GDP", *Journal of Economic Perspectives*, Vol. 22, No. 2, 2008.

Pew Research Centre, "People in emerging markets catch up to advanced economies in life satisfaction", October 2014.

United Nations, "Measurement of National Income and the Construction of Social Accounts", 1947.

United Nations, "System of National Accounts 2008", 2008.

US Bureau of Economic Analysis, "Results of the 2013 Comprehensive Revision of the National Income and Product Accounts", 2013.

11. 新企业、新经济学

Armstrong, M., "Price discrimination", MPRA Paper 4693, University Library of Munich, 2006.

Blake, T., Nosko, C. and Tadelis, S., "Consumer Search on eBay", unpublished research, June 2013.

Ellison, G. and Ellison, S. F., "Match Quality, Search, and the Internet Market for Used Books", Massachusetts Institute of Technology Working Paper, September 2014.

Rochet, J－C. and Tirole, J.,"Two－Sided Markets: A Progress Report", *The RAND Journal of Economics*, Vol. 37, No. 3, Autumn 2006.

Waldfogel, J.,"Copyright Protection, Technological Change, And The Quality Of New Products: Evidence From Recorded Music Since Napster", NBER Working Paper 17503, October 2011.

Waldfogel, J.,"Digitization and the Quality of New Media Products: The Case of Music", in Goldfarb, A. Greenstein, S. and Tucker, C. (eds), *Economic Analysis of the Digital Economy*, National Bureau of Economic Research, 2015.

12. 行为经济学

Becker, G. S.,"Crime and Punishment: An Economic Approach", *Journal of Political Economy*, Vol. 76, No. 2, Mar－Apr 1968.

Connor, J. M. and Helmers, C. G.,"Statistics on Modern Private International Cartels, 1990－2005", American Antitrust Institute Working Paper No. 07－01, 2007.

Gole, T. and Quinn, S.,"Committees and Status Quo Bias: Structural Evidence from a Randomized Field Experiment". Oxford University, 2014.

Kahneman, D. and Tversky, A.,"Judgement under uncertainty: Heuristics and biases", *Science*, Vol. 185, 1974.

Levy, G.,"Decision Making Procedures for Committees of Careerist Experts", London School of Economics, 2007.

OECD,"Behavioural Insights and New Approaches to Policy Design", Summary of Workshop, 2010.

Posner, R. A.,"The Chicago School of Antitrust Analysis", *University of Pennsylvania Law Review*, Vol. 127, No. 4, April 1979.

13. 未来的经济挑战

Acemoglu, D., Gancia, G. and Zilibotti, F.,"Offshoring and Directed Technical Change", NBER Working Paper 18585, December 2012.

Azoulay, P. and Jones, B.,"Generating Ideas: Academic and Applied Research", presentation at Innovation and Early Stage Ideas conference, Tinbergen Institute, 2006.

Baumol, W. *et al.*, *The Cost Disease: Why Computers Get Cheaper and Health Care Doesn't*, Yale University Press, 2012.

Bloom, D. E., Canning, D. and Fink, G., "Implications of Population Aging for Economic Growth", NBER Working Paper 16705, 2011.

Bloom, N., Griffih, R. and Van Reenen, J., "Do R&D Tax Credits Work?", *Journal of Public Economics*, Vol. 85, 2002.

Bloom, N., Schankerman, M. and Van Reenen, J., "Identifying Technology Spillovers and Product Market Rivalry", Centre for Economic Performance, Discussion Paper No. 675, December 2012.

Department for Business, Innovation & Skills, *The Kay Review of UK Equity Markets and Long-Term Decision Making*, July 2012.

Gordo, L. R. and Skirbekk, V., "Skill demand and the comparative advantage of age: Jobs tasks and earnings from the 1980s to the 2000s in Germany", *Labour Economics*, Vol. 22, Issue C, 2013.

Graham, J., Harvey, C. and Rajgopal, S., "The Economic Implications of Corporate Financial Reporting", *Journal of Accounting and Economics*, Vol. 40, No. 1-3.

Hetschko, C., Knabe, A. and Schöb, R., "Changing Identity: Retiring From Unemployment, *The Economic Journal*, Vol. 124, 2014.

Jones, C. I., "Sources of U. S. Economic Growth in a World of Ideas", *American Economic Review*, Vol. 92, No. 1, March 2002.

Romer, P. M., "Growth Based on Increasing Returns Due to Specialization", *American Economic Review*, Vol. 77, No. 2, 1987.

Vandoros, S., "Therapeutic Substitution Post-patent Expiry: The cases of ace inhibitors and proton pump inhibitors", *Health Economics*, Vol. 23, No. 5, 2014.

14. 机器人经济学

Acemoglu *et al.*, op. cit.

Autor, D., "The 'Task Approach' to Labor Markets: An overview", NBER Working Paper

18711, January 2013.

Brynjolfsson, E. and McAfee, A., *Race Against the Machine: How the digital revolution is accelerating innovation, driving productivity, and irreversibly transforming employment and the economy*, Digital Frontier Press, 2011.

Ford, M., *The Lights in the Tunnel: Automation, accelerating technology, and the economy of the future*, CreateSpace Independent Publishing Platform, 2009.

Frey, C. B. and Osborne, M. A., "The Future of Employment: How Susceptible are Jobs to Computerisation?", Working Paper, Oxford University, 2013.

Katz, L. F. and Margo, R. A., "Technical Change and the Relative Demand for Skilled Labor: The United States in Historical Perspective", NBER Working Paper 18752, February 2013.

Summers, L., "Economic Possibilities for our Children", Martin Feldstein Lecture, NBER, 2013.

Wright, J. D., Ananth, C. V., Lewin, S. N. *et al.*, "Robotically Assisted vs Laparoscopic Hysterectomy Among Women With Benign Gynecologic Disease", *Journal of the American Medical Association*, Vol. 309 No. 7, 2013.

索 引

Page numbers in *italics* indicate figures.

3D printing 234
2008 financial crisis
  bail-outs 44–45
  causes 46–49, 52–53, 150
  responses 58–63, 163
  role of regulators 49–51
  US dollar strength 19
  see also financial crises

A

Abbott Laboratories 201, 202
Accenture 112
Accretive Heath 193
Acemoglu, Daron 236, 249
Admati, Anat 73
Africa
  airtime as currency 17–18
  old-age dependency rate 239
  youth unemployment 109–112
AIG 49
Airbnb 193
airtime (pre-paid mobile) as currency 17–18
Akerlof, George 205–206
Alesina, Alberto 67
Allen, Franklin 181
Amazon, Mechanical Turk 115
America
  1792 financial crisis 28–31
  1929–33 crash 41–44
  banking growth 38–41
  business context 102
  class-action lawsuits 204
  coffee market 96
  corporate fines 201–204
  debt as % of GDP 53, *54*, 65, *161*
  Defence Advanced Research Projects Agency (DARPA) 233
  dollars
    global currency 15
    as world's reserve currency 13, 19–21
  Earned Income Tax Credit 131
  economics education 6
  education 216, 241
  employee share ownership 136–137
  employee stock-ownership plans (ESOPs) 136
  employment 103, 116
    by sector *255*
  Federal Deposit Insurance Commission (FDIC) 44, 75
  Federal Reserve
    asset purchases 59–60
    dollar swap lines 19–20

failure to stem housing bubble 50
forward guidance 60
interest rates 57
quantitative easing (QE) 61
Federal Reserve Act (1913) 41
Federal Trade Commission (FTC) 225
First Bank of the United States (BUS) 29–30, 38
fiscal stimuli 66
GDP measurement 182, 183
GDP per person 228, 229
Gini index 144
Glass-Steagall Act (1933) 44
government spending and debt 65, 66, 246
health-care costs 215–218
Homestead Acts (19th century) 136
inequality 3, 153–155
interest rates 57, 59, 170
labour markets 79, 81, 117
mergers and acquisitions 94, 99
minimum wage 130
NEETs 113
old-age dependency rate 238–239
private-sector debt
as % of GDP 161
pre 2008 crisis 55
R&D 220, 221, 222
savings requirement 166
secular stagnation risk 168–171
ten-year government-bond yields 161
trust companies 39–40
wages 4, 259
inequality 153, 154
wealth inequality 3
working-age population 165, 240–241
youth unemployment 110, 113, 242
American Recovery and Reinvestment Act (2009) (ARRA) 64
American Time Use Survey 127
Americana Group 115
anchoring 212–214
Anderson, Jonathan 25
Andrade, Gregor 94
antitrust concerns
fines 204
mergers and acquisitions 100–101
regulation 202–203
taxi markets 195
Apple 249
apprenticeships 113–114
Ardagna, Silvia 67
Argentina, youth unemployment 111
Armstrong, Mark 196
artworks, GDP measurement 183
Ashok, Vivekinan 159
Asia
Gini index 144
old-age dependency rate 239
youth unemployment and inactivity 109
AstraZeneca 221, 224
Athey, Susan 189–190
auction selling 189
austerity measures 66–69
Australia
GDP measurement 184
workforce mobility 85
automatic stabilisers 65–66
automation *see* machines
Autor, David 247–248, 249, 255
Azim Premji University 181
Azoulay, Pierre 230
Azzimonti, Marina 151

B

baby-boomers 3, 170, 240, 244

BAE Systems 202
Bagehot, Walter 28, 33, 180
bail-outs
  2008 financial crisis 44–45
  first American (Hamilton's bail-out) 30, 31
  see also financial crises; too big to fail
balance-sheet recession 56–57, 66
Baldwin, Richard 166
Balin, Bryan 191
bandwidth, internet 188
Bank of England
  asset purchases 59
  assets 59
  banking regulation and living wills 75
  forward guidance 60
  independence 50
  interest rates 57, 59
  lender of last resort 38
  quantitative easing (QE) 61
Bank of Japan
  assets 59
  monetary policy 58–59, 60, 62
Bank of Spain 102
banks
  assets as % of GDP 48
  break-up 72–73
  capital requirements 50–51, 73–74
  contingent capital 74–75
  distortion of borrowing costs 75
  failures, future 75
  as financial intermediaries 54
  fines 201–204
  importance of 70–71
  lending post crises 122–123
  leverage ratios 72
  liquidity requirements 51
  mergers 96
  remuneration of senior staff 72
  ring-fencing 73, 180
Barclays 201, 202
Bartz, Kevin 85
Basel Committee on Banking Supervision 50–51
Basel III 72
Basu, Susanto 232
Baumol, William 215–218
Becker, Gary 133, 202, 203
behavioural economics 207–209
Belot, Michèle 134–135
Bénabou, Roland 134
Berg, Andrew 144, 145–146
Bernanke, Ben 49, 62, 162, 169, 180
Bertrand, Marianne 151
Bhutan 187
big data 257
  see also data mining
Bils, Mark 122
Bitcoin 22–23
Blake, Tom 200
Blasi, Joseph 136–138
Bloom, David 240
Bloom, Nicholas 219–220
Bollard, Albert 155
bookshops and book selling 198–199
Boots 223
Bordo, Michael 152
Borio, Claudio 55
brand marketing 223
Brazil 3, 111
breakfast cereals 105
Brevan Howard 181
Britain
  apprenticeships 113–114
  austerity measures 66
  background to joint-stock banking 32–35
  Bank of England
    asset purchases 59
    assets 59
    banking regulation and living wills 75
    forward guidance 60

independence 50
interest rates 57, *59*
lender of last resort 38
quantitative easing (QE) 61
behavioural economics 207–209
business context 102, 113
commercial mortgages 73
Competition and Markets Authority (CMA) 207–208
corporate fines 204
debt as % of GDP 53, 54, *54*, 65, *161*
deposits 35
economics education 6, 179–181
education 113–114
employee share ownership 137
Financial Conduct Authority (FCA) 207
GDP per person *229*
Gini index *144*
government spending and debt 65, 66
health-care costs 6–7, 216
income, real 250–251
Industrial Revolution 252–253, 259
interest rates 57, *59*
intergenerational mobility 148
leverage ratios (banks) 72, *74*
liquidity and equity ratios (banks) 72
London
global bond market 32
taxi markets, licensed 76–77, 195
yuan-trading hub 24
minimum wage 131–132
national lottery 210–211
NEETs *113*
Office of Fair Trading (OFT) 208
pension reforms 246
private debt as % of GDP *161*
productivity 120–122, 253
R&D 220, 221–222, *221*
ten-year government-bond yields *161*
wages 4, 131–132, 253
working-age population *165*
youth unemployment *110*, 112–113, *113*
Brynjolfsson, Erik 233, 237, 247, 256, 258
budget deficits as % of GDP *66*
burger joints 106
Burtless, Gary 241
business start-ups 155, 258
businesses *see* firms
Buttonwood agreement 31
buying power 4, 217–218

C
Calomiris, Charles 37
Calvo, Guillermo 122
Canada
burger joints 106
GDP measurement 184
workforce mobility 85
cannibalisation, own-brand 105–107
Canning, David 240
capabilities, as economic goal 186–187
Capelli, Peter 112
capital
ownership 126, 138
return on 140, 142
share of national income 124–125, 141, 251
capital flows, global 25, 49–50, 63, 162, 245
Capital in the Twenty-First Century (Thomas Piketty) 139–142, 153, 258
capital ratios (banks) 50–51
capitalism, and inequality 139–142
car manufacturing industry 101, 215, 219
driverless cars 233–234

Card, David 130–131
Carlin, Wendy 180, 181
Carlyle, Thomas 5, 179
cartels 111, 115, 201, 202, 203
cash, balance-sheet reserves 95–96
cattle 16–17
central banks
  assets 59
  independence 6
  monetary-policy tools
    asset purchases 59–60, 68–69
    forward guidance 60–62
    interest rates 57, 58–59, 64, 163, 168
  regulatory tools 50–51
  role in 2008 financial crisis 49–51
  targets 63
  see also Bank of England; Bank of Japan; Bank of Spain; Federal Reserve; First Bank of the United States (BUS)
Chang, Yongsung 122
change, pace of 230–231, 254–256
charities 6
Chi, Wei 110
China
  economics education 6
  education 6, 243
  foreign assets 167, 169
  inequality 3
  old-age dependency rate 238–239
  R&D 220, 221
  savings requirement 166
  working-age population 165
China Construction Bank 24
Christiano, Lawrence 67
Chrysler 97
churn (job-to-job moves) 116–119
Citigroup 44, 72
Clark, Gregory 147–149
class-action lawsuits 204
Cloyne, James 158
Coase, Ronald 91–93, 94
Coase Theorem 93
cognition-adjusted dependency ratio 244
collateralised debt obligations (CDOs) 47–48
college graduates 118, 127, 260
commercial mortgages 73
commitment savings accounts 17
committee meetings 212–214
companies *see* firms
compensation
  bank executives 72
  employee share schemes 136–138
  management bonuses 95
  share-price links 162
  see also wages
competition
  cheap labour 255
  large corporates 105–107, 155
  local 193
  pharmaceutical industry 223–225
  shipping ports 82–84
  taxi markets 76–78, 195–197
  and trust 208
  see also antitrust concerns
Competition and Markets Authority (CMA) 207–208
computers 231, 254–258
  see also machines
Condorcet, Marquis de 212
Connor, John 203
construction industry 96, 98
container shipping 82–83, 98
contingent capital 74–75
Corak, Miles 147
Coricelli, Fabrizio 122
corporate debt 73
corporate fines 201–204
cost disease 174, 215–216
cost function 100
Cowen, Tyler 226–227, 229, 231, 257, 260
cows 16–17

creative destruction 114–115
credit
  business access to 122–123, 155
  mortgages 73
  personal 207–208
credit booms 152
credit-default swaps 48–49
credit-rating agencies 47
crime
  economics of 201–204
  employee 133
Cruz, Carlos 82
Cummins, Neil 148
Cynamon, Barry 146, 162

D

data mining 177
  see also big data
Davidson, Neil 83
Davis, Steven 119
De Francisco, Eva 151
debt
  contingent capital 74–75
  corporate debt 73
  empirical studies 53–57
  as % of GDP 5, 53, 54, 161
  German view 52
  global 5
  government 52
    currency 68
    and economic growth 67, 68
    as % of GDP 65
    globalisation and inequality 151–152
    interest rates 67
  macroeconomic models 53
  use of 52
debt deflation 57
Deci, Edward 133–134
decision-making 212–214
Defence Advanced Research Projects Agency (DARPA) 233
deleveraging
  financial sector 57
  private sector 56–57, 64, 162
  speed of in America and Europe 68
DeLong, Brad 67
demographics
  stagnation 164–167, 170
  workforce 238–246
Denmark 144
Dennistoun, Cross and Co. 37
deposit insurance 28, 44–45
Di Giovanni, Julian 104
digital currency (Bitcoin) 22–23
dim-sum bond market 24–25
Dimon, Jamie 74
ding* *see* ezetop
Director, Aaron 202
discount houses 36–38
disruptive innovation 114
Dolado, Juan 80
dollar (US)
  global currency 15
  as world's reserve currency 13, 19–21
driverless cars 233–234, 256
Dube, Arindrajit 131
Dublin, licensed taxi markets 78
Duer, William 28–31

E

e-commerce 7, 198–200
Easterly, William 185
eBay 189, 200
economic growth
  and government debt 67, 68
  and inequality 143–146
  and wealth 141
  see also GDP (gross domestic product)
economic indexes, real time 190

economics
education 6, 179–181
foundation 175–178
future of 5–8, 173–174
economies of scale 98, 100–101, 153–155
education
costs 216, 260
economic measure 187
and employment 112–113, 241–242, 253–254
increasing 260
inequality 146
need for 125
and productivity 243
vocational 112–115
Egypt 17, 111
Eichenbaum, Martin 67
Ellison, Glenn 198
Ellison, Sara 198
emerging economies
foreign-currency holdings 162, 245
US dollars 19–21
growth 4–5, 236
income inequality 3, 124, 144
labour markets 109–111
old-age dependency 239, 244
quality of life 185
employees
job training 112
monitoring 133–135
share ownership 136–138
employment
contract types 79–81
minimum wages 130–132
post-recession 120–123
regulation 111
see also work
energy industry 208, 235
equality *see* inequality
equity (banks) 71, 73–75
Erfurth, Philipp 167
euro 13
euro debt crisis 50, 52, 65
Europe
austerity measures 66
corporate fines 204
employment law 111
NEETs 113
pensions 244
R&D 220
retirement age 241
role in 2008 financial crisis 49–50
tariffs 8
taxi markets, licensed 76–78
workforce mobility 85–87
working-age population 165, 241–242
youth unemployment and inactivity 109, 113, 242
European Central Bank (ECB) 50, 68
assets 59
extensive growth 227
externalities 92–93
ezetop 18

F

Faberman, Jason 119
family history 147–149
farming
economies of scale 100
employment 252, 255
fast-food restaurants
burger joints 106
minimum wages 130–131
fat tails 103
Fazzari, Steven 146, 162
Federal Deposit Insurance Commission (FDIC) 44, 75
Federal Reserve 41
asset purchases 59–60
dollar swap lines 19–20
failure to stem housing bubble 50
forward guidance 60
interest rates 57

quantitative easing (QE) 61
Federal Trade Commission (FTC) 225
Fernald, John 232
Ferrie, Joseph 149
Financial Action Task Force (FATF) 18
Financial Conduct Authority (FCA) 207
financial contracts 27–28
financial crises
1792 crisis (US) 28–31
1825 emerging-markets crisis 32–35
1857 first global crash 35–38
1907 banking crisis (US) 38–41
1929–33 crash 41–44
2008 crisis
bail-outs 44–45
causes 46–49, 52–53, 150
responses 58–63, 163
role of regulators 49–51
US dollar strength 19
inequality as cause 150–152
recovery from 4–5
financial cycles 55
financial intermediaries 54
financial markets, trust in 9, 48
fines, corporate 201–204
Fink, Günther 240
Finland 103
firms
effect of firm-specific shocks 102–104
industry clusters 105
size 99–101
wage inequality 153–156
First Bank of the United States (BUS) 29–30, 38
fiscal stimuli 64–65
versus austerity 66–67
Fischer, Stanley 180
Fisher, Irving 57, 180
Flandreau, Marc 33
Flores, Juan 33
Ford, Martin 247
foreign trade 102–104
forgeries
Bitcoins 22
Somali shillings 14–15
forward guidance 60–62
France
debt as % of GDP 54
Gini index 144
labour markets 80
NEETs 113
youth unemployment 110, 111, 112, 113
Freeman, Richard 110, 136–138
Frey, Carl Benedikt 252, 257
Friedman, Milton 130, 180
Fuchs-Schündeln, Nicola 85

G

Gabaix, Xavier 103–104
Gale, Douglas 181
Gancia, Gino 236, 249
GDP (gross domestic product)
alternatives to 185–187
debt as % of 53, 54
e-commerce 198, 200
effect of spending on 55–56
and employment 120
global 2
and government debt 67, 68
measurement 182–184
population changes 240
volatility 102–104
Geithner, Tim 19
General Motors (GM) 97
Germany
budget deficits 66
debt
as % of GDP 54, 161
government 65

views 52
foreign assets 167
Gini index 144
government debt 65
labour markets 81, 114
minimum wage 130
national lottery 211
NEETs 113
old-age dependency rate 238–239
productivity growth 243
R&D 220
savings requirement 166
ten-year government-bond yields 161
vocational education and apprenticeships 112
working-age population 240–241, 243
youth unemployment 110, 113
Gini indexes 144
Glass-Steagall Act (1933) (US) 44
GlaxoSmithKline 201, 202
global saving glut 162, 168, 169
globalisation
inequality and government debt 151–152
labour costs 125, 235–236
gold mining 96
Goldin, Claudia 253
Gole, Tom 213
Goodhart, Charles 12–13, 167
Google 7, 190, 234, 256
Gordon, Robert 228–229, 231–232
Gottfries, Axel 170
government debt 52
currency 68
and economic growth 67, 68
as % of GDP 65
globalisation and inequality 151–152
interest rates 67
government rescues 65
government spending 5, 57
Graeber, David 251
Graves, Genevieve 191–192
Great Moderation 46–48, 58, 179
Great Stagnation 226
Greece 52
austerity measures 69
budget deficits 66, 69
debt as % of GDP 54, 65
Gini index 144
government debt 65
NEETs 113
taxi drivers 76
youth unemployment and inactivity 109, 110, 111, 113
Greenspan, Alan 169
growth
extensive and intensive 227
and inequality 143–146

H

Haldane, Andrew 75
Hall, Robert 62–63
halo effect 212
Haltiwanger, John 119
Hamilton, Alexander 28–31, 44
Hamilton, James 168–169
hand-to-mouth living 158
Hansen, Alvin 160–161, 164, 165, 239–240
happiness as economic goal 185–186
Harford, Jarrad 95
Harris, Ethan 168–169
Hatzius, Jan 168–169
health care
computers and robots 248
costs 215–218, 260
mergers 100
spending decisions 6–7
see also pharmaceutical industry
hedge fund investments 181
Heinze, Augustus 40
Hellwig, Martin 73

Helmers, Gustav 203
Hetschko, Clemens 242
Hicks, John 179
high-street competition 105–107
hiQ Labs 192
Hochschild, Arlie Russell 129
Hoeller, Peter 55
home services 184
Hong Kong 84
hotel industry 106–107
Hotelling, Harold 105
household debt 53–55, 166, 207–208
housing markets 86, 162, 260
HSBC 201
Human Development Index (HDI) 187
human resources 192
Hurst, Erik 129

I

IBM 115, 256
ibuprofen 223
Igami, Mitsuru 106
Inclusive Wealth Index (IWI) 187
income
  importance of 185
  see also capital; wages
India 16–17, 111, 115, 255
Indonesia 110, 144
inequality 2–3
  and capitalism 139–142
  as cause of financial crises 150–152
  family history 147–149
  and growth 143–146
  income 124–126, 251
    and firm size 153–156
    minimum wages 132
    redistribution 144–146, 157–159
    savings and debt 162
  leisure time 127
  potential dangers 258–260, 261
inflation
  employment 120–123
  interest rates 61
  productivity 120–123
  quantitative easing (QE) 63
informal economy 109
information technology
  leisure time 129
  wages 125
Infosys 115
innovation
  disruptive 114
  and productivity 226–237, 245
  as source of stagnation 161, 166
  and technology 232
  World Economic Forum rankings 243
  see also machines; R&D
Institute for New Economic Thinking (INET) 181
intellectual property 183
intensive growth 227
  see also productivity
interest rates
  2008 financial crisis 47
  as monetary policy tool 58–59, 64
  and multiplier effect 67
  negative 61
  nominal 61
  real 61, 170
  ten-year government-bond yields 161
  US and Britain 59
  zero lower bound 58, 62, 162
intergenerational mobility 147–149
International Labour Organisation 89, 108
international payments 25
internet
  bandwidth 188
  economic impact 231
intrinsic motivation 133–134

investors
  bank oversight 74–75
  research 32–33
  shareholder expectations and influence 71, 74, 221, 235
Ireland
  debt as % of GDP 53, 54, *54*, 69
  NEETs *113*
Italy
  debt as % of GDP *53*
  firm size 103
  Gini index *144*
  NEETs *113*
  property-tax reform 246
  retirement age 241
  taxi drivers 76
  youth unemployment 111, *113*

J

Japan
  Bank of Japan
    assets 59
    monetary policy 58–59, 60, 62
  budget deficits 66
  debt as % of GDP 54, *161*
  Gini index *144*
  government debt 65, 68
  health-care costs 216
  NEETs *113*
  old-age dependency rate 238–239
  private-sector debt
    as % of GDP *161*
    pre 1991 and 2008 crises 53, 55
  productivity growth 243
  R&D 220, 221
  robotics 237, 243
  savings 166–167
  tariffs 8
  ten-year government-bond yields *161*
  working-age population 165, 240
  youth unemployment 110, *113*
job satisfaction 129
job training, employer provided 112
jobs
  changing types 128–129, 250–261
  susceptibility to computerisation 252, 257, 258
  see also work
John Lewis 137
joint-stock banking 34–36
Jones, Benjamin 230
Jones, Charles 229

K

Kahneman, Daniel 212–213
Kaldor, Nicholas 139
Kalita, Neal 98
Kaplan, Greg 157–158
Karlan, Dean 17
Katz, Lawrence 248–249, 253
Kenya 17
Keynes, John Maynard 64, 164, 165, 179, 250, 261
Kim, Sun-Bin 122
Kiyotaki, Nobuhiro 9
Klenow, Peter 155
Knabe, Andreas 242
Knickerbocker Trust 39, 40
Koo, Richard 56, 62
Kranton, Rachel 205–206
Krueger, Alan 130–131, 147
Kruse, Douglas 136–138
Kuhn, Peter 128
Kumhof, Michael 150
Kurzweil, Ray 233
Kuziemko, Ilyana 159
Kuznets, Simon 139, 182

L

labour markets
  churn 116–119

employment law and contracts 79–81, 111
workforce mobility 85–87
language, and workforce mobility 85, 87
Latin America
old-age dependency rate 238
youth unemployment and inactivity 109
Lazear, Edward 117–118
Lehman Brothers 45, 46, 49, 137
leisure time 127–129
lender of last resort 38, 41
Levchenko, Andrei 104
leverage ratios (global banks) 71–72
Levy, Gilat 213
Li, Hongbin 110
Li, Huiyu 155
life expectancy 3
economic measure 185, 187
increased 230–231
and retirement 241
and savings 170
Lincoln Trust 39, 40
LinkedIn 193
liquid assets 70–71
liquidity ratios (banks) 51
Littlechild, Stephen 208
living wills 75
Loichinger, Elke 243
London
global bond market 32
taxi markets, licensed 76–77, 195
yuan-trading hub 24
Long, Jason 149
long tail 199
loss aversion 208
lottery numbers 210–211
Lozano, Fernando 128
Lucas, Robert 99
Luddites 250, 253
Luxembourg 54

M
M-Pesa 17
machine learning 192
machines
jobs at risk from 252, 257, 258
worker replacements 125, 142, 247–249, 254–260
manufacturing industry 155, 227, 255
Margo, Robert 248–249, 253
Marina Schröder 134–135
mark-to-market accounting rules 48
Marquez, Rui 82
Martin, Bill 121–122
McAfee, Andrew 233, 237, 247, 256, 258
McAfee, Preston 188
McDonald's 115
McKinsey 67–68, 100, 111
Mechanical Turk 115
medical care
computers and robots 248
costs 215–218, 260
mergers 100
see also pharmaceutical industry
meetings, effective 212–214
megafirms 89, 97, 99–101
Meissner, Christopher 152
Menger, Carl 11–12
mergers and acquisitions
economies of scale 100–101
effect on R&D 221
waves 94–97, 106
Mexico 33, 144
Microsoft 102, 189–190, 219
Middle East 109, 111
Miles, David 73
minimum wages 130–132
mobile phones
airtime as currency 17–18
money transfers 15
Moen, Jon 40

Mokyr, Joel 253
monetary-policy tools
  asset purchases 59–60, 68–69
  forward guidance 60–62
  interest rates 58–59, 64
money, function and origins 11–13
monitoring (of employees) 133–135
Moore's law 233
Morgan, John Pierpont 40
Morocco 111, 112
Morse, Adair 151
Morse, Charles 40
mortality 2
mortgage-backed securities *see* collateralised debt obligations (CDOs)
mortgage debt
  commercial 73
  household liquidity 158
  importance of 53–54, 70–71
  irresponsible lending 47, 150
motivation, intrinsic 133–134
Mozilla 115
Mueller, Holger 153–155
multiplier effect 65, 67
music industry 199

N

National Bureau of Economic Research 122, 162
National Monetary Commission (NMC) 41
NEETs (not in employment, education or training) 108, 113
Netherlands 84, 176, 241
Neumark, David 131
New York, licensed taxi markets 76–77, 195
New York Stock Exchange 31
New Zealand 130
Newman, Riley 193
Nicholson, Scott 192–193
Nissan 249, 255
noise pollution 205–206
Nokia 103
nomencracy 147–149
Nordhaus, William 235
Northern Rock 48
Norway 187
Nosko, Chris 200
Nussbaum, Martha 186

O

Obama, Barack 64, 143
OECD
  income inequality 151, 155
  trade flows and balances 102
  youth unemployment and inactivity 108, 109
Office of Fair Trading (OFT) 208
Ofgem 208
Ohio Life 37
Okun, Arthur 143
old-age dependency ratios 238–239
  cognition-adjusted 244
omeprazole 223–224
online advertising 191
Ortigueira, Salvador 80
Osborne, Michael 252, 257
Ostry, Jonathan 144, 145–146
Ottonello, Pablo 122
Ouimet, Paige 153–155
Overend & Gurney 38
owning the room 212

P

pace of change 230–231
patents, pharmaceutical industry 174, 223–225
pattern-recognition software 237
pay *see* wages
pay for delay 224–225
Pearce, Fred 238

pensions
changes to 241
funding 3–4
national benefits and rights 86, 244–245
performance-related pay 133–135
Petty, Sir William 175–178
pharmaceutical industry 219, 221, 223–225
Pigou, Arthur Cecil 157
Piketty, Thomas 139–142, 153, 244, 258
Pinto, Eugénio 165
pollution, noise 205–206
pooling (risks) 47–48
population
changes 3
growth as critical component of economic growth 141
old-age dependency ratios 238–239
working age 164–165, *165*
portfolio-balance effect 60
ports, shipping 82–84
Portugal
shipping ports 82–84
youth unemployment 79
poverty 2
Poynt 193
Prasad, Eswar, *The Dollar Trap* 19–21
present bias 207, 208
price discrimination 195–197
price mechanism 91–93
private sector
asset values and net worth 54–55
debt liabilities 53
debt as % of GDP 53, *161*
household debt 53–55, 166, 207–208
probability 210–211, 214
product hopping 225
productivity
economic models 247–248
innovation and technology 226–237
recovery 120–122
stagnant sectors 215–216
workforce age 243–244
see also intensive growth
proprietary trading 73
public spending
pensions 3
on R&D 219, 220

Q
Quadrini, Vincenzo 151
qualifications, professional 86–87
quality of life 185–187
quantitative easing (QE) 59–60, 61–62
quantity theory of money 176–177
Quinn, Simon 213

R
R&D
benefits 219–220
GDP measurement 183
importance of 219
patents 223
productivity 229–230
spending 219–222, *221*
see also innovation
Rabin, Matthew 134
rail industry 100
railroad stocks 36
Rajan, Raghuram 143, 150–152
Rancière, Romain 150
Rebelo, Sergio 67
recessions
churn (job-to-job moves) 117
college-graduate employment 118
effect on youth unemployment 109
forecasting 55

recovery from 4–5
reciprocity 134
recruiting intensity 119
redistribution (of income) 144–146, 157–159
regulations
airtime, pre-paid mobile 18
antitrust 202–203
digital currencies 23
innovation and growth 235
Reich, Michael 131
Reinhart, Carmen 67, 68, 163
remuneration
bank executives 72
employee share schemes 136–138
management bonuses 95
share-price links 162
see also wages
research intensity 229
reservation wage 261
retirement
age 240–242
need for savings 166–167
return on equity (ROE) 71
risks
assessment 51
bank balance-sheets 70–73
financial safety nets 38, 44–45
pooling 47
robotics and robots 257
old-age care in Japan 237, 243
see also machines
Roche 219
Rochet, Jean-Charles 196
Rodrik, Dani 143
Rogoff, Kenneth 67, 68, 163
Romer, Christina 63
Romeu Gordo, Laura 243
Rowthorn, Robert 121–122
Roy, Amlan 240
Royal Bank of Scotland (RBS) 35, 44, 72
Royal Mail 137
Rupert, Peter 86

S

Samsung, 103
Samuel, Arthur 192
San Francisco, taxis 195, 197
Sauvy, Alfred 242
savings
among over-60s 244–245
cattle 16–17
commitment savings accounts 17
discouragement 64
global saving glut 162, 168, 169
requirement for 166–167, 170
Schankerman, Mark 219–220
Schöb, Ronnie 242
Schweikart, Larry 37
search-engine data 190
secular stagnation 5, 160–163, 240
America 168–171
demographics 164–167
Sen, Amartya 186–187
services industry 255–256
share ownership (employee) 136–138
shareholder expectations and influence 71, 74, 221, 235
Shin, Hyun Song 50
Simintzi, Elena 153–155
skills mismatch 111–112
Skirbekk, Vegard 243–244
SmarterTravel 191
smartphones 7
Smithers, Andrew 162
social competence 148
social mobility 147–149
software industry 219, 257
Solow, Robert 231
Solt, Frederick 145
Somalia 14–15

South Africa, youth unemployment 108, 111, 112
South Korea
  exports 103
  foreign assets 167
  Gini index 144
  R&D 220, 221
  vocational education 113
sovereign (government) debt 52
  currency 68
  and economic growth 67, 68
  as % of GDP 65
  globalisation and inequality 151–152
  interest rates 67
space exploration 220, 235
Spain
  austerity measures 68
  Bank of Spain 102
  debt as % of GDP 53
  labour markets 79–81
  NEETs 113
  retirement age 241
  youth unemployment 109, 110, 111, 113
specie, origins 11–13
spending 55–56, 151, 157–159, 245
Spletzer, James 117–118
Stafford, Erik 94
stagnation
  innovation 226–227
  sector specific 215–216
  secular 5, 160–163, 240
    America 168–171
    demographics 164–167
Starbucks 96
Stone, Richard 182
Stucchi, Rodolfo 80
substitution effect 127
Summers, Larry 67, 160, 164, 240, 251, 259
surge pricing 174, 195–197
Surico, Paolo 158
surnames 147–149
Sutherland, Douglas 55, 57
Sweden
  Gini index 144
  intergenerational mobility 148, 149
  NEETs 113
  taxi markets, deregulation 78
Sylla, Richard 30
System of National Accounts (SNA) 182
Syverson, Chad 234

T

Tadelis, Steve 189, 200
Tallman, Ellis 40
taxation 69, 126, 220
taxi markets
  licensed 76–78
  Uber 195–197
teachers 86–87, 180
technological unemployment 250
technology
  capital and inequality 142
  creative destruction 114–115
  and innovation 232
  investments 161, 166
  and productivity 217, 226–237
  use for vocational education 115
  wage inequality 153
  see also machines
Tehran, licensed taxi markets 78
Teulings, Coen 166, 170
Tevlin, Stacey 165
Thiel, Peter 226, 231, 235
3D printing 234
Tirole, Jean 134, 196
too big to fail 72–73, 97, 101, 104
Toyota 219
trade flows and balances 102–104
trade routes, maritime 83
training, employer provided 112

trains, quiet carriages 205–206
Tranglo 17
transaction costs 92
trust 9, 48
Trust Company of America 39, 40
Tsangarides, Charalambos 144
Turkey, NEETs 113
Tversky, Amos 212

U

Uber 195–197
unemployment 4, 79
  due to automation 248–249, 251
  education and skill levels 242
  forecasts 89
  youth 79, 108–115
unemployment benefits 86
United Kingdom *see* Britain
United Nations
  Inclusive Wealth Index 187
  World Happiness Report 185–186
United States *see* America

V

Van Reenen, John 219–220
Vandoros, Sotiris 224
Varian, Hal 190
Veblen, Thorstein 128
Venezuela 144
Violante, Giovanni 157–158
vocational education and apprenticeships 112–115
Volcker, Paul 73
Volcker rule 73
voluntary sector 6
Voth, Hans-Joachim 127

W

wages
  change over time 250–251
    America 154
  effect of employee churn 117
  inequality 153–156
  inflation adjusted 4
  and leisure time 127–129
  minimum 130–132
  offshoring 235–236, 249
  performance-related pay 133–135
  and productivity 121–123, 215–216
  reservation wage 261
  share of national income 124–126, 251
  share schemes 136–138
Waldfogel, Joel 199
Warner Chilcott 225
Wascher, William 131
Washington, Ebonya 159
Wasmer, Etienne 86
Watson (computer) 247, 248, 256–257
Watts, Steve 98
Weber, Daniela 244
Weidner, Justin 157–158
welfare benefits 261
Werner, Richard 55
West, Kenneth 168–169
Western Bank of Scotland 37
whistleblowers 203
Williams, John 61
Wilson, Nathan 106
winner's curse 100
Wonga 207
work
  changing nature of 128–129, 250–261
  jobs susceptible to computerisation 257, 258
working hours 127
World Economic Forum, innovation rankings 243
World Happiness Report 185–186
Wren-Lewis, Simon 62

Y
Yahoo! 188
Yang, Nathan 106
youth guarantees 114
youth unemployment 79, 108–115
Yongding, Yu 25
yuan
  as alternative to US dollar 13, 20–21
  growth of 24–26

Z
Zaad 15
zero lower bound interest rates 58, 62, 162
Zettelmeyer, Florian 189
Zilibotti, Fabrizio 236, 249
Zimbabwe 18